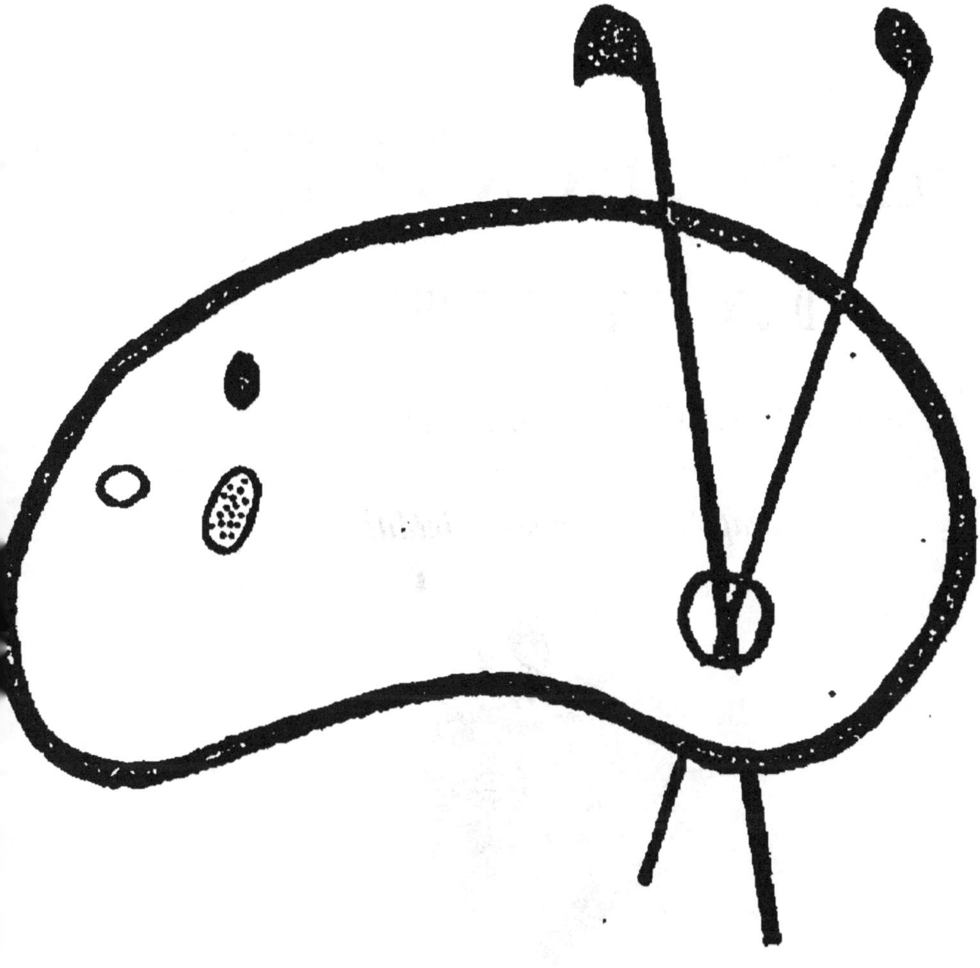

**DEBUT D'UNE SERIE DE DOCUMENTS
EN COULEUR**

L'Abbé F.-J. DEMANGE

LES ÉCOLES

D'UN VILLAGE TOULOIS

AU COMMENCEMENT DU XVIIIᵉ SIÈCLE

D'après des documents inédits.

PARIS
Librairie Retaux-Bray
Victor Retaux et fils successʳˢ
82, Rue Bonaparte, 82.

NANCY
Librairie de René Vagner
3, Rue du Manège, 3
et chez les principaux libraires

1892

Tous droits réservés.

AUTRES OUVRAGES DU MÊME AUTEUR

l'Abus des plaisirs dans l'Éducation contemporaine, in-12, XXIV-356 pages. Nancy, 1883 (édition épuisée).

Un Pélerinage en l'honneur de Notre-Dame de Lourdes, dans un village du Toulois, in-12, 376 pages, 2ᵉ édition, Nancy, 1885. Le Chevallier, libraire-éditeur.

Impressions et Souvenirs, *avec une Lettre-Préface de de Son Eminence le Cardinal Foulon, archevêque de Lyon,* in-12, XIV-312 pages. Paris, 1892, Victor Retaux, libraire-éditeur.

Nancy. — Imprimerie catholique René VAGNER.

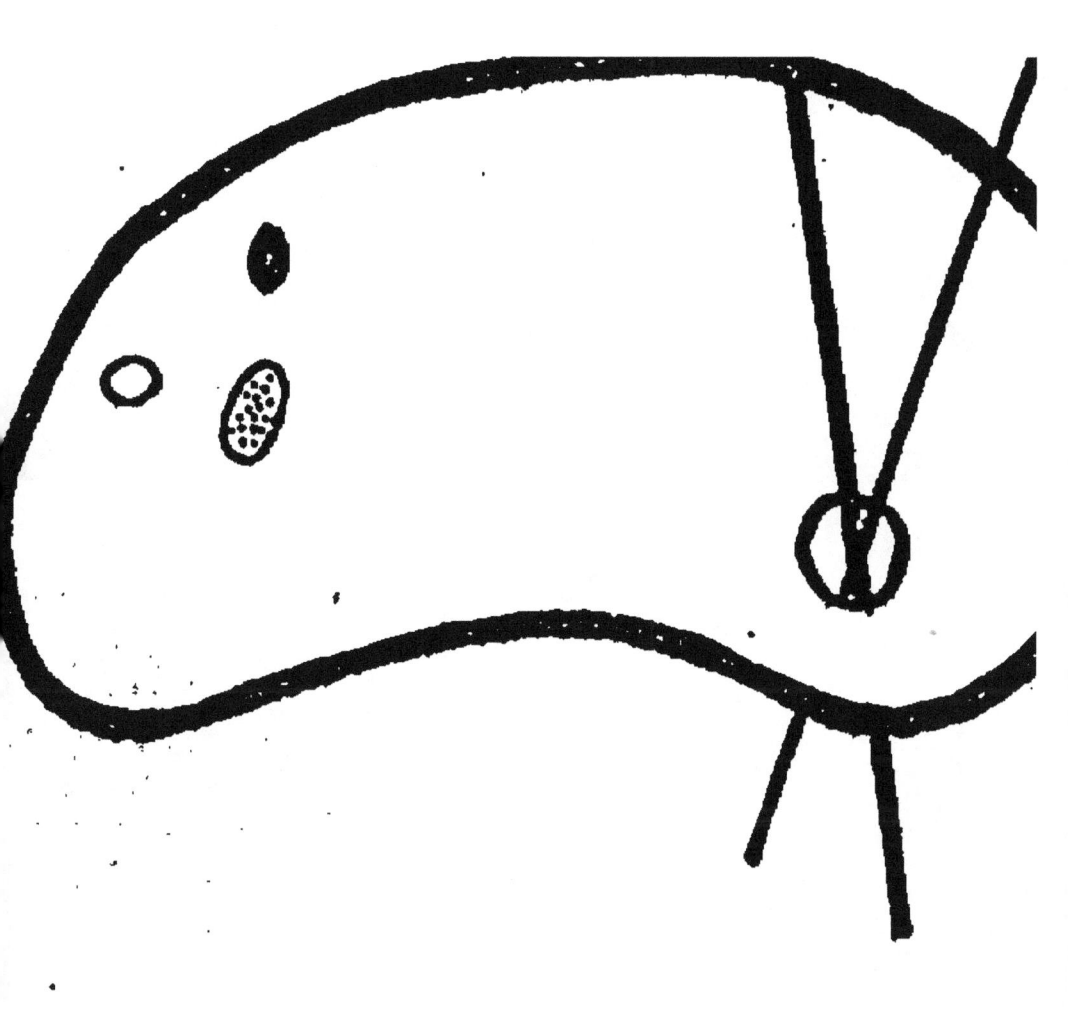

LES ÉCOLES
D'UN VILLAGE TOULOIS
AU COMMENCEMENT DU XVIIIᵉ SIÈCLE

D'APRÈS DES DOCUMENTS INÉDITS.

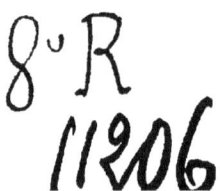

Le présent ouvrage a obtenu le prix du Concours de la Société Nationale d'Education de Lyon, pour l'année 1890.

L'Abbé F.-J. DEMANGE

LES ÉCOLES
D'UN VILLAGE TOULOIS
AU COMMENCEMENT DU XVIIIe SIÈCLE

D'après des documents inédits.

PARIS
Librairie Retaux-Bray
Victor Retaux et fils successrs
82, Rue Bonaparte, 82.

NANCY
Librairie de René Vagner
3, Rue du Manège, 3
et chez les principaux libraires

1892

Tous droits réservés.

AVANT-PROPOS

A l'heure où la question des Ecoles primaires occupe partout et à bon droit une si large place dans les sollicitudes publiques, il ne paraîtra peut-être pas inopportun d'indiquer, une fois de plus, à l'aide de documents originaux, comment nos populations rurales étaient appelées, jadis, à recevoir l'instruction.

Je ne me sens ni assez de loisirs, ni assez de connaissances, je l'avoue, pour traiter le sujet à un point de vue général. D'ailleurs il ne pouvait me venir en pensée de refaire présomptueusement le travail d'auteurs éminents sur l'Instruction primaire en France avant 1789. Où de certains moissonneurs passent, il n'y a plus qu'à glaner.

Je hasarde une très modeste monographie scolaire.

Un jour, à Trondes, village du canton de Toul, je vis dans un vieux coffre, des papiers plus vieux encore, et dont quelques-uns allaient tomber en poussière. Je les recueillis avec respect. J'éprouvai, à les interroger, un sentiment qui ressemble à la joie, et c'est leur réponse que je fais ici entendre.

Grâce à ces témoins vénérables, je constatai de merveilleux efforts tentés à la fin du XVIIe siècle et au commencement du XVIIIe en faveur des écoles de la commune de Trondes. Il eût fallu rechercher si, dans les localités voisines, il y avait eu, à cette époque, même entreprise et même succès. J'ai, pour le moment, limité mes investigations à trois ou quatre communes les plus rapprochées, et à chacune des enquêtes, j'obtenais un résultat à peu près identique.

D'un côté, puisque j'ai l'honneur de compter, depuis trente ans, parmi les membres de l'Enseignement, c'était ma petite part d'enquête, telle que la demande M. l'abbé Allain, le savant archiviste du diocèse de Bordeaux, lorsqu'il dit dans son livre *L'Instruction Primaire en France avant la Révolution* : « Que la lumière soit faite
« sur les origines scolaires de toutes
« nos provinces sans exception, que toutes
« nos archives soient fouillées, et sûre-
« ment les faits nouveaux qu'on pourra
« découvrir ne concluront pas autrement
« que les faits innombrables déjà mis au
« jour (1). »

(1) *L'Instruction primaire en France avant la Révolution* d'après les travaux récents et des documents inédits — Paris, Société Bibliographique, 1881, page 293.

C'est ce qui est arrivé. Nos documents démontrent d'ores et déjà, comme étant historiquement vraies pour ce coin de la région Touloise, plusieurs affirmations reconnues absolument exactes pour la France en général et pour la Lorraine en particulier.

Ainsi, l'existence, le développement ou la restauration des petites écoles au xviie siècle dans les campagnes du Toulois;

La fondation surtout d'un grand nombre d'écoles de filles dans les environs de Toul entre 1700 et 1750;

La situation excellente de ces écoles tant au point de vue matériel qu'au point de vue moral;

L'initiative et l'action persévérante du clergé Toulois pour établir et perfectionner les écoles rurales;

Voilà des faits incontestables.

Volontiers l'on reconnaît aujourd'hui

que l'histoire générale n'a toute sa valeur que si elle s'appuie sur les preuves irrécusables que fournissent les histoires particulières. Chacun, alors, doit s'imposer la tâche de fouiller le sol à l'endroit qu'il estime propice à ses recherches. Nul terrain n'est méprisé. « La science, » a dit quelqu'un, « se construit peu à peu : c'est un « édifice anonyme où de nombreux incon- « nus viennent poser leur petite pierre. »

D'un autre côté, comment la vérité historique concernant l'état ancien de l'instruction primaire arrivera-t-elle à briller dans les campagnes ? Très peu de gens sont à même de lire les savants ouvrages de MM. Fayet, Maggiolo, Allain, etc. Ne serait-ce pas un excellent mode de vulgarisation et de propagande qu'une monographie scolaire, répétée par centaines et par milliers de communes ? On choisirait pour cadre d'études un canton, un village, et l'on présenterait en un relief saisissant, avec les variantes nécessaires, le même fait historique. Vue sur place, à l'endroit que l'on habite, que l'on aime, et où les ancêtres ont vécu, parfois incarnée en quelque sorte dans un personnage connu, sinon célèbre, la vérité offrirait plus d'attrait, prendrait plus d'ascendant, et se fixerait d'elle-même dans la mémoire de tous. L'ignorance, la haine, les passions et les préjugés politiques sèment tous les jours encore tant de ténèbres. Faites jaillir la lumière des événements locaux et des traditions domestiques, et elle éclairera, sans obstacle, les granges et les pressoirs de nos campagnes !

Si ce mode de vulgarisation réussissait, grâce à la bonne volonté de tout le monde, combien aussi la vie intérieure d'une commune profiterait davantage ! Malheureusement l'histoire locale qui toujours intéresserait le plus est celle que beaucoup savent le moins. Se représente-t-on ce que donnerait d'experience, d'autorité, de largeur de vues, de confiance, de charme même dans les entretiens, aux habitants d'un village, la connaissance précise de leur passé ? Que de réflexions fécondes succéderaient ou à l'insouciance ou à de stériles agitations! Municipalité, paroisse, familles, maîtres et élèves, tous y gagneraient. De certaines idées justes, dont les faits anciens émanent, pénétreraient sans doute au sein de la vie actuelle, et tandis que le présent enrichit chaque jour l'avenir de ses moyens de progrès, le passé, plein d'expérience, apporterait aussi des éléments de sagesse.

En tout cas, puisse la piété dont nous avons désiré faire preuve envers le sol natal être du moins excusée par ceux qui daigneront parcourir ces humbles pages!

Nancy, 19 Mars 1892.

Nous exprimons nos remerciements à M. l'abbé Saunier, curé de Trondes, qui s'est employé avec une obligeance parfaite à nous procurer le plus grand nombre possible de documents et de renseignements. Nous prenons la liberté respectueuse de témoigner aussi notre gratitude à M. Levacq, maire de Trondes, à M. le comte Gabriel de Braux et à M. F. Bonnardot, archiviste au département de la Seine (Service des Beaux-Arts et des Travaux historiques).

CHAPITRE I.

PREMIÈRE ÉCOLE DE TRONDES AVANT 1700

Ancienneté du village de Trondes. — Quelle pouvait bien être l'école de Trondes au Moyen-Age ? — Mouvement dans le Toulois au xvie et au xviie siècles en faveur de l'Instruction primaire. — Donation d'une maison pour l'école de Trondes par messire Demenge Husson, 1622.

Trondes, village du département de Meurthe-et-Moselle, canton de Toul Nord, à deux lieues et demie environ de Toul, vers le Nord-Ouest, compte aujourd'hui 647 habitants.

Sa situation dans l'un des défilés des côtes de la Meuse, au pied d'un mamelon isolé qui portait jadis à son sommet le château féodal de Romont, des champs fertiles arrosés d'eaux toujours fraîches, des prairies, les vignes et les bois qui l'encadrent, donnent à ce village, surtout à la belle saison, un aspect agréable. Son territoire depuis 1875, est compris dans le périmètre des forts de la place de Toul, et si l'on examine le passage de la plaine de la Voevre dans la vallée de la Meuse, la Trouée de Trondes acquiert un certain intérêt stratégique (1).

Trondes (2), comme presque tous les villages qui avoisinent Toul, est très ancien (3). Les chartes et les récits le mentionnent à partir du

(1) *La Frontière*, par Eugène Ténot, 1883, p. 100, 102 et 114, 115.

(2) Trondes, en latin *Trondes*, ou *Trondae*, *Trondolæ*, *Trundli*, tire peut-être son nom de trois petits ruisseaux, *ad tres undas*, (interprétation de M. le comte Gabriel de Braux) : le ruisseau de la *Vaux* et celui de *Romont* se rencontrent avant de sortir du territoire, et grossissent les eaux du Terrouin lequel va se jeter dans la Moselle. Le Ruisseau de *Bruyères* descend vers Pagny et la Meuse.

(3) Une voie romaine longeait la vallée de Trondes dans la direction de Pagny-sur-Meuse. Sur le Romont, on a trouvé des vestiges d'habitations gallo-romaines.

Les noms des localités voisines en font reculer les origines au moins à la période romaine : Lay, *Leodium*, Foug, *Fagus*, Ecrouves, *Scropuli*, Pagny, *Paterniacum*, Bruley, *Bruteium* ou *Briviaricum*, Lucey, *Luciacum*, Ligney, *Laciniacum*, Sanzey, *Sanciacum*, Boucq, *Buchus*, Troussey, *Troceium*, etc. Quelques érudits, se fondant sur ce que la terminaison *ey* appartiendrait à la langue parlée par les Celtes et par les Kymris, conjecturent une très haute antiquité pour les villages Toulois. Toul, on le sait, est lui-même très ancien.

Un certain nombre d'objets de l'âge de pierre, d'autres de la période Leucquoise ou Gauloise, enfin des ruines romaines (villa avec salle de bains, tombes, forges, routes, etc) ont été trouvées à quelque distance de Trondes, sur le territoire de Sanzey.

dixième siècle. On trouve pour la première fois son nom dans l'*Historia Episcoporum Tullensium*, au sujet d'une guérison obtenue par l'intercession de saint Gérard, évêque de Toul. La date précise n'est pas indiquée, mais le miraculé était originaire de Trondes (1). Les évêques de Toul, le Chapitre, l'abbaye de Saint-Epvre de Toul, le Prieuré de Notre-Dame-sous-Apremont qui dépendait de l'abbaye de Gorze, l'abbaye de Rangéval, les sires d'Apremont et de Romont, le chevalier de Beffroimont, les comtes et ducs de Bar, et d'autres seigneurs possédaient des alleux à Trondes. Aussi le nom de Trondes se rencontre-t-il çà et là dans des chartes et dans des bulles pontificales, aux années 1060, 1103, 1157, 1181, 1200, 1210, 1215, 1220, 1257, etc., etc. Mais que de docu-

---

Pendant la période Franque, les rois Mérovingiens qui avaient un palais à Gondreville, une ferme et des jardins à Royaumeix, venaient chasser dans la forêt la *Reine*. Lucey est désigné dans une charte du roi d'Austrasie, Théodebert II. Bruley et Lucey ensemble, vers la même époque, sont donnés par une dame Prétorie à l'évêque Eudulanus. Leurs noms ensuite sont répétés plusieurs fois dans des chartes des temps mérovingiens et carlovingiens.

(1) Dom Calmet, *Histoire de Lorraine*, 1. Preuves, col. 154, 155. — *Autre miracle du même saint pour un homme de Trondes*, l'an 1050, ibid, col. 163. — Donations diverses où il s'agit de Trondes, ibid col. 179-525-576.

ments ont dû disparaître, hélas! par suite des pillages et des incendies qu'amenaient les guerres du Moyen-Age! (1)

Sur l'existence d'une école à Trondes, comme en général sur l'état de l'instruction primaire dans le Toulois, à une époque aussi reculée, faute jusqu'ici de documents, on ne peut faire que des hypothèses. Le Xe statut d'un Concile tenu en 859, à Savonnières, à une lieue de Toul, porte bien « que les princes et les évêques seront exhortés « à établir des écoles publiques, tant des saintes « Ecritures que des lettres humaines, dans tous les « lieux où il y aura des personnes capables de les « enseigner (2)... » Mais ce texte, assez général, il est vrai, comprend-il ce que nous entendons aujourd'hui par écoles primaires, et d'ailleurs, même en ce sens large, a-t-il été observé pour les campagnes ?

Il y a cependant des inductions qu'on tire légitimement de faits certains, et qu'on est fondé par conséquent à accepter.

---

(1) *Archives départementales* : Série G. tome IV, et Supplément à la série G. (formé de documents trouvés à Toul en octobre 1883). — Cartulaire de l'abbaye de Rangéval, layette Clairlieu, n° 8.

(2) *Dictionnaire des Conciles*, II, col. 813.

La prospérité des écoles Episcopale et Monastique de Toul, établies·dès le vi⁹ siècle, laisse supposer en effet que les populations rurales, surtout celles qui étaient le plus rapprochées de la ville, ne demeuraient pas dénuées de tout moyen d'instruction (1). D'abord, comment admettre que l'enseignement appelé aujourd'hui supérieur et secondaire fût très bien donné, ce qui est incontestable, et pas du tout l'enseignement primaire (2) ? Il n'y avait pas que les enfants de la ville et des faubourgs qui fussent admis à suivre les classes fameuses où se distinguèrent soit comme

(1) Le diocèse de Toul paraît avoir été toujours l'un de ceux qui se sont le plus dévoués à bien former la jeunesse et où « l'on a eu le plus de soin de bannir l'ignorance. » Le célèbre Jean de Launay (*de Scholis celebrioribus a Carolo Magno*) fait un grand éloge des écoles établies à Toul et prétend qu'il n'y en a pas en France qui puissent l'emporter sur elles du côté de l'ancienneté. Les bréviaires Toulois les font remonter à Constantin-le-Grand. Elles étaient très florissantes à la fin du xi⁹ siècle, (école épiscopale, écoles claustrales de Saint-Epvre, de Saint-Mansui, de Saint-Léon ; écoles paroissiales organisées dans chacune des paroisses de la ville, des faubourgs et à la Charité).

(2) M. l'abbé Allain a eu soin de ne pas négliger cette remarque. « Il est évident que les élèves de ces écoles (pa-
« roissiales, épiscopales et monastiques avant le ix⁹ siècle)
« ou bien étaient préparés à recevoir leur enseignement
« dans des écoles inférieures, ou bien qu'elles commençaient
« elles-mêmes par leur donner les premières leçons. » (*L'Instruction primaire en France, avant la Révolution*, page 23.)

maîtres, soit comme élèves, saint Loup, saint Vincent de Lérins, saint Firmin, saint Auspice, saint Eucaire (v siècle), saint Epvre, l'évêque Antimonde (vii siècle), le bienheureux Jean de Vandières, Adson, le célèbre moine de Luxeuil, l'évêque Berthold (x siècle), saint Léon IX, Walther, Ludolf, Vibert, Udon, Hunald, Henri de Lorraine, le bienheureux Odon, Hugues Métellus (xi siècle), Eudes et Gérard de Vaudémont (xii siècle) etc. Ceux des enfants de la campagne qui annonçaient des goûts pour l'étude et pour la vocation soit cléricale soit monastique, y étaient envoyés. Doit-on croire que ces enfants, en règle générale, arrivaient aux écoles de Saint-Epvre, de Saint-Mansui, de Saint-Léon, ou à l'âge de 5 ans comme ceux de la ville, ou s'ils y venaient plus tard, sans savoir lire ni écrire ? Où auraient-ils appris les premiers éléments, où auraient-ils donné à discerner leurs dispositions, sinon dans ces petites écoles rurales tenues par les clercs ou par les moines qui desservaient les paroisses ? Le savant A. Digot assure, d'après dom Mabillon, et M. l'abbé Guillaume répète après eux, « qu'il y avait dans le
« *diocèse* de Toul, outre les écoles de la cathédrale
« et des monastères, de petites écoles destinées
« aux enfants. On les y admettait dès l'âge de

« sept ans, et, afin que les premières instructions
« qu'on leur donnait servissent à leur inspirer des
« principes religieux, on leur faisait d'abord appren-
« dre le Psautier (1). » Ce dernier point ressort
d'un fait intéressant arrivé en l'an 1050, et que
les auteurs cités plus haut n'ont point mentionné.
Un enfant de sept ans, fils d'un habitant de l'un
des faubourgs de Toul ou des villages environnants, recouvre miraculeusement la vue par l'intercession de saint Gérard. Or le récit ancien nous
le montre, le matin même de la fête de saint
Gérard, alors qu'il jouissait encore de ses yeux,
occupé à répéter silencieusement sa petite leçon
d'école selon son habitude. La leçon était donnée
dans le Psautier (2).

Une autre considération appuie la haute antiquité des petites écoles dans plusieurs paroisses

---

(1) M. l'abbé Guillaume, les *Écoles Episcopales de Toul pendant toute la durée du siège fondé par saint Mansuy*, Mémoires
de la Société d'Archéologie Lorraine, 2ᵉ série, XIᵉ vol. p. 493.

M. A. Digot, *Recherches sur les Écoles épiscopales et monastiques de la paroisse ecclésiastique de Trèves*. Mémoire du Con-
grès scientifique de France; Nancy, 1850.

(2) .....« Ecce ipsius festi mane, septennis puerulus, cujus-
« dam suburbani, Willerici nomine, filius, scholare studium
« more assueto repetit, traditæ lectiunculæ psalterii semotus
« incumbit..... » *Historia Episc. Tull. Preuves de l'Histoire
de Lorraine*, col. 156.

rurales du diocèse de Toul. C'est que, de tout temps, les chanoines de Toul mirent un grand soin à favoriser l'instruction dans les villages soumis à la juridiction du Chapitre, comme aussi dans les localités dont ils étaient originaires et dans quelques autres où ils possédaient un bénéfice. « On trouve », dit M. Guillaume sans préciser davantage, « de nombreuses preuves du soin que le « Chapitre faisait prendre des écoles en procurant « des régents qu'il s'attachait par d'honorables trai- « tements. » Si les preuves de ce zèle éclairé ne manquent pas en effet pour la ville même de Toul et précisément avant le XVIIe siècle, il y a des exemples du même zèle pour les paroisses rurales. En 1458, le Chapitre installe un maître d'école à Port (1). Le 21 mars 1547, Nicolas Colin, chanoine de Revigny, dans le Barrois, diocèse de Toul, s'exprime ainsi dans son testament : « ... item, je donne aux escoliers de l'eschole du- « dit Revigny, pour ceulx qui diront les sept pseaul- « mes, dix huict gros (2). » En 1583, le doyen

---

(1) Archives départementales, série G. 74.
(2) *Les Testaments au profit de l'Église de Toul*, Mémoires de la Société d'Archéologie Lorraine, 3e série, XIIe vol (1884), p. 154 Original aux archives de Meurthe-et-Moselle, G. 1336. — L'auteur de cet article, M. Lemercier de

Etienne Hordal fonde à Barizey-au-Plain la chapelle de la Nativité, à charge pour le chapelain « d'instruire et enseigner les jeunes enfants « d'iceluy Barizey qui viendront ou seront envoyés par devant le dit chapelain, matin et après-« diner, *comme la coutume des écoles porte,* parmi « salaire raisonnable (1). » C'est le même Etienne

Morière donne l'analyse de 23 testaments retrouvés en 1883. Il rappelle que l'*Inventaire des Titres de l'église de Toul,* par Le Moine (Archives de Meurthe-et-Moselle, 4 vol. in-folio) en indique 165, ou du moins range sous la rubrique Testaments 165 actes de dernière volonté, faits au profit de la Cathédrale soit par les chanoines, soit par les laïques. Le plus ancien de ces actes est sans date. Le Moine lui assignait, d'après les caractères paléographiques, celle de 1260 environ. « Quelle mine précieuse pour l'histoire, » ajoute M. Lemercier de Morière, « et combien ne doit-on pas en déplorer la perte ? » Nous nous associons d'autant plus à ce regret que, selon toute probabilité, plusieurs de ces testaments renfermaient des clauses intéressant les Ecoles, à l'instar de celui de Nicolas Colin.

(1) Notons, pour être absolument exact, que comme Etienne Hordal ne fonde pas directement une école, mais un petit sanctuaire dédié à la Vierge, il a pu ajouter cet article : « Je ne veux néanmoins et n'entends que le dit cha-« pelain dépende aucunement de la commune ou des habi-« tants du dit Barizey ou qu'en aucune sorte il lui soit as-« servi ni assujetti pour *magister,* marguiller ou autre tel « office public ni qu'elle lui puisse commander en l'église « ni dehors. » Cette mention du *magister* en prouve du moins l'existence dans les paroisses de campagne.

Les curés suivaient l'exemple du Chapitre. A l'aide de quêtes faites dans toute l'étendue de la Lorraine, dès 1482,

Hordal qui fonde en 1607 la chapelle de la Belle Vierge à Lucey, à charge aussi pour le chapelain d'instruire pareillement la jeunesse.

De ces faits et d'autres analogues (1), il est nécessaire d'inférer que les chanoines de Toul, de leur vivant ou à leur mort, isolément ou réunis en assemblée capitulaire, procuraient volontiers quelque avantage aux écoles rurales, lorsqu'ils ne les fondaient pas, soit en donnant la maison d'école, soit en assurant les fonds qui devaient entretenir les régents et régentes d'écoles. Si cette générosité entrait dans les usages et traditions du Chapitre, il n'est pas difficile d'admettre que longtemps avant Nicolas Colin et Etienne Hordal, plusieurs de leurs prédécesseurs l'aient fait, et qu'ainsi Trondes qui ressortissait, pour le temporel, du Chapitre cathédral, ait eu son école, avant même le XVIᵉ siècle. D'ailleurs, dans ces textes on aura remarqué les expressions « *escoliers de l'eschole* »... « *comme la coutume des écoles porte...* » De semblables termes insinuent

Jean Mengin, originaire de Chavigny, près Nancy, curé-doyen de Dieulouard, reconstruisit l'église et dota la paroisse d'une belle maison de cure, d'un hôpital et d'une école gratuite pour les enfants des deux sexes. (Voir son testament écrit sur parchemin magnifiquement enluminé. *Archives de Meurthe-et-Moselle*).

(1) Nous en citerons d'autres encore, au chap. V, notamment.

assez l'existence d'écoles rurales établies régulière
ment et depuis longtemps dans la région (1).

(1) M. Maggiolo, recteur honoraire de l'Académie de
Nancy, a publié, comme chacun sait, en 1879, dans les Mémoires de l'Académie de Stanislas, le *Pouillé scolaire* ou
Inventaire des écoles dans les Paroisses et annexes du diocèse de Toul avant 1789 et de 1789 à 1833 (Mémoires de
l'Académie de Stanislas, 1879, CXXXe année, 4e série, tome
XII, pages 221-332. Publié en brochure).
La compétence du très savant recteur ne saurait être contestée et ses travaux sur l'instruction primaire font loi.
Malheureusement, ses investigations, pourtant si étendues,
si patientes, et en ce qui concerne le xviiie siècle et le xixe,
si complètes, n'ont pas, jusqu'ici, pour les paroisses rurales,
porté loin avant dans le Moyen-âge. Ainsi sur les 1036 paroisses des 25 doyennés du diocèse de Toul, M. Maggiolo
constate bien 996 écoles avant 1789, 613 avant 1700 ; mais
son tableau récapitulatif et comparatif (page 328) s'arrête à
1700. Or une lecture attentive ne relèvera, au cours du
Pouillé, que *quatorze noms avant l'an 1600 :* sept pour les
villes, Toul dès le vie siècle, Nancy, 1100, 1343, 1554;
Lunéville, 1135 ; Saint-Dié, 1236 ; Vézelise, 1272 ; Rosières-
aux-Salines 1354, Baccarat, 1465, et *sept pour les paroisses
de campagne*, Gelucourt, 1270 ; Amance, 1514; Heillecourt,
1552; Domèvre, 1569 ; Sexey-aux-Forges, 1570 ; Gondreville, 1590 ; Domgermain, 1599. C'est bien peu : peut-être
une étude plus approfondie encore des archives amènerait
un supplément de renseignements. C'est ainsi qu'il est
permis d'ajouter déjà à cette liste les noms de Liverdun,
1422; Dieulouard, 1432 ; Pont-à-Mousson, 1500; Revigny,
1547; Barizey au-Plain, 1583 M. Maggiolo n'a pas prétendu
d'ailleurs être complet. Il a donné des notices spéciales ou
de plus amples détails seulement sur 4 villes, Toul, Nancy,
Blâmont, Vézelise, et sur 7 villages, Bulligny, Domgermain,
Iléville, Heillecourt, Laxou, Laneuvelotte et Chavigny. Le

Enfin les conjectures précédentes paraîtront plus vraisemblables encore, si l'on veut bien se rap-

tableau récapitulatif et comparatif embrasse les 25 doyennés, mais le mémoire est consacré à 4 doyennés seulement, Toul, Port, Salm, Saintois. (En 1880, 1881, 1882, et les années suivantes, M. Maggiolo a publié, dans les mémoires de l'Académie de Stanislas, l'inventaire des Ecoles pour les anciens Diocèses de Metz et de Verdun, et divers articles historiques et statistiques importants sur les Ecoles.)

Qu'il nous soit donc permis, tout en exprimant notre admiration pour l'impartialité, l'intelligence et la bonne volonté infatigable qui ont présidé à ces immenses et difficiles recherches, de croire respectueusement que le passé de notre diocèse, de nouveau encore interrogé, achèverait ses révélations.

Naturellement, M. l'abbé Allain, dans son livre qui est un résumé si substantiel de tous les travaux récents, en est réduit, lorsqu'il établit, province par province, l'existence des petites écoles au Moyen-âge (chap. II) et au XVIe siècle (chap III), à ne mettre que deux ou trois lignes pour la Lorraine. Elles sont ainsi conçues : « M. Maggiolo men- « tionne des écoles presbytérales dans toutes les paroisses « de Toul en 1240, des écoles presbytérales et claustrales à « Nancy en 1221, 1298, 1342, 1484, une école à Vézelise « en 1292. » (chap. II page 32) « .... Les excellents mé- « moires du même auteur nous permettent de signaler « encore quelques écoles du XVIe siècle, celles de Toul, « Heillecourt et Vézelise en Lorraine (chap. III, page 51)... « Indiquons encore dans la même province les écoles « d'Epinal Laxou, Lamothe et Darney, » ajoute-t-il, d'après Schmidt.

Encore une fois, nous signalons ces lacunes, non pour ôter quelque chose à la reconnaissance et à l'estime dues à ceux qui ont ouvert si vaillamment la route, mais pour susciter des imitateurs, et justifier notre propre hardiesse.

peler que le mouvement général qui eut lieu en France au XVIe siècle en faveur des petites écoles, se fit sentir en Lorraine autant et plus qu'ailleurs, sous le règne bienfaisant de Charles III.

Le Concile de Trente, éminemment soucieux de l'âme des enfants mise en péril par l'ignorance et par l'hérésie, avait prescrit la fondation d'écoles dans toutes les paroisses, et le cardinal de Lorraine (1), légat *à latere* du Saint Siège dans les duchés de Lorraine et de Bar, qui fit grande figure au Concile, s'attacha à en faire observer l'esprit et les statuts dans la contrée soumise à sa juridiction. De même qu'il poursuivait avec zèle la réformation du clergé et des ordres monastiques, et qu'il

---

(1) Charles de Lorraine, dit le grand cardinal de Lorraine, fils cadet du premier duc de Guise, archevêque de Reims et de Narbonne, évêque de Metz, de Toul et de Verdun (1574).

Il ne faut pas le confondre avec un autre cardinal de même nom, fils de Charles III, évêque de Strasbourg, né en 1567, mort en 1607.

Il y eut encore trois autres cardinaux de Lorraine :

Jean, cardinal de Lorraine, fils du duc René II et de Philippe de Gueldres, 1517-1542.

Charles de Lorraine, dit le cardinal de Vaudémont, petit-fils du duc Antoine. Il avait pour père Nicolas de Lorraine, comte de Vaudémont, puis duc de Mercœur. Il fut évêque de Toul de 1580 à 1587.

Le duc Nicolas François de Lorraine, comte de Vaudémont, avait été nommé évêque en 1626, cardinal en 1627. Il mourut en 1670.

encourageait puissamment l'Université de Pont-à-Mousson, de même il favorisa les petites écoles, fort négligées par suite des guerres, de la peste, de la famine et de toutes sortes de fléaux qui ne cessèrent, dans le xive et le xve siècles, et dans la première moitié du xvie, de désoler la Lorraine. Les évêques qui se succédèrent sur le siège de Toul pendant le xvie siècle, travaillèrent tous de concert avec les ducs pour améliorer l'état religieux et social des campagnes (1).

Il est bien évident, disons-le en passant, que le développement de l'instruction primaire en Lorraine et dans le Toulois en particulier ne fut pas l'œuvre du Protestantisme. Car le diocèse de Toul lutta toujours, et avec avantage, contre la propagation de la prétendue Réforme. Les victoires du duc Antoine sur les Rustauds, la foi religieuse et

---

(1) Evêques de Toul pendant le xvie siècle :
Hugues des Hazards, 1506-1517.
Jean, cardinal de Lorraine, 1517-1524 ; 1532-1537 ; 1542.
Hector d'Ailly, 1524-1532.
Antoine de Pélégrin, 1537-1542.
Toussaint d'Hocédy, 1543-1565.
Pierre du Châtelet, 1565-1581.
Charles de Lorraine, cardinal de Vaudémont, 1580-1587.
Christophe de la Vallée, 1589-1607.

la fermeté des princes lorrains, ses successeurs, leurs sages ordonnances, les édits des Etats-généraux, la surveillance faite par les baillis et les prévôts, les peines infligées aux novateurs, en même temps que les efforts de l'autorité ecclésiastique, réussirent à empêcher l'invasion soit violente soit pacifique du Protestantisme. Aucun fait, croyons-nous, ne peut être relevé dans le Toulois en son honneur, pour ce qui concerne les petites écoles de cette époque (1).

C'est surtout dans la seconde moitié du xvie siècle, et dans la première moitié du xviie que commmence, pour ne plus se ralentir, le développement des petites écoles. Malgré la rareté des documents, nous avons déjà cité Revigny, 1547; Heillecourt, 1552; Domèvre, 1569; Sexey-aux-Forges, 1570; Barisey-au-Plain, 1583; Gondreville,

---

(1) On a dit que l'enseignement primaire « partout où il s'est établi avant ce siècle, est fils du protestantisme. » (M. Bréal, professeur au collège de France). Cette assertion, née d'un sophisme, est entièrement contredite par les faits. M. Allain en a très bien démontré la fausseté historique. M. Allain va plus loin. Il affirme (et il justifie son affirmation) « que le protestantisme retarda notablement la restau-« ration de l'enseignement primaire en paralysant les efforts « de l'Église, et en annulant pour un temps les effets de « l'invention de l'imprimerie. » (L'*Instruction primaire en France avant la Révolution*, pages 44 et suiv.).

1590; Domgermain; 1599. Citons aussi Lucey, 1607; Pulligny, 1612; Tomblaine, 1617; Malzéville, 1622; Laneuvelotte, 1620; Sion, 1627; Barbonville, 1629; Blainville, 1631; Fléville, 1637; Ecrouves, 1640; Blénod, 1649. Nous omettons à dessein les petites villes comme Blâmont, 1625; Badonvillers, 1620; Senones, 1626, etc., pour ne nommer exclusivement que des paroisses rurales. Rappelons encore que de certaines expressions doivent être signalées comme étant des indices sûrs du grand nombre de petites Ecoles dans le diocèse. Ainsi, l'allusion plusieurs fois répétée à la coutume des Ecoles, témoigne à n'en pas douter, qu'il y avait de petites Ecoles installées, organisées, et fonctionnant selon une méthode universellement pratiquée et déjà peut-être rédigée en Manuel.

Mais nous avons hâte d'arriver à des faits précis, qui se rapportent à la localité dont nous nous occupons.

En 1622, le 22 décembre, messire Demenge Husson, prêtre prébendier en la Maison-Dieu de Toul (1), donnait par testament à l'église de Trondes, son village natal, une maison d'école.

(1) La Maison-Dieu appartenait au Chapitre. On y recevait des malades gratuits et aussi des personnes qui payaient pension. Quelques prêtres prenaient là leur retraite, et parmi

« ...item. Je donne et octroye aussi pour tous-
« jours mais irrévocablement à ladite église de
« Trondes, *une maison* comme elle se contient,
« que j'ay faict bastir de fond en comble à mes
« despens, les usuaires d'icelle devant et derrière,
« le meix joindant et tous autres droicts d'ancien-
« neté en dépendans... franche et quitte de toutes
« servitudes quelconques... (1). »

eux quelquefois, l'on en choisissait un pour administrer la maison, sous la direction de l'un de Messieurs les chanoines. Il était élu capitulairement.

Le prébendier élu pour tenir les comptes et la surveillance, s'appelait *maître œconome*. Le dernier prébendier, maître œconome, fut M. Pinton, nommé le 10 décembre 1732. Il fut élu en même temps vicaire perpétuel ou curé de Sainte-Geneviève. Ne pouvant gérer les deux fonctions, il opta pour la cure. Le Chapitre alors demanda trois sœurs de Saint-Charles pour le gouvernement de la Maison-Dieu. M. Pinton a son nom cité dans les registres paroissiaux de Trondes, le 25 novembre 1749, comme curé de Saint-Jean, à propos d'une permission qu'il donne à l'un de ses paroissiens. Il y avait encore 4 prébendiers en 1782.

(1) *Archives de Trondes*, Titre de fondation.
Le parchemin, d'une belle écriture, porte pour titre, au dos : « Fondation d'un obiit en l'église de Trondes, faicte
« par discrète personne, Me Demenge Husson ptre, an-
« cien maître et œconome de la Maison-Dieu de Toul. En
« l'année mil six-cent-vingt-deux. » Il est signé du donateur, de Me Baptiste Gonet, avocat, et de M. de la Tanche, tabellion général au duché de Lorraine des terres et seigneuries des vénérables doyen, chanoines et Chapitre de l'Eglise de Toul et notaire des cours ecclésiastiques dudit Toul. (Voir *Pièces justificatives, Pièce A*.)

La situation de cette maison, au centre du village, devant l'église, à trois pas du presbytère, facilitait le rassemblement des enfants et la surveillance. Quoique le bon air se trouve partout à la campagne (1), néanmoins pour plus de salubrité encore, et aussi pour plus de recueillement, le donateur avisé détermine que « la chambre « *joindant le meix* sera et demeurera librement « sans empeschement de personne (sinon du ma-« gister qui sera p' le présent et à l'advenir) « pour loger, admettre et recepvoir les jeunes fils « et filles qui se présenteront dudit Trondes, et « autant sy faire se peut d'y aller, pour par les ma-« gisters estre recordez, instruicts et enseignez... » Tout le reste de l'immeuble est à l'usage du magister qui aura charge, lui et ses successeurs, « de « bien et soingneusement entretenir, fournir la « tuile, chaulx, sable et chanlettes de lad¹ⁱ maison « et payer les ouvriers qui feront lesd¹ᵉˢ beson-« gnes toutes fois et quantes qu'il sera necessaire,

(1) M. l'abbé Allain explique en quelques pages intéressantes l'installation matérielle des anciennes écoles. — « L'auteur de l'*Escole paroissiale* qui donne son livre comme « le fruit de dix-huit ans d'expérience, souhaite que l'Ecole « soit un peu à l'écart, point sur la rue, autant que pos-« sible, et à la portée de l'église. » (page 149 et seq.) Celle de Trondes se rapprochait de ces conditions.

« aifin qu'il n'en arrive dommage par la faulte et
« négligence du d^t magister ou de ses successeurs
« maîtres... »

Messire Demenge Husson avait été témoin, pendant plus de trente ans, du fonctionnement et de la prospérité des écoles de Toul (1). Répondant aux vœux des évêques, en particulier de Mgr Jean des Porcelets de Maillane (1607-1624), qui édictaient sur l'éducation chrétienne et sur l'instruction des enfants des mesures si sages, il souhaita faire du bien à son village natal.

D'abord, il communique à ses compatriotes, en même temps que le fruit de ses épargnes, le fruit aussi de ses observations et de son expérience. « Ce qui m'a induict à faire ce bon œuvre, » explique-t-il dans son acte qu'il a « longuement et

---

(1) Combien nous regrettons de ne pouvoir donner sur la vie de ce bon prêtre quelques détails précis, les documents nous ayant fait défaut ! Il n'est pas le premier prêtre de Trondes dont les documents fassent mention. Un *Nécrologe de la cathédrale de Toul* (Manuscrit latin, 10018 de la Bibliothèque Nationale) signale, au XIVe siècle, un certain Thiemann..... « XII Kal. Aprilis (21 mars). . Obiit Thiemannus presbyter « de Trondes, in cujus anniversario debentur tres solidi tul« lensium percipiendi supra quoddam situm subtus Dom« pnum Martinum ad l'urnos .. » (Voir *Pièces justificatives*, pièce B.)

« meurement délibéré, « est en considération qu'il
« s'en trouve plusieurs qui regrettent le temps
« perdu, et se plaignent de n'avoir esté poussés à
« l'escolle dès leur jeunesse... C'est une chose
« très nécessaire de procurer le bien et l'advance-
« ment de la jeunesse en la crainte de Dieu et en
« toute vertu et bonne discipline. »

Il rappelle ensuite en quelques mots le programme de l'école, tel qu'on le concevait alors
uniformément dans l'Europe chrétienne, pour les
petites écoles. — « Estre recordez, instruicts et
« enseignez en la foy et religion de la s^{te}
« Eglise catholique, apostolique et romaine. » C'est
le premier point ; car, aux yeux de tous, comme
nous le dirons plus tard, l'école, pendant de longs
siècles, est apparue comme l'auxiliaire de l'Eglise.
Elle l'était en effet, par ses origines, par son but
principal et essentiel, par ses moyens et par ses
effets. Au besoin, elle devenait une sorte de maî-
trise, selon l'expression usitée aujourd'hui, « et
« le dit magister s'en acquittera fidèlement pour le
« service de ladite Eglise, pour avec le temps,
« lorsque les enfants en seront capables, aider à
« chants d'icelle et servir à l'autel en tous temps
« et en toutes saisons. » Le magister devait, après
cela, « les montrer à lire et escrire, selon la capa-

« cité des enfants, » Il enseignerait aussi l'orthographe, l'histoire sainte et l'arithmétique (1).

Le donateur exhorte les parents à remplir leur mission : « Les pères et les mères feront tous de-
« voirs et auront le soing d'envoyer les enfants en
« lad^te escolle, pour estre instruicts, comme dit
« est, aux charges de satisfaire au dict maistre le
« sallaire accoustumé, pour l'obliger à faire son
« debvoir. »

Cette allusion au « sallaire accoutumé », ne justifierait-elle pas encore les considérations présentées plus haut par rapport à l'ancienneté d'une école à Trondes ? Elle semble montrer en effet qu'avant 1622, une école existait à Trondes, pour laquelle il y avait une rétribution passée en usage, et que la fondation actuelle a surtout en vue de favoriser et de développer. L'attention par laquelle le donateur a soin de faire distribuer pour accomplissement de son obit « au magister trois gros, aux escolliers trois gros », corrobore aussi cette remarque.

Le choix des maîtres ne pouvait manquer d'éveiller la sollicitude du bon et vertueux prêtre.

---

(1) Nous revenons plus loin sur le programme de l'école, chap. III.

Il les veut « capables, de bonne vie, mœurs et
« religion, de bon fame et renommée. » Et, de
même que pour l'entretien et la réparation de l'immeuble, les chasteliers, avec l'avis et le conseil des
parents du testateur, seront tenus de visiter souvent la maison, de même, au point de vue de
l'instruction et de l'éducation, un contrôle salutaire sera exercé. Le curé du lieu veillera « si le
« maître faict son debvoir de bien enseigner les
« enfants qui sont sous sa charge, et s'ils profitent
« de leurs leçons... » Moyennant l'accomplissement
« de toutes et chacune les charges et condi-
« tions cy-dessus à l'égard dud^t magister, led^t
« magister et ses successeurs maistres aud^t Trondes
« demeureront quittes et exempts de payer aucun
« loyer, par chacun an, de ce qu'il tiendra et
« occupera de lad^{te} maison... » Mais si, au temporel comme au spirituel, le maître « commet
« chose digne de repréhension, le faudra expulser
« incontinent... »

On le voit, ce prêtre éclairé, qui désirait humblement « avant de paraistre devant Dieu, procu-
« rer encore quelque bien qui durât après sa
« mort, » ne nous fait pas seulement connaître
des intentions excellentes. Il indique en peu de
mots le but, le programme de l'école, les de-

voirs des parents, les obligations et les droits du maître.

Est-il téméraire de le penser ? Des traditions scolaires, plus ou moins copiées sur celles de Toul, s'établirent à Trondes, par le fait de messire Demenge Husson, lequel venait sans doute revoir souvent son village natal, et s'y montrait attaché du fond du cœur. Sa sagesse pratique et son expérience ont dû être plus d'une fois mises à contribution et à profit.

Assurément, lorsque, dans la suite, selon la teneur du testament, le magister allait chaque jour « après « le salut chanté à l'église, taper ou frapper trois « coups la moyenne cloche de lad^{te} Eglise, pour in- « viter le peuple à prier Dieu, dire un *De Profundis* « tout du long, *Oremus, Inclina aurem tuam, Fide-* « *lium*, etc., en mémoire de tous les fidèles vivants « et trespassez, » maîtres, parents et enfants avaient un souvenir particulier pour le bienfaiteur de l'école. Cet hommage se devait continuer « à » l'advenir à perpétuité. » On n'avait point prévu la Révolution. Les trois coups furent tintés longtemps, plus d'un siècle et demi; mais, depuis lors, que de générations de « magisters » et d'escolliers », que de familles se sont succédé à Trondes, qui, peut-être, n'ont jamais entendu nommer messire

Demenge Husson, le vieux prébendier de la Maison-Dieu de Toul! L'avenir a quelquefois des retours de justice envers le passé, et Dieu toujours ses récompenses.

CHAPITRE II

FONDATION D'UNE ECOLE DE FILLES
A TRONDES, 1704-1715

Le village de Trondes en 1700, au point de vue de l'instruction. — Construction d'une maison d'école pour les filles. — Dotation et garanties de l'école.
Le curé GUELDF, bienfaiteur insigne des écoles et de la paroisse de Trondes, 1691-1731.

Vers l'an 1700, Trondes, français depuis longtemps par suite de la conquête des Trois-Evêchés, ressortissait du Bailliage de Toul et du Parlement de Metz. C'était une « terre » du Chapitre de la Cathédrale de Toul. « Messieurs du Cha-« pitre, seigneurs hauts justiciers, moyens, bas et « fonciers, » étaient aussi « patrons » au spirituel, mais seulement pendant six mois de l'année. Le Pape l'était pendant les six autres mois. La paroisse était classée dans l'archidiaconé de Ligny et dans le doyenné de Commercy. Le synode rural se tenait à Commercy.

Gens paisibles, presque tous laboureurs ou vignerons (1), les habitants de Trondes vivaient dans un ferme attachement au sol. Éloignés des centres régionaux, ils semblent avoir moins participé au mouvement que provoque le voisinage immédiat des villes. Durant le XVIIe siècle, ils eurent toutefois, ainsi que les Lorrains en général et les Toulois en particulier, à souffrir beaucoup des maux qui désolèrent la contrée. La fameuse guerre, dite de Trente-Ans, comme avaient fait auparavant déjà les guerres de religion, déchaîna des calamités sans nombre. Passages incessants de troupes, séjour de régiments indisciplinés et besoigneux, pillages continuels, exactions; avec cela peste, famine, souvent mauvaises récoltes, tout pour les paysans, encore plus que pour les bourgeois citains, était une cause de ruine (2). On attribue aux Suédois l'incendie ou la destruction de plu-

---

(1) « Le territoire de Trondes est partagé en terres labou-
« rables et en vignobles ; les terres labourables y sont en
« bien plus grand nombre que les vignes... » (*Inventaire produit devant le Parlement de Metz par la communauté de Trondes, en 1723.* — (Archives de Trondes).

(2) Voir A. Digot, *Histoire de la Lorraine*, passim. — Mémoires de Jean Dupasquier. — Mémoires de Demenge Lusy, de 1620 à 1670.

sieurs localités rapprochées de Trondes (1). Des camps furent établis plusieurs fois dans les prairies qui confinent à son territoire. Les registres paroissiaux portent trace, vers cette époque, de capitaines, de soldats, de cavaliers, de vivandiers de l'armée, aussi d'étrangers et de vagabonds, qui

(1) Bruley, Bouvron, Dommartin-les-Toul, Gondreville, Fontenoy, etc., etc. — Mais surtout *Longor*, village voisin immédiat de Trondes, dont il n'existe plus même une ruine, et *Dommartin aux-Fours*, à une lieue et demie de Trondes, également détruit.

La dernière page, pour ainsi dire, de l'histoire de ces deux malheureux villages se trouve écrite, mais dort silencieusement dans les archives. Nous en inscrivons ici quelques lignes.

5 novembre 1664. Délibération capitulaire portant qu'à la diligence du prévôt de Void, l'église de Longor sera réparée pour telle part que messieurs y ont, attendu que c'est la mère église de Pagney * et qu'on y fait le service une fois l'année. — (Longor était devenu annexe de Pagney, comme Dommartin-aux-Fours l'était devenu de Boucq). — 6 février 1705. Comme les églises des deux villages de Longor et de Dommartin-aux-Fours, abandonnées depuis plus de 60 ans, tombaient en ruines, et que même elles étaient profanées tous les jours par des pâtres et par des brigands, Monseigneur l'Évêque, le 6 février 1705, permet de les démolir et de faire planter des croix aux lieux où elles étaient bâties. — Juillet 1714. Les cavaliers et les dragons campés dans la prairie de la Meuse, à Troussey et à Dommartin avaient démoli l'église de Dommartin, pour construire les fours de l'armée. — 1719. Amendes contre des particuliers qui avaient enlevés les pierres d'autel et des démolitions. (*Archives de Meurthe-et-Moselle, Inventaire des papiers de la Prévôté de Void*, II, *Longor*, liasse VI.)

* Il s'agit de Pagny-sur-Meuse.

viennent accomplir à Trondes des actes de la vie civile et religieuse, ou bien qui y meurent (1).

Çà et là, dans les papiers qui concernent Trondes, on relève des faits qui attestent cette misère des temps malheureux. Ici un censitaire, le fermier du trescens de Rangéval, obtient une réduction du canon de sa ferme, eu égard aux pertes que le passage de l'armée de Lorraine lui a fait essuyer (1651). Là, un autre censitaire supplie le Chapitre de lui quitter trois années de cens sur une petite maison, rue de la Croix, à Trondes, en par-

---

(1) En 1667, « Nicolas Hautvalet, cy-devant dragon dans « la compagnie du sr de la Baulme, à présent maréchal-ferrant de Trondes, » signe au mariage d'anciens camarades, les sieurs Priva, le 7 février 1667 et de la Vigne, 17 juillet 1668.

1667 Jean Priva, dit Saint-Jean, de Montpellier, âgé d'environ 50 ans, cavalier dragon dans la compagnie du sr Tristan de la Baulme, se marie avec Jeanne Sorine, de Trondes, fille âgée de 40 ans — Il ne sait pas signer.

1668. Henry de la Vigne, « âgé de 33 ans, sans père ni « mère, du diocèse et ville de (?), cy-devant soldat dragon « en la compagnie du régiment du Roy du sieur de la « Baulme, et à présent cassé et ayant son congé, comme il « nous est apparu par le certificat du dt sr de la Baulme, « signé de lui en date du 29 juin », se marie avec Barbe Godard, fille majeure, dame de feu Godard, tailleur à Trondes, le 17 juillet 1668.

Charles Rinal, « originaire de Nancy, cy devant cavalier « dragon dans la compagnie du sr de Roseau », signe comme témoin au mariage précédent.

On pourrait multiplier les exemples.

tie ruinée par les guerres (1659). Ailleurs, un autre réclame et obtient une indemnité, parce que les prés de Trondes avaient été employés par l'ordre du Roi, à la subsistance de l'armée campée sur la Meuse (1692) (1).

Il est évident qu'au milieu de ces difficultés, l'instruction fut laissée en souffrance. Les régents se succédaient, sans intervalle, espérons-le, dans la maison donnée en 1622 par messire Demenge Husson, mais les enfants fréquentaient-ils assidûment l'école?

Vers 1700, comme il est aisé de le constater d'après les actes de baptêmes, mariages et sépultures, un nombre relativement considérable de jeunes gens et de pères de famille ne savent pas signer. Quelques-uns se contentent de mettre leur initiale ou ce que le greffier appelle leur marque ordinaire, c'est-à-dire, la croix; encore s'aperçoit-on bien qu'elle est grossièrement tracée par des doigts plus habiles à la pioche qu'à la plume. D'autres déclarent ne savoir écrire ou n'avoir usage de lettres. Nous avons noté un mariage en 1702, où de tous les conjoints et parents, nul ne savait signer.

(1) *Archives de Meurthe-et-Moselle, Inventaire des papiers de la Prévôté de Void, Trondes, Liasses IX, XII, XIII.*

L'ignorance des filles était plus générale que celle des garçons. L'école de Trondes, nous l'avons vu, pour avoir reçu d'une fondation bienveillante un développement heureux, n'était cependant encore qu'une école mixte, et l'instruction des filles, forcément, restait davantage négligée. Sur une liste de classement, parmi les 25 doyennés de l'ancien diocèse de Toul, celui de Ligny vient le 25ᵉ pour l'instruction des filles, et celui de Commercy, le 12ᵉ (1). Déjà cette note générale ne nous fait rien augurer de favorable pour Trondes (2).

Mais voici des chiffres absolument précis. A Trondes, entre 1700 et 1710, sur une moyenne de treize baptêmes par an, les sept dixièmes des marraines ne savent pas signer. Il en est de même aux actes de fiançailles et de mariages. Les calamités se succédant sans interruption depuis de nombreuses années, avaient fini par rendre le mal si invétéré dans la commune, que les familles notables n'y échappent point. Nous avons relevé une

---

(1) M. Maggiolo, *Pouillé scolaire de l'Ancien Diocèse de Toul, Tableau récapitulatif*. Mais le savant recteur, faute de documents mis sous ses yeux, n'a donné sur Trondes, nulle part que nous sachions, un seul chiffre et un seul détail.

(2) Trondes, on ne l'oublie pas, était de l'archidiaconé de Ligny et du doyenné de Commercy.

soixantaine de noms honorables, dont il faut avouer qu'ils ne savaient être signés par celles qui les portaient. A côté de ces personnes dont les maris et les pères sont riches, alliés à des maisons nobles, quelquefois nobles eux-mêmes, ou enfin remplissant des charges telles que celles de capitaine d'artillerie du Roi, conseiller, maire royal et seigneurial, lieutenant seigneurial, échevin, châtelain, etc., etc., que pouvaient donc savoir leurs compatriotes de condition plus humble? (1)

(1) Le tableau suivant, composé d'après les registres paroissiaux de Trondes, donnera l'état de l'instruction des filles à cette époque, si on en juge du moins par les signatures des actes.

ANNÉES	NOMBRE DES BAPTÊMES	PARRAINS ne sachant pas signer.	MARRAINES ne sachant pas signer.
1700	13	point	10
1701	16	2	12
1702	15	3	12
1703	11	2	10
1704	13	1	10
1705	18	3	12
1706	9	le cahier manque	id.
1707	15	1	11
1708	15	point	6
1709	11	2	5
TOTAL...	136	14	88

Il était donc urgent de s'occuper, à Trondes, de l'instruction des filles.

A cette époque apparaît à Trondes un homme qui fit à la commune un bien immense. Nous sommes sur un terrain extrêmement modeste, puisque nous ne sortons pas des limites d'un obscur village ; qu'on nous permette cependant cette comparaison. Quelquefois, en creusant le sol, on exhume de grands ossements, et l'on demeure pénétré de respect devant les reliques d'un passé peut-être glorieux. De même en fouillant les vieux papiers qui sont comme les tombeaux où dort ensevelie la mémoire des aïeux, on retrouve des personnages, inconnus aujourd'hui de presque tout le monde, mais qui ne laissent pas que d'inspirer la vénération.

Le curé Dominique GUELDÉ est un de ceux-là. Intelligent, remarquable par son talent d'organisation et par un rare esprit de suite, homme aux vues larges et élevées, plein de sens et de tact, prêtre austère pour lui-même, doux envers les autres, fidèle à suivre l'impulsion donnée par ses chefs, respectueux des souvenirs, exact observateur des traditions, soigneux de tout, pasteur zélé, conciliant, ennemi des procès, ami des pauvres, dévoué à la paroisse de Trondes qu'il administra durant quarante années, le curé Gueldé déploie en particulier dans la question des écoles, surtout des écoles de filles, une ardeur et des aptitudes, qui méritent la reconnaissance même de la postérité.

Comme il le marque lui-même en plus d'un endroit, « l'instruction de la jeunesse est le plus « grand bien que l'on puisse procurer dans une « paroisse : il désire y contribuer pour toujours « autant qu'il lui sera possible... » S'élevant à un point de vue général, il regarde l'instruction de la jeunesse « comme des plus nécessaires tant pour « le bien de l'Eglise que pour celui de l'Etat, » « et cependant, » ajoute-t-il en gémissant, « celle « des filles a été des plus négligées, notamment « au village de Trondes. »

Nous allons voir avec quelle activité, dans quel esprit, par quelle méthode, usant de procédés pleins de douceur, il fait campagne pour une Ecole de Filles. Il y a pensé dès les premières années de son ministère pastoral. On le voit réfléchir, méditer, calculer. Ayant l'intuition de l'avenir, il réunit les principales ressources. Puis, vers la douzième année de son séjour à Trondes, jeune encore, il commence l'œuvre pour ne plus s'arrêter, jusqu'à ce que, à force de dévouement, toutes choses lui aient réussi.

Le récit détaillé de ses efforts plaira peut-être ; car c'est l'histoire d'un bon cœur uni à une volonté ferme et à une sage intelligence pour le succès d'une œuvre destinée à la moralisation d'un grand nombre.

I. — Construction de la maison d'école des filles.

En 1703, M. Gueldé construit « à ses frais et
« dépens une maison sur une place masure qui
« appartenait à la communauté dudit Trondes,
« joignant la maison curiale dudit lieu, d'une part,
« et le pressoir de Messieurs du Chapitre de la
« cathédrale de Toul, d'autre part ; la maison
« aboutissait d'un bout sur la grande rue, et de
« l'autre bout sur le cimetière. La chambre qui
« regarde le cimetière sera toujours réservée pour
« faire l'école et aussi pour faire l'ouvroir. » (1).

En 1704, le 5 février, M. Gueldé donne la maison à la commune, « avec meix potager pour

(1) Cette maison de 1703 existe encore, à peu près telle qu'elle fut bâtie. On y a toujours fait l'école pour les filles jusqu'en 1878. D'autres bâtiments scolaires ayant été construits, l'ancienne maison d'école des filles sert actuellement de maison d'école pour les garçons.

« Ecole de charité des filles. » Un certain nombre de propriétaires « faisant la plus saine et grande « partie des habitants » assistent à ce contrat : Nicolas Noel le jeune, Jean de Bovée, Didier Chénot l'aîné, Claude Martin, Demange Laurent l'aîné, Grandgérard, Demange Laurent, Jean Mercier, Claude Laurent, Augustin Bernard, Jean Bernard, Henry Virly, Didier Chénot le jeune, Claude Chénot, Sébastien Michel, Jean Jacob, etc., etc... Ils acceptent au nom de la commune. La réunion eut lieu « avant midi, en pré- « sence de M. Jean Guérin (1), clerc du diocèse de « Paris, présentement au dit Trondes, et de sieur « Bernard de Suigny, écuyer, demeurant à Foug, « témoins qui ont signé avec ledit sieur donateur « et les habitants. » (2).

---

(1) Il était clerc tonsuré. Parent sans doute de M Gueldé, il fut présent à l'enterrement de la mère du curé, il signe à l'acte de décès, 2 août 1700, nous le retrouvons à Trondes le 7 mars 1705.

(2) Le contrat fut passé par devant Jean Nicolas, tabellion à Troussey. — « Insinué et enregistré ès registres du greffe « des insinuations laïques du ressort du Bailliage et Présidial « de Toul aux termes de l'édit, folio 7, recto. Ce jourd'huy « 24 septembre 1704, par moy greffier commis, et reçu pour « le droit 3 l, suivant tarif arrêté au Conseil Signé. Poi- « rot avec paraffe »

II. — Dotation de l'école des filles.

Après avoir préparé le logement, le prudent curé assure la subsistance des maîtresses d'école. Rien ne dénote mieux son esprit de suite que la série des contrats par lesquels, de 1703 à 1715, il cherche à constituer des revenus à l'établissement qu'il a à cœur de fonder (1).

(1) Citons, par ordre de date, les acquêts de 1704, 5 février; 1705, 5 mars; 1706, 6 mars, 24 mars, 6 mai, 1ᵉʳ juin, 9 juin, 19 juin, 5 juillet, 14 juillet, 10 août; 1707, 10 janvier, 14 avril, 1709, 20 décembre, 1710, 24 mars, 7 mai, etc.
En veut-on le détail ? « 10 jours de *terres* labourables dans « les trois saisons ; 5 hommées de terre en la saison sous « Pagney ; 5 hommées de *prey* au ban de Trondes ; 4 fau-« chées de prey faisant 63 hommées, 15 verges sur le ban « de Troussey et Pagney, Dommartin et Longor; 9 hom-« mées et demie de prey audit ban de Pagney ; 9 hom-« mées 4 verges d'une sorte aussi de prey au ban de Lon-« gor ; 6 hommées et demie de prey au ban dudit Pagney ; « la moitié d'un cinquième en un *jardin* lieu dit au Mer-le-« leu, contenant la place à mettre deux arbres ; une hom-« mée de *chenevière;* une autre hommée de chenevière; « une *toise* pour le chanvre. »
Pour qui connaît les gens de la campagne, cette série d'acquêts représente une somme considérable d'efforts, de patience et d'habiles négociations. Le seul jardin potager contigu à la maison consistant en une parcelle toute petite, nécessita trois contrats; le 1ᵉʳ à M. Etienne Chenot, maire, 1704, le 2ᵉ à M. Bernard Ligravière, 1706 ; le 3ᵉ

Ces nombreux acquêts, tous conclus avec divers propriétaires, montrent que le curé Gueldé avait su concilier à sa personne et à ses projets la sympathie publique. De plus, en regardant de très près ces papiers, dépositaires de la pensée intime du bienfaiteur, on constate qu'il laisse de côté ce qui amènerait des tracas considérables, les vignes, par exemple, et que néanmoins, peu à peu, il arrondit le revenu. Certes, le domaine si laborieusement acquis, n'était pas riche, il se réduisait à 1200 livres environ, donnant 60 livres de rentes (1) ; mais c'était un commencement que Dieu sans doute ferait prospérer.

aux enfants de M. Nicolas Ingravière, 1707. Ce fait, si minime qu'il soit, ne confirme-t-il pas encore, à sa manière, avec la persévérance de M. Gueldé, la bonne harmonie qui existait entre le Curé et les habitants ?

(1) Estimation de M. Gueldé dans l'acte de donation de 1715, dont il va être parlé plus loin, aussi dans un mémoire rédigé par lui, enfin dans son testament. Plus tard, par suite d'autres acquêts et héritages, ces soixante livres furent à peu près doublées. Le deuxième successeur de M. Gueldé, M. le curé Conrad, en parle aussi dans une note rédigée en 1740 « Les « prés étaient laissés (à bail) par l'ancienne sœur 60 livres. Je « les ai un peu augmentés, mais nous avons été assignés « en déclaration d'hypothèques, et nous en avons par là perdu « deux. Les paires de grains peuvent suffire pour nourrir, « en ne mangeant guère (!) et peuvent être estimées de 70 à « 80 livres. Ainsi le total va, en rapportant les années, à 140 « livres. » (*Archives de Trondes*). Plus tard encore, vers la

D'autres donateurs en effet, et par le conseil évidemment de M. Gueldé, s'intéressèrent à l'œuvre. Claudine Clément, qui fut la première maîtresse d'école des filles de Tronde avait acquis en 1707 six hommées de prés et une hommée de chenevière : à sa mort, arrivée en 1708, elle les laisse à perpétuité aux maîtresses d'école. Elle donna aussi quelques meubles, entre autre une armoire où l'on enferma les livres de la bibliothèque de l'école. La servante même de M. Gueldé, Magdeleine Bernadin, par son testament du 31 janvier 1726, léguera une petite rente de 4 livres 5 sols et 6 deniers (1) et une autre rente de 10 fr. barrois (2) à charge pour la maîtresse d'école de lui faire dire une messe chaque année. Messieurs du Chapitre, le 15 janvier 1717, accordent, pour 5 sols de cens annuel, une hommée de chenevière.

fin du siècle, il y avait davantage. Nous voyons par un bail des Biens de l'école des filles du 14 janvier 1774, que les preneurs « s'obligent à payer chaque année 132 livres, « cours de France, rien que pour le canon des prés, et pour « le gagnage des terres, six paires un quart de grain, le tout « mesure de Toul, savoir, six bichets un quart de bled fro- « ment, et six bichets un quart d'orge. »

(1) Le titre en fut renouvelé le 24 janvier 1731, et la famille du tabellion Jean Jacob chargée du paiement.

(2) Rente provenant de 200 francs barrois, faisant en principal la somme de 85 livres tournois.

M. Gueldé ne bornait pas son zèle à acquérir, il administrait. Pour décharger la maîtresse d'école de tout embarras matériel, il gérait lui-même les biens qu'il avait donnés, et en payait régulièrement les revenus, soit 60 livres, moitié au 18 mars, moitié au 18 septembre de chaque année. Il y ajouta, par la suite, plusieurs autres acquêts, entre autres, ceux du 8 novembre 1719, du 5 février 1720, du 3 juillet 1726. Enfin il institua l'école son héritière et légataire universelle (1).

(1) On peut voir l'état complet des Biens appartenant à l'école des filles de Trondes, sur une *Déclaration* faite par le curé Conrad, le 16 février 1740, et qui est aux archives de Trondes

Les mêmes archives possèdent aussi plusieurs copies anciennes de l'État de ces mêmes biens, à diverses époques et des baux de fermages. Tout y est exactement marqué.

Si, par curiosité, quelqu'un désirait se rendre compte de la régularité minutieuse apportée à ces sortes d'inventaires, nous lui recommanderions la Déclaration concernant « quelques appendices d'arbres achetés pour « l'école de charité des filles. » Quoique le curé Conrard juge que « la chose est de petite conséquence, » il ne laisse pas que de la consigner dans les termes suivants, assez précis pour ôter prétexte à toute chicane.

« Déclaration des parts de jardins provenant de Vincent
« Richard au profit de l'école des filles de Trondes. »

« Deux arbres avec leur place auprès de la vigne de la cure,
« un *Court pendu* et un *Normandie*. La maîtresse d'école prend.

« Proche le même endroit, sur la sente qui monte, il y a
« où il y avait autrefois plusieurs arbres ; il y reste un arbre
« de *pommes rouge* : l'école y a le sixième.

Mais avant son testament, en 1715, M. Gueldé fait un second acte de donation beaucoup plus complet, plus large, et plus favorable encore aux maîtresses d'école que le premier, et il l'entoure de plus de solennité.

On nous permettra d'insister : car, ce que nous avons dit des revenus de l'école ne suffisait pas pour placer dans son plein jour la situation de la maîtresse.

Il semble d'abord que M. Gueldé, après onze ou douze années de préparation, soit arrivée à la fin d'un « gros œuvre » et qu'il ait quelque joie à en consacrer l'achèvement. « Voulant rendre

---

« Au dessus de la fontaine, il y a un héritage où il y a un « arbre dit *Rambour* · l'école y prend le sixième.

« Sur les Roises, au bout de la chenevière de l'école, il y « a deux arbres, *court-pendu* et un *menin* : l'école y prend « le sixième.

« Au-dessus du jardin donné au curé, il y a une place à la « descente du Juré · il y avait autrefois des arbres. L'école y « prenait le cinquième.

« Au Carrefour, il y a cinq arbres dans lesquels l'école a « le sixième.

« Dans le *Curé*. .

« Au Battu de Crevé, il y avait des arbres qui sont cou-« pés, l'école a sa part dans la place.

« Je soussignée Marie-Anne Callot, certifie la Déclaration « sincère et avoir vu jouir défuncte sœur Marie Callot, ma « tante, constamment comme est dit cy-dessus. A Frondes, « le 18 decembre 1847. Signé : Marie-Anne Callot. »

« l'établissement de la dite maîtresse d'école solide
« et lui donner les moyens de vivre, il a charita-
« blement, par une bonne, pure, sincère et libre
« volonté, pour la gloire de Dieu et le salut des
« âmes, donné, cédé, quitté et transporté, comme
« par les présentes il donne, cède, quitte et trans-
« porte dès maintenant et pour toujours et à
« jamais, sans réclamer, par donation entre vifs et
« irrévocable, et en la meilleure forme que dona-
« tion puisse être faite... » (1)

En 1704, ne disposant pas encore de ressources suffisantes, M. Gueldé avait réglé « qu'il sera payé
« à la maîtresse pour ses peines et salaires des
« filles qu'elle instruira, un *demi-sol* par semaine
« pour celles qui apprendront à lire et *un sol*
« pour celles qui apprendront à lire et à écrire et
« l'arithmétique, et recevra pour les congés ce
« qu'on lui présentera. » En 1715, le fondateur un peu plus à l'aise dans ses générosités, n'exige plus rien. L'école est *gratuite*. La maîtresse enseignera *gratis* toutes les filles de la paroisse. Le nom d'école de charité se justifie donc de lui-même : c'était d'ailleurs l'appellation usitée, et cette situation, outre l'avantage évident des familles, comportait certains privilèges d'exemptions.

(1) Voir l'acte entier aux *Pièces justificatives, pièce C*.

4

Afin de rendre la position honorable et attrayante, M. Gueldé stipule que la maîtresse d'école « jouira
« de tous les droits et usages de la communauté.
« Elle sera franche et exempte de toutes tailles,
« subventions et autres charges et impositions,
« telles qu'elles soient. » La raison en est très simple, puisque « ladite maison n'avait jamais servi
« d'habitation et que d'ailleurs cette donation est
« très favorable à la paroisse de Trondes, les filles
« devant être enseignées gratis, et ladite maîtresse
« ne peut recevoir des particuliers habitants pour
« l'écolage de leurs filles que ce qui dépendra de
« leur bonne volonté. » La maîtresse sera cependant obligée aux menues réparations de la maison.

Le cas est prévu où la maîtresse deviendrait infirme. « Comme il ne serait pas juste qu'une
« maîtresse d'école qui aurait servi pendant quel-
« ques années fût obligée de se retirer pour être
« devenue infirme ou incommodée, elle pourra
« demeurer toujours dans la maison d'école et
« jouyr des revenus de ladite école le reste de sa
« vie, à condition de faire suppléer à son défaut
« quelque fille capable qu'elle paiera elle-même (1).

(1) M. Gueldé dira plus tard encore dans son testament : « Je supplie mes successeurs de maintenir dans l'école des « filles sœur Marie Callot pour maîtresse, quelque infir-

Ce bon curé qui pense à tout, entrevoit et appelle de ses vœux déjà une maison de Retraite pour les Institutrices..... « lequel article ledit s' donateur « prétend et entend être observé jusqu'à ce qu'il « plaise à la Providence d'inspirer à quelque per- « sonne charitable de fonder une maison com- « mune pour la Retraite des maîtresses en cas « d'âge ou d'infirmité. »

A la vacance de l'école, les rentes seront réservées pour la future maîtresse, à dater du jour de la retraite ou de la mort de la précédente. C'est ici une différence encore d'avec l'acte de 1704. Celui-ci marquait que la maison, en cas de vacance, serait louée au profit de la fabrique, sauf que le bail ne pourrait être de plusieurs années. L'acte de 1715 favorise les maîtresses d'école exclusivement, et prend des mesures intelligentes pour empêcher par tous moyens que la vacance ne se prolonge au détriment de l'instruction des enfants.

Cette donation importante fut entourée, nous l'avons dit, de toutes les solennités légales. La

---

« mité il lui puisse arriver, par rapport aux services de plu-
« sieurs années qu'elle y a rendus, aux conditions d'y faire
« suppléer par quelques autres filles, comme il est porté
« dans ma première donation, s'il est nécessaire. »

commune donna son assentiment de la manière la plus formelle et la plus complète (1).

III. — Garanties de l'école de filles.

En même temps qu'il créait des ressources, le bienfaiteur intelligent les assurait et les protégeait pour ainsi dire d'avance contre tout mauvais vouloir.

Je ne parle pas seulement de ce luxe de formalités notariales qui ont pour but de rendre un acte « net, ferme et stable à perpétuité. » Je parle de mesures, sans nul doute rendues indispensables par la législation ou par la coutume, mais enfin que M. Gueldé n'eut garde d'omettre.

Requête d'abord est adressée à « Messieurs, Mes-

---

(1)..... « Laquelle donation a été acceptée par le sr Étienne
« Chénot, maire royal et seigneurial dudit Trondes, Clophe
« Noël, lieutenant royal, François Martin, Sebastien Michel,
« échevins et *par tous les habitants du dit Trondes, assemblés en*
« *communauté* au logis du dit sr Maycur, en la manière ordi-
« naire, qui ont tous déclaré avoir la donation pour agréable,
« et promettent d'exécuter toutes les conditions y portées,
« sans jamais aller au contraire, et de faire et de laisser
« jouir la dite maîtresse à toujours de tous les droits et
« privilèges cy-dessus énoncés, à peine de tous frais et
« dépens.... » (*Archives de Trondes*).

« sieurs les vénérables doyen, chanoines et chapi-
« tre de l'Eglise cathédrale de Toul à l'effet
« d'obtenir leur protection pour l'école. » Dans
la formule de cette demande, s'aperçoit très bien
une certaine habileté de plume, en même temps
qu'une véritable piété sacerdotale et un grand esprit
d'union et de concorde (1).

La requête fut agréée, mais le curé obtint une
protection plus haute que celle du chapitre et à
laquelle celui-ci ne fut pas étranger. Le lendemain
de la réunion du Chapitre, « par les bons offices
de mes dits messieurs » l'Evêque de Toul,
Mgr François Blouet de Camilly, donnait son
approbation à l'œuvre. C'était aussi l'usage.

« Nous, François, par la grâce de Dieu, évêque
« comte de Toul, après avoir pris communication
« de la présente fondation, et en étant requis par
« toutes les parties, l'avons agréée, confirmée,
« confirmons et agréons pour être exécutée selon
« sa forme et teneur, dans tous les temps à venir.
« Fait à Toul le 4 d'octobre 1715. Signé :
« † François, év. c. de Toul. »

Ces précautions religieuses entouraient l'acte
d'une certaine solennité et le consacraient aux yeux

(1) Voir la Requête et la Réponse aux *Pièces justificatives*,
pièce D.

de la population. Il était non moins utile pourtant d'écarter par les moyens juridiques des chicanes de détail, parfois très vexantes. Sans doute le bon curé a une excellente opinion de ses paroissiens : mais, parce qu'il sait que l'intérêt local se montre assez souvent jaloux, ergoteur à l'excès, méchant même et injuste, il joint à la confiance l'esprit de prévoyance et de sagacité. Ainsi, après avoir mis cette clause formelle « que la maîtresse sera « franche et exempte de toutes tailles, etc., » il a soin d'ajouter que c'est une condition *sine quâ non* du contrat. Il insiste : « si ladite maîtresse venait « à être inquiétée pour raison de ce, ce qui est « très difficile à croire, il sera libre à Mgr l'Evêque, « sur la plainte de la maîtresse, de transférer pour « toujours le fonds de la présente donation à telle « paroisse qu'il jugera à propos dans son évêché, « pour y continuer par la dite maîtresse l'instruc- « tion des Filles gratis et aux mêmes clauses que si « elle était dans la paroisse de Trondes. Déclarant « ledit donateur qu'il veut que telle donation qui « puisse être faite au contraire par une maîtresse « ne puisse nuire aux présentes et soit cassée par « Mgr l'Evêque, sitôt que ladite convention sera « venue à sa connaissance, pour que la dite dona- « tion soit transférée ailleurs.... »

Il n'est pas probable que du vivant d'un homme si avisé, quelqu'un ait osé lui susciter des embarras. Encore faut-il observer que M. Gueldé, tout à la fois fondateur, intendant, tuteur, avocat de son œuvre, avait dressé une sorte de *Mémoire juridique* (1). La plaidoirie ne paraît pas rédigée en son entier, mais les grandes lignes en sont fort judicieusement tracées. L'auteur y considère le fait et le droit, au point de vue des défenses que peut produire une maîtresse d'école, si elle était attaquée pour les tailles (2).

Ainsi M. Gueldé bâtit la maison d'école des filles de Trondes; il la dote; il assure à la maîtresse la considération, la tranquillité et la sécurité; il prévoit et protège l'avenir.

Nous ne voulons point, dans une œuvre après tout restreinte et locale, grandir outre mesure le personnage que nos documents nous ont révélé,

---

(1) La paroisse de Trondes était donnée au concours, et M. Gueldé y est entré jeune. Ce simple fait pourrait indiquer son mérite: mais nous avons continuellement la preuve qu'il était très intelligent et qu'il possédait à fond, par exemple, la science pastorale et la jurisprudence administrative. Une affaire litigieuse, portée en 1722 devant le Parlement de Metz, où il joua un rôle important, comme nous le dirons plus loin, et son Testament écrit tout entier de sa main, dénotent un homme fort entendu et expérimenté.

(2) *Pièces justificatives, pièce E.*

mais ce n'est nous écarter ni de notre sujet, ni surtout de notre but que de consacrer ici quelques pages à la biographie du bienfaiteur insigne de la paroisse et des écoles de Trondes.

IV. — Le curé Dominique Gueldé,
bienfaiteur insigne des écoles de Trondes.

Né à Paris en 1660, Dominique Gueldé avait fait d'excellentes études. Son enfance et sa jeunesse nous échappent (1). Son père, bourgeois de

(1) Des recherches sur la famille Gueldé et sur le passage probable de M. l'abbé Dominique Gueldé au séminaire de Saint-Sulpice (fondé en 1642), ont été faites avec une bienveillance que nous ne saurions trop reconnaître, par M. F. Bonnardot, archiviste au département de la Seine (Service des Beaux-Arts et des Travaux Historiques). Elles n'ont pas eu jusqu'ici de résultat.
Les imprimés de la bibliothèque du Séminaire de Saint-Sulpice ne parlent pas de séminariste de ce nom. Quant aux manuscrits de cette vaste bibliothèque, lesquels ne sont pas classés, il a été impossible de les parcourir.
Les registres paroissiaux de Paris, où l'on aurait eu chance de trouver des indications, ont péri dans l'incendie de mai 1871.
Les dossiers de la Bibliothèque nationale (cabinet des Titres), ne contiennent rien du nom de Gueldé, et pour les Archives générales, le nom seul et une date approximative

Paris, s'appelait Jean Gueldé des loriers, et c'est de ce nom noble que le curé signe les premiers actes de son ministère : « D. Gueldé des loriers. » Sa mère, « damoiselle Jeanne Grison, » ayant perdu son mari avant 1691, souhaita pour ses dernières années le repos et le bon air de la campagne. Dans la simplicité d'une vie qui était à l'abri de toute agitation, au presbytère de Trondes, parmi les tendresses et les attentions de la piété filiale, elle goûta le bonheur. Les gens faisaient plus que la respecter. Ils la vénéraient. Elle signe, comme marraine, à des actes de baptême, il est vrai, d'une main tremblante et inhabile à l'orthographe. La dernière signature est du 12 avril 1700, trois mois avant sa mort. Fut-elle atteinte de l'épidémie qui

---

ne sont pas un point de repère suffisant pour orienter des recherches dans cet immense grenier à parchemins.

Nous en sommes donc réduits à peu près aux seules archives communales. On ne trouve le nom de M. Gueldé que deux ou trois fois dans les papiers des Archives de Meurthe-et-Moselle. Le *Pouillé ecclésiastique et civil*, du diocèse de Toul de M. Chatrian (Archives de l'Évêché de Nancy et du Grand-Séminaire), mentionne le nom, avec des dates incertaines et mêmes fausses. « Gueldé, natif de... prêtre en 168..., curé en 169..., mort en 1730, décembre. »

Nous avons déjà eu le regret de noter que le *Pouillé scolaire* ou *Inventaire des Écoles dans les paroisses et annexes du diocèse de Toul avant 1789*, ne cite pas une seule fois que nous sachions, les écoles de Trondes et leur fondateur.

sévit à Trondes, à la fin de juillet et au commencement d'août, et qui enleva neuf victimes en trois semaines ? Aura-t-elle trop présumé de ses forces en secourant les malades? Nous ne le savons. Elle fut rappelée à Dieu, le 1er août 1700. Une petite croix de pierre, plantée dans le cimetière, au nord, contre la muraille de la sacristie, rappelle sa sépulture (1). Le fils fonda, par testament, une messe basse à dire tous les ans au jour de son décès, « pour le repos de mon âme, » dit-il, « et de mes très honorés père et mère, et lesdits « sieurs curés de Trondes auront la bonté de « l'annoncer au prône, le dimanche précédent. » Mme Gueldé laissa à Trondes le souvenir d'une personne très bonne et très charitable. Telle mère, tel fils. Vingt-sept ans après, lorsque la servante du curé fait son testament, elle marque qu'elle veut être inhumée « au devant du crucifix « qui est derrière ladite église, auprès de la mère de

---

(1) Son acte de sépulture est ainsi formulé : « Ce jour-« d'huy, deuxième du mois d'août 1700, a été enterrée « Jeanne Grison, veuve de défunt Jean Gueldé, bourgeois de « Paris, dans le cimetière de cette paroisse. Elle était morte « le jour précédent, et l'enterrement a été fait en présence « de Jean Guérin, clerc, et de Nicolas Michel qui ont signé « avec nous D. Gueldé, J. Guérin, N. Michel, N. Husson. » (Registres mortuaires de Trondes, à l'année 1700. La rédaction et l'écriture sont de la main de M. Gueldé.)

« M. Dominique Gueldé, ma bonne maîtresse, à
« laquelle j'ai des obligations infinies. 10 février
« 1727. » Cette note d'une pauvre domestique, à
une date déjà lointaine, n'a-t-elle pas quelque chose
de touchant?

Quand M. Gueldé prit possession de sa cure,
sur la fin de décembre 1691 (1), il trouva la paroisse dans un état probablement peu florissant.
Ses prédécesseurs immédiats étaient restés, en
somme, peu de temps. Ainsi, dans une période de

(1) Les premières signatures de M. Gueldé sont du 25 décembre 1691, pour deux baptêmes qu'il eut à faire le jour de Noël. Le dernier acte signé par son prédécesseur, « Henry, prêtre, desservant la cure de Trondes, » est du 1er novembre 1691.

Il est bien fâcheux que les *Registres capitulaires de Toul* (Archives de Meurthe-et-Moselle), manquent justement pour cette année-là. Nous y aurions vu la date exacte de la nomination de M. Gueldé, ses lettres de provision et sa prise de possession, tout comme nous y avons vu celle de ses prédécesseurs et de ses successeurs.

Nous avons observé déjà que la cure de Trondes était au concours, et que dans les derniers six mois de l'année, le Pape nommait. M. Gueldé a donc reçu pour sa cure les Bulles apostoliques. (Voir la formule pour son successeur : « le Sr Dordelu, prêtre de ce diocèse, a pris possession le « 1er du présent mois (septembre 1731) de la cure de « Trondes, en vertu de Bulles apostoliques par luy « obtenues en conséquence de sa nomination à ladite cure « par la voie du concours. » — (*Archives de Meurthe-et-Moselle*, série G., 92, folio 42, recto).

trente années, Trondes avait vu se succéder, Jean Malingrey, 1661-1663; Claude Médard, 1663-1668; Jean Gaillard, de 1668 à 1682 (1), Claude Mercier, 1682-1691; et durant les neuf mois qui séparent Claude Mercier de M. Gueldé, apparaissent tour à tour, et en dehors des curés voisins appelés pour des circonstances spéciales, MM. Victor de Fontenay, ancien capucin, Chodron, Fristot et Henry. De si fréquents changements dans la direction pastorale ne pouvaient, ce semble, favoriser beaucoup la bonne volonté du troupeau.

Le nouveau curé, convaincu que le soin des enfants était une partie essentielle et peut être la plus fructueuse de sa charge, porta de ce côté une ardeur de zèle que nous avons commencé à faire connaître. Nous montrerons, dans les chapitres suivants, que non seulement il installa l'Ecole des filles, mais qu'il en surveilla le programme, les règlements, la tenue. Sa vie, ses instructions, ses livres, ses études personnelles, son testament, tout est rempli de cette noble pensée : instruire les enfants et les former à la vertu.

(1) M⁵ Jean Gaillard était « bachelier, licencié maître ès-« arts de l'Université de Poitiers. » (Voir *Registre des baptêmes de Boucq*, année 1675, au 14 juillet.) — (Note communiquée par M. le comte Gabriel de Braux.

Pour esquisser le portrait de ce saint prêtre, indiquons sommairement ce qu'il fit par rapport au bon gouvernement spirituel et même temporel de la paroisse. D'une piété vive, constante, éclairée, il régla minutieusement la célébration des offices (1).

Il favorisa de tout son pouvoir trois dévotions essentiellement catholiques, pour lesquelles le diocèse de Toul montra toujours un grand empressement, la dévotion au Très-Saint Sacrement, la dévotion à la sainte Vierge, et la dévotion à saint Joseph (2).

Il entretint avec beaucoup de soin et de goût l'église de Trondes (3).

Il enrichit l'église de son plus beau trésor, la relique de saint Elophe, patron de la paroisse. A la suite de plusieurs démarches, il obtint que de petits fragments fussent tirés d'une côte du glorieux corps, lequel repose dans l'église de la paroisse Saint-Elophe, près Neufchâteau. Ce fut un don de Mgr Henry de Thiard de Bissy, évêque et comte de Toul, en date du 5 décembre 1695. Enchâssées dans une statue représentant le saint,

(1) *Pièces justificatives, pièce F.*
(2) *Pièces justificatives, pièce G.*
(3) *Pièces justificatives, pièce H.*

elles furent exposées à la vénération des fidèles le 8 décembre de la même année (1).

Ami des pauvres, le bon curé entretint soigneusement la *Confrérie de la Charité* : on peut même dire qu'il la fonda (2), et sa générosité envers les malheureux ne se démentit jamais.

M. Gueldé classa les documents qui constituaient les archives de la paroisse, et que Trondes possède encore aujourd'hui (3). Ils sont rédigés tout entiers de sa main, et ils attestent jusqu'à quel degré il avait, avec le zèle des œuvres paroissiales, l'esprit d'ordre. C'est vers la fin de sa vie, malgré une certaine difficulté d'écrire occasionnée par un mal de poitrine, qu'il rangea tous ces papiers, dépositaires du passé, témoins du présent et destinés à être les conseillers de l'avenir. L'écriture du pieux archiviste est encore ferme : maintenant le papier, jauni et rongé, tombe presque en poussière ; mais l'âme de M. Gueldé semble revivre à travers ces ruines, et adresse aux humbles et savants curés de campagne un précieux encouragement.

Il est hors de doute que M. Gueldé prenait des

(1) *Pièces justificatives*, pièce *I*.
(2) *Pièces justificatives*, pièce *J*.
(3) *Pièces justificatives*, pièce *K*.

notes intimes. En dehors de ce que la langue ecclésiastique appelle le *Liber animarum* (1) et que sans doute il tenait avec exactitude, le bon curé avait rempli des feuilles que nous n'oserions décorer du titre de mémoires, et où il avait consigné ses observations personnelles relatives à l'administration de sa paroisse et à la direction des âmes. Nous ne les avons plus. Voici en quels termes il les recommandait à MM. les curés de Trondes :
« A l'égard de mes manuscrits qui pourraient
« rester après ma mort, je prie mes successeurs
« dans la cure de vouloir bien les recevoir parce
« qu'ils pourront servir pour connaître quels ont
« été et quels peuvent être les désordres de la pa-
« roisse et les moyens d'y remédier et je les prie
« d'excuser les fautes qui peuvent y être. »

M. Gueldé, quoique ennemi des procès, eut à intervenir dans une affaire temporelle qui fit grand bruit à Trondes pendant plusieurs années, et qui occasionna un procès retentissant.

---

(1) Le *Liber animarum*, sorte de registre qui contient avec le nom des paroissiens, le chiffre des baptêmes, des mariages et décès, celui des premiers communiants, des confirmands, des fidèles ayant rempli le devoir pascal, les faits édifiants, etc. Nous en avons trouvé un admirablement tenu et fort bien conservé dans les archives de la paroisse d'Ecrouves, près de Toul.

Il importe d'en parler un peu plus au long, parce que la physionomie du bienfaiteur de la paroisse nous y apparaît sous un jour qui achève de nous la faire connaître.

Il s'agissait de la dîme du vin (1).

Le procès de la commune de Trondes était celui-ci. Les gens ne payaient la dîme du vin qu'au trentième. Or, « Messieurs les doyen, chapitre et chanoines de la cathédrale, » décimateurs, s'avisèrent, le 21 octobre 1721, d'exiger le douzième. Les registres des recettes du Chapitre, notamment de 1641 à 1697, d'autres même plus anciens, énonçaient clairement la chose, paraît-il. Grand émoi au village, et même dans tout le pays. Une réclamation est d'abord adressée aux Requêtes du Palais : mais l'affaire est précipitamment entendue ; un arrêt, obtenu par surprise le 19 janvier 1722, confirme le douzième.

Les vignerons de Trondes interjettent appel à la Cour. Le lieutenant-général du Bailliage de Toul les admet à faire la preuve. Une enquête s'ouvre pour établir la possession immémoriale au point de vue du trentième. Enfin, après les procédures préliminaires qui durèrent plus d'un an, le Parlement

---

(1) *Pièces justificatives*, pièce L.

de Metz, le 10 mai 1724, donne audience aux gens de Trondes (1). Etienne Chénot, l'un des notables, fermier des domaines du roi en la prévôté de Sierk, assisté de maître Robert avocat, représente la communauté. L'argumentation paraît avoir été solidement établie, et développée avec modération et talent (2).

(1) Une transaction proposée par la Communauté de Trondes et agréée par le Chapitre assemblé (acte du lundi 23 février 1723) n'aboutit cependant pas, et au lieu de se terminer à l'amiable, comme de part et d'autre on en avait l'intention formelle, le procès dut recevoir sa solution devant le Parlement. Nous n'avons pu en découvrir l'issue finale.

(2) « Si l'obligation de payer la dîme, disent-ils, est indis-
« pensable soit que l'on regarde ce devoir comme droit
« divin ou comme de droit purement positif, *sur quoi les*
« *sentiments sont fort partagés*, l'obligation des décimateurs
« de se conformer à la coutume et à la possession sur la
« manière de percevoir cette dîme n'est pas moins étroite.

« Le texte des Lois et Ordonnances à ce sujet déclare que
« la quotité de la dîme se règle par la possession ; la juris-
« prudence est constante ; les recettes produites sur les
« registres ne sont pas des titres quand une possession con-
« traire les vient démentir.

« Or, la coutume à Trondes est absolument certaine. On
« ne paie que le trentième : tous les témoins l'attestent. Cette
« possession immémoriale n'a jamais été troublée.

« Cette coutume est fortifiée encore par l'usage des ter-
« ritoires voisins. Ainsi à Toul, à Foug, à Boucq, à Pagny-
« sur-Meuse, la dîme du vin est à volonté ; à Laneuveville,
« elle est au 40e ; à Luccy, à Lagney, elle est au 30e ; nulle
« part elle n'est au-dessus. C'est ce qu'on appelle *mos re-*
« *gionis*, les actes de notoriété en font foi ; et c'est un fait

M. Gueldé fut cité comme témoin : non seulement lui, mais sa vieille servante, Magdeleine Bernardin. Ils arrivent tous deux en tête de la liste, étant considérés comme les témoins les plus importants. En effet, une part des dîmes dépend du fixe de la cure, et la servante était là pour les lever, depuis trente-huit ans.

La situation de M. Gueldé apparaît assez délicate tant à l'égard de MM. du Chapitre dont il est « l'humble sujet » qu'à l'égard des paroissiens dont il est le curé ; mais sa déposition fut très nette :

« patent que la dîme du vin a une quotité basse dans le
« diocèse de Toul.
« Donc les décimateurs, en exigeant le douzième, com-
« mettent une nouveauté et une injustice.
« Il y a d'ailleurs, dans la médiocrité de la quotité usitée
« à Trondes, un fondement de justice et de raison. Car les
« vignerons de Trondes, en outre, paient un droit de pres-
« surage, parce que messieurs du Chapitre, on ne sait encore
« sur quels titres, prétendent que leurs pressoirs sont ba-
« naux. Et on paie au septième, ce qui est fort onéreux, et
« ce qui achève de les mettre dans une condition pire que
« leurs voisins. On comprend du moins qu'étant chargés de
« ce côté pour le vin, ils ne paient qu'au 30e la dîme ordi-
« naire.
« Enfin le Chapitre vient d'avoir, en 1720, à Chaudeney,
« un procès absolument identique ; il l'a perdu, et il a ac-
« quiescé au jugement. »
(*Archives de Trondes*. Voir aussi, *Archives de Meurthe-et-Moselle*, Inventaire des titres et papiers de la prévôté de Void, II. Trondes, Liasse XV. Pièces 4, 5, 6, 7, 8, 9.)

« Depuis 31 ans qu'il est curé, il a perçu la
« dîme en vins, pendant longtemps, avant l'option
« de la portion congrue ; il ne l'a jamais perçue
« qu'au trentième ; elle était confondue avec les au-
« tres menues dîmes du lieu. Un curé est assez at-
« tentif à ses droits, pour ne pas s'endormir sur un
« intérêt aussi considérable que celui-ci ; mais en-
« core que, selon le Manuel des Intimés, la dîme
« soit due au douzième, ils ne l'ont cependant
« perçue qu'au trentième. »

Le curé donne donc raison à ses paroissiens. Cependant, comme l'observe habilement la plaidoirie, lorsqu'elle s'attache à détruire les reproches insignifiants d'ailleurs allégués contre les témoins, l'intérêt du curé serait que la dîme s'élevât au douzième puisqu'il tirerait une plus forte part.

Ainsi ni la déférence respectueuse que M. Gueldé a toujours témoignée à Messieurs du Chapitre ne s'est abaissée chez lui jusqu'à la crainte et à la faiblesse, ni aucune considération et aucun intérêt matériel n'ont fait dévier son sentiment. Nous n'avons pas, certes, à le louer d'une chose aussi simple. Il ne fallait pas pourtant non plus omettre cet acte d'honnêteté, de fermeté, de désintéressement, de dévouement à la commune. On ne dira pas qu'après 31 ans de séjour, M. Gueldé cherchait une popularité qu'il possédait pleine et entière. A dater de cette affaire, son nom fut entouré au village et dans les environs, de plus de vénération encore et de reconnaissance. C'était justice.

Un tel curé, soigneux de tout, profondément dévoué aux intérêts de la population, ami des pauvres, à la fois intelligent et bon, s'appliquant à faire fleurir la piété et aussi l'instruction parmi l'enfance et la jeunesse, et cela, pendant quarante années, devait nécessairement jouir de l'affection et de la confiance publiques. Il n'y a trace nulle part de difficultés sérieuses qui lui auraient été suscitées. Au contraire, une foule de personnes le consultaient et ses relations lui aidaient à multiplier ses services.

Comment s'est terminée une vie si utile et pourtant si modeste ?

Vers le milieu d'avril 1730, M. Gueldé qui paraît avoir joui jusque là, en somme, d'une assez bonne santé, et qui atteignait pour lors ses soixante et dix ans, tomba malade (1). Un violent

---

(1) Le dernier acte fait par M. Dominique Gueldé sur les registres paroissiaux est du 10 avril 1730, jour où il est tombé malade. Il eut pour vicaire M. Maurice Masson, dit Caré, qui fut remplacé, dans le mois d'octobre, même année, par M. Sébastien Petit. M. Petit assista M. Gueldé à

catarrhe, aggravant les infirmités ordinaires de la vieillesse, le mit durant dix mois, dans la nécessité pénible de recourir, nuit et jour, à la charité de garde-malades. Une paralysie le cloua sur son lit. Il avait le chagrin, en outre, de voir son ancienne et fidèle servante, Magdeleine Bernardin, infirme elle-même, accablée par l'âge, descendre peu à peu vers la tombe (1). Louise Humbert, son autre servante, sœur Marie Callot, la maîtresse d'école, le maître d'école, Claude Morizot, de braves paroissiens, comme le maire Claude Humbert et le châtelier Nicolas Virly, ancien maire, montrèrent le plus beau dévouement (2).

Les soins de cette piété vraiment filiale soulagèrent

ses derniers moments, et quitta la paroisse vers la fin de juillet 1731, pour aller, en qualité d'administrateur, à Manoncourt. Le premier acte du successeur de M. Gueldé comme curé, M. Dordelu, est du 5 août 1731.

(1) Soignée au presbytère, par sa nièce Jeanne Coppinot, elle précéda de deux mois seulement son maître dans la tombe. Elle mourut le 5 janvier 1731, âgée de 70 ans environ, et munie de tous les sacrements.

(2) L'exécuteur testamentaire a souligné ce dévouement et, avec la simplicité qu'on mettait alors en toutes choses, il donne un petit souvenir à chacun. En particulier « au maire « et au châtelier un livre de piété, en reconnaissance de la « charité qu'ils ont eue pour le dit sr Gueldé pendant son « catarrhe, le promenant, le levant, et le couchant de temps « en temps... »

mais ne guérirent point le saint vieillard. Il se prépara donc à passer de la terre au ciel. Trois ans auparavant il avait réglé ses dernières volontés. Elles sont bien l'écho fidèle de toute sa vie. On y retrouve le prêtre plein d'humilité et de piété, de courtoisie et d'esprit de justice, et aussi le pasteur animé d'un zèle fervent. La pensée des écoles et du bien à faire aux enfants domine du commencement à la fin. Son testament fait le 19 décembre 1727, M. Gueldé, le 21 mai 1730, le révisa encore (1), alors qu'il n'était qu'au début de sa longue maladie, et puis, tranquille du côté de ce monde, il s'endormit dans la paix du Seigneur, le 13 mars 1731, dans sa 71ᵉ année, après avoir été curé de Trondes pendant près de 41 ans (2).

(1) *Pièces justificatives.* Pièce M
(2) Acte de décès : L'an mil sept cent trente et un, le
« treizième du mois de mars est décédé le sʳ Dominique
« Gueldé, âgé de soixante et onze ans, prestre curé de cette
« paroisse depuis environ quarante et un ans, après avoir
« reçu le sacrement de l'Extrême-Onction, avoir été con-
« fessé et communié plusieurs fois pendant une longue ma-
« ladie de perclusion causée par un catarrhe dont la rechute
« le priva du jour. Il a été enterré le quatorzième du dit
« mois avec les cérémonies ordinaires dans le cimetière
« dudit lieu vis-à-vis du grand autel, suivant la teneur de son
« testament en présence des témoins soussignés. »

« Brinot, curé de Foug ; Mathieu Fontagne, curé de Vinot,
« doyen rural ; Vatelot, prêtre-sacristain ; Pillement, curé de
« Laye ; Petit, administrateur de Trondes » (*Arch. de Trondes.*)

Ce fut un véritable deuil dans toute la paroisse.

Pour les funérailles, faites le lendemain 14, pour le service du surlendemain, le « quarantail » et l'anniversaire, il y eut un concours considérable de prêtres et de fidèles, mais l'on se conforma aux humbles désirs de M. Gueldé. Il avait indiqué l'endroit qu'il voulait pour sa sépulture, « vis-à-vis le grand crucifix qui est derrière le grand autel. » Une large pierre tombale, placée là, à l'entrée de la sacristie, recouvre ses restes (1). Les pas de ceux qui entrent et sortent finiront-ils par l'user ? En tout cas, ce que deux siècles bientôt n'ont pu effacer, c'est le sillon lumineux tracé dans la paroisse par cet homme de bien. Nous écrivons ces lignes à la date du 2e centenaire de son arrivée à Trondes, et nous comprenons le sentiment qui a créé la légende populaire. On dit au village qu'à de certains jours, lorsque la grande pierre noire de M. Gueldé devient humide, c'est qu'elle se couvre de larmes.

Dans l'église, près de l'autel de la sainte Vierge,

---

(1) .. « Le 18 juin 1732, payé à Nicolas Virly, de Tron-
« des pour avoir fait tailler la tombe dudit sieur défunt,
« *simplement, sans gravure et sans cordon*, la somme de deux
« livres dont quittance. (*Compte de la Succession de*
« *M. Gueldé*).

une pierre commémorative, encastrée dans le mur, et sculptée dans le style de l'époque, porte cette inscription, monument de la reconnaissance publique :

AD

MAJOREM

DEI GLORIAM

—

Dominique Gueldé p^{tre},
Curé de Trondes a fondé
dans cette paroisse une
Ecole de charité de
Filles aux conditions
portées dans la donation
Faite le 14 août 1715
par devant Renauld
Noel, tabellion à Void
agréée et confirmée
par Monseigneur de
Camilly, évêque et comte de
Toul et par messieurs du
Chapitre de l'Eglise cathé-
drale seigneurs de ce lieu.
Obiit die 13 mensis martii anni 1731

CHAPITRE III

FONCTIONNEMENT DES ANCIENNES ÉCOLES DE TRONDES

Nomination des maîtres et des maîtresses d'école de Trondes. — Qualités qui devaient determiner le choix à faire. — Programme, méthode et discipline des classes. — Résultats.

Ce qu'on a vu jusqu'ici se rapporte au temporel de l'école. Mais de quelle manière les intérêts intellectuels et moraux de l'école, à leur tour, étaient-ils compris ? De qui les maîtres et maîtresses d'abord tenaient-ils leur autorité ? Quelles conditions réglaient la nomination et déterminaient le choix ? Quelle était la méthode, la discipline ? Quel programme suivait-on ? En un mot, comment fonctionnaient les écoles à Trondes pendant le xviiie siècle ?

Nous allons traiter chacun de ces points séparément.

NOMINATION DES MAITRES ET MAITRESSES D'ÉCOLE DE TRONDES

La nomination se faisait à Trondes d'une façon différente pour le maître et pour la maîtresse d'école.

Nomination du Maître d'école.

Le vieux prébendier de la Maison-Dieu de Toul, Demenge-Husson, qui avait, on se le rappelle, donné à l'église de Trondes, une maison pour l'école, n'avait rien spécifié, en ce qui concernait la nomination des « magisters. » Sans doute, il les veut « capables, de bonne vie, mœurs et religion, de bon fame et renommée » mais il ne réserve rien pour le droit de nommer. Il ne l'aurait pas pu ; car l'école était en plein exercice, depuis longtemps déjà sans doute, et il n'avait pas à changer, lui, simple bienfaiteur, et non fondateur, le mode d'institution des maîtres.

Le maître d'école, à Trondes, était élu par la Communauté. Il était ensuite approuvé directement par Mgr l'Evêque ou par son grand vicaire, non pas par le doyen rural : car Trondes n'était guère distant de la ville de Toul de plus de 2 lieues (1).

Avant ou pendant l'élection, se faisait l'examen du candidat par le curé, qui en rendait compte à l'autorité diocésaine. Celle-ci recommençait quelquefois elle-même l'examen, et, en tout cas, ne donnait son approbation que si les formalités étaient remplies. Une fois examiné, élu, approuvé, le maître d'école entrait en fonctions.

Nous ferons plusieurs remarques dont l'une, s'applique à tout le diocèse de Toul, deux autres sont particulières à la localité dont nous nous occupons.

Les évêques de Toul, de temps immémorial, ont eu la haute main sur les écoles, petites ou grandes, de leur diocèse. En cela, leur situation ressemblait à celle de tous les autres évêques de France et de l'Europe chrétienne (2). Nomination,

(1) « Les régents, éloignés de la ville de Toul de plus de « 4 lieues seront examinés et approuvés par les doyens ru- « raux. » (Ordonn. synodale de 1702. art. VI).

(2) « Il est certain, » dit M Allain, — et il a en vue les écoles de la France entière — « que les Edits et Déclarations « Royales, (notamment les déclarations de 1566, 1567, 1606 « avaient mis les régents sous la juridiction des évêques, « et ceux-ci, responsables de la foi de leurs diocésains, « avaient à cœur de se maintenir à cet égard dans la pos- « session de leur droit. » (Ouvrage déjà cité, page 126). »

examen, réception, interdiction des régents et des régentes, tout cela ressortissait de leur autorité, et jamais ils ne s'en dessaisirent (1).

A l'époque surtout que nous étudions, fin du xviie siècle et commencement du xviiie, Mgr de Fieux, (1677-1687), Mgr Thiard de Bissy, plus tard évêque de Meaux et cardinal (1687-1704), Mgr Blouet de Camilly, plus tard archevêque de Tours (1704-1721), enfin Mgr Bégon (1721-1753), tous ces grands et sages prélats, occupent une large place dans l'histoire de l'instruction primaire du diocèse. Les statuts synodaux et les mandements de cette époque sont remplis de conseils, de prescriptions ou de défenses relativement aux écoles. L'évêque règle le casuel des régents (2), examine, institue, approuve (3), visite ou fait visi-

---

(1) Dans son Mandement du 10 mars 1695 sur les Ecoles, Mgr Thiard de Bissy commence par énoncer l'obligation où sont les maîtres d'école de donner aux enfants les premières teintures de la piété et de la religion, comme aussi d'assister les curés dans la célébration du service divin et dans l'administration des Sacrements, et il établit d'après l'importance même de ces fonctions leur dépendance des évêques, suivant ajoute-t-il, « les ordonnances de nos rois et les arrêts de leur conseil. »
(2) Statuts synodaux, 1678, chap. XXI.
(3) Mandement de 1695.

ter les écoles (1), signale les défauts, les abus (2), édicte des peines, et marque qu'en tout cela il s'acquitte d'un de ses devoirs les plus essentiels (3).

Voici la législation scolaire en usage alors dans le diocèse de Toul, pour la nomination des maîtres d'école.

Examen préliminaire. — « Nous défendons sous
« peine d'excommunication, à toutes personnes de
« s'immiscer à l'instruction publique de la jeunesse,
« *sans qu'auparavant les curés du lieu ayent examiné*
« *leur religion, leurs mœurs et leur capacité* (4). —
« Nous défendons sous peine d'excommunication,
« à toutes personnes laïques ou ecclésiastiques,
« de tenir école, ni enseigner les enfants *sans une*
« *commission par écrit de nous ou de nos grands*
« *vicaires*; laquelle ne sera donnée, qu'après avoir
« examiné *sur la lecture, l'écriture, la doctrine*
« *chrétienne, le chant ecclésiastique et l'office divin*,
« ceux qui voudront être maîtres d'école, et
« qu'après avoir par eux donné des preuves et des
« témoignages de leur conduite (5). »

(1) Ordonn. de 1686, et les autres.
(2) Ibid.
(3) Ibid.
(4) Statuts synodaux 1678. Chap. I, art. XXII.
(5) Mandement du 10 mars 1695, art. I. — Ordonn. synodale de 1702, art. VI, et de 1707, art. IX et de 1727, art. VII.

Election. — « Les curés se trouveront aux « assemblées convoquées pour choisir les maîtres « d'école. Ils y feront une courte exhortation « pour empêcher les divisions et les brigues ; et, « conjointement avec le chef de la communauté, « ils recevront par écrit les suffrages des parois-« siens, et examineront les maîtres d'école élus « sur l'écriture, la doctrine chrétienne, le chant « ecclésiastique et l'arithmétique, et particulière-« ment sur les mœurs et sur la conduite. Car il « ne faut que des gens sages et vertueux dans cet « emploi (1). »

Approbation. — « Ils rendront compte de cet « examen au doyen rural par une lettre dont ils « chargeront le maître d'école élu, qui sera en-« core examiné par le doyen s'il le juge à propos ; « lequel lui donnera son approbation, s'il le « trouve digne et capable. Nul maître d'école ne « sera admis à en faire les fonctions sans cette « approbation, qui est donnée gratuitement (2).

Les coutumes particulières de Trondes étaient bien d'accord avec la législation scolaire.

Si nous étudions de près ce village dans les temps anciens, nous verrons que, tout en rele-

(1) Ordonn. synodale de 1717, art. XIII.
(2) Ibid, art. XIII.

vant du Chapitre, son seigneur immédiat, et des ducs de Lorraine, ensuite des rois de France, il jouissait d'une certaine autonomie. Par exemple, tandis que les mairies de Pagny, Longor, Bovée, Lucey, Lagney, etc., étaient publiées et adjugées au plus offrant, celle de Trondes était à l'élection. Un titre de 1323 accorde aux habitants de Trondes le droit d'élire leur maire. Auparavant le seigneur de Trondes, c'est-à-dire, messieurs du Chapitre pour moitié et les comtes de Bar pour l'autre moitié, possédaient et quelquefois admodiaient ce droit : une transaction survenue en juin 1257 entre Thibaut, comte de Bar, et le Chapitre, dispose, entre autres règlements, que les deux seigneurs s'entendront pour élire le maire et les échevins de Trondes; si les seigneurs ne s'accordent pas, ce sera à tour de rôle, une année l'un, une année l'autre (1). Alors, en 1323, le mardi de la Pentecôte, Edouard, comte de Bar, et messieurs du Chapitre, ensemble, permettent « à leurs sujets de la ville de Trondes
« d'élire chacun an, le jour de la St Jean-Baptiste,
« un maire au dit lieu, qui fera serment de garder
« et deffendre leurs droits, soit en amendes, ou

(1) *Archives de Meurthe-et-Moselle.* Trésor des lettres du comte de Bar, n° 9.

« autres choses appartenant aux dits seigneurs.
« Ne pourront les dits sujets élire un maire pour
« deux années de suite, sans le consentement de
« leurs seigneurs (1). » Cinquante ans plus tard,
environ, en 1380, la seigneurie de Trondes passe
toute entière aux mains du Chapitre. Robert, duc
de Bar, pour indemnité et restitution des dommages faits au Chapitre, lui donne tout ce qu'il

---

(2) Ibid. nº 20. — Disons en passant qu'en retour du droit d'élire le maire, quelques obligations étaient imposées, entre autres celle de payer des rentes appelées *sors* ou *xours*. — « Nous doit rendre, et renderat li dis maire pour nos rentes
« con apèle *sors*, que nous avons en deniers chacun an, dix
« livres de petits tournois ou rendre la valeur qu'elles val-
« ront, ou déveront valoir, lequel qui plaira mieus à nous
« ou à céans qui seront pour nous. Encore nous dois
« rendre li dis maires pour nos rentes con appèle *sors*
« que nous avons en blez en laditte ville de Trondes eut
« (huit) rézals de froment et sere rézals d'avoine chacun
« an, ou la valeur que les dites rentes puent et doient va-
« loir, se il plait mieus à nous, où à céans qui seront pour
« nous. » Ces fameux *xours* (le mot n'existe, croyons-nous, que pour Trondes) donnèrent lieu dans le cours des siècles, à toutes sortes de contestations. Comme cette redevance réelle et seigneuriale était affectée à de certaines contrées ou héritages du ban de Trondes, tantôt on ne trouvait plus exactement ces héritages, parfois laissés en hayes, et il fallait dénombrer et arpenter ; tantôt on ne connaissait pas les propriétaires. Le Chapitre tenait ses comptes en règle et savait fort bien ce qui lui advenait ; mais les gens faisaient difficultés sur difficultés.
(*Archives départementales de Meurthe-et-Moselle :* Inventaire

possède à Trondes et à Longor, tant « en seigneu-
« rie, hommes, cens et rentes qu'en haute,
« moyenne et basse justice » pour les posséder
comme amortis au profit de l'église de Toul (1).

Très régulièrement, les habitants de Trondes,
depuis le xive siècle, jouirent de leur droit d'élection. Nous savons comment les choses se passaient. C'était un grand jour à Trondes que le jour
de la Nativité de saint Jean-Baptiste. On y tenait les
plaids annaux ou assises. Monsieur le Prévôt de
Void, entouré des officiers de la prévôté, ayant
sous les yeux les « Livres contenant les Rolles des
« habitants » préside. Toute la communauté est
là, venant payer les rentes seigneuriales, recevoir
les ordonnances de police, pour le maintien de la
paix et du bon ordre, entendre les jugements des

des titres et papiers de la prévôté de Void, tome II, Trondes, liasse V. 16 pièces concernent les *xours*, et se rapportent aux années 1323, 1436, 1504, 1561, 1593, 1638, 1647, 1648, 1654, 1667, 1681, 1759. — *Dans les archives communales de Trondes*, il y a aussi une pièce se rapportant à l'année 1667.

(1) *Archives de Meurthe-et-Moselle*. Trésor des lettres du comte de Bar, no 49. — Voir aussi no 53 : le 7 janvier 1384, Robert duc de Bar, défend à ses officiers de contraindre les habitants de la ville de Trondes, de venir faire le guet et garde du château de Foug, ni en aucune de ses forteresses, « attendu que la ville de Trondes appartient entièrement au « chapitre de Toul. »

amendes prononcées, enfin régler les principales affaires pendantes. On procède aussi à l'élection du maire, de l'échevin, des sergents et forestiers des bois. Sitôt nommés, « le tout se présente au « Prévôt, et s'ils sont agréables, il les reçoit; si- « non, ledit Prévôt en peut faire de soi-même élec- « tion. Et alors il prend le serment d'iceux et leur « ordonne d'exercer leur office bien et loyalement « sans reproche (1). »

Les élections de Trondes, tant celles du maire, échevin, officiers de la commune que celle du régent d'école ont-elles donné lieu quelquefois à des troubles et à des divisions dans la paroisse ? Nous n'oserions pas le nier, quoiqu'il n'y ait dans les documents anciens aucune trace d'un fait analogue. Pour nous en tenir aux maîtres d'école élus par les gens de Trondes, — non pas tous les ans, aux assises du 24 juin, cela va de soi, mais seulement à la vacance de l'école, — nous observerons que,

---

(1) Ces détails nous sont fournis par un prévôt de Void, le chanoine Otthenot, qui a rédigé le cartulaire côté F, sur les anciens Titres et Manuels de la Prévôté, l'an 1505. Il nous donne aussi le détail des rentes dues au maire de Trondes à cause de sa mairie. (voir l'*Inventaire des Titres et Papiers de la prévôté de Void*, tome II. Trondes. Liasse II — Sur les Plaids annaux de Trondes, voir aux *Pièces justificatives*, pièce M.

suivant les recommandations de l'autorité ecclésiastique, le curé présidait l'assemblée conjointement avec le maire, et que, de fait, les régents qui se sont succédé à Trondes, se sont montrés, en général, dignes de leurs fonctions. On le verra mieux en détail, dans la courte notice que nous donnons plus loin, sur chacun d'eux (1).

(1) Les abus signalés dans l'enquête ouverte, par M. de la Porte, intendant de Lorraine, auprès des subdélégués et d'un certain nombre de curés sur la situation des maîtres d'école, appartiennent surtout à la fin du XVIIIe siècle (1779).
Il est bon de noter, en tout cas, que l'autorité ecclésiastique faisait là-dessus, de tout temps, de très instantes recommandations : « Nous exhortons de tout notre cœur les
« paroissiens de n'en point recevoir par cabale ou par consi-
« dération d'amitié, de parenté ou d'intérêt ; de choisir
« toujours ceux qu'ils croiront les plus propres pour bien
« enseigner les enfants et faire le service divin ; de consulter
« leurs curés et d'agir de concert avec eux ; et de faire enfin
« la condition des maîtres d'école la meilleure qu'ils pour-
« ront, étant le moyen le plus propre pour en avoir de bons. »
(Mgr Thiard de Bissy, mandem. du 10 mars 1695. —
Mgr Blouet de Camilly (1717) et Mgr Bégon (1724) sont plus explicites encore · « Il est du devoir des curés de prévenir et
« d'empêcher les troubles et les divisions si fréquentes dans
« les paroisses, au sujet du choix et de l'établissement des
« maîtres d'école. Il est à propos de représenter aux parois-
« siens, que les maîtres d'école doivent être choisis dans une
« assemblée duement convoquée ; que rien n'est plus
« nécessaire dans une paroisse qu'un maître d'école sage,
« vertueux, exemplaire et bien capable, que de là dépend
« l'éducation de la jeunesse et souvent le bonheur de toute
« la vie. Les curés prendront bien garde que les maîtres

Nomination de la Maîtresse d'école.

« La dite maîtresse d'école sera élue par le s[r] curé de Trondes, avec le consentement des habitants, et sera ledit choix confirmé par Mgr l'Evêque et par monsieur son grand vicaire. » (1)

Ainsi, à Trondes, pour la maîtresse d'école des filles :

1. Le droit strict de nomination appartient au curé.

Comme la plupart des fondateurs, M. Gueldé se réserve à lui et à ses successeurs la nomination, parce que, en définitive, sans compter d'autres motifs très convenables, c'est lui qui paie, et l'école est son œuvre. Tel était le droit constant (2).

« d'école ne soient pas choisis par brigue, par buvette, et
« autres mauvaises pratiques qu'ils emploient pour se conci-
« lier des suffrages. Quand il s'en trouvera qui auront em-
« ployé ces moyens, le curé en donnera avis au doyen
« rural, afin de le prévenir et d'empêcher qu'ils en soient
« approuvés. Nous les déclarons incapables et indignes de
« cet emploi. »

(1) Acte de donation de M. Gueldé, art. 4
(2) « Le grand principe qui régissait l'attribution du droit
« de choisir les maîtres d'école est indiqué par un arrêt du
« Parlement de Tournay du 16 octobre 1696, jugeant que
« ceux qui payent les gages d'un maître d'école ont droit de
« le commettre... (*M. Allain*, page 122). — « Si ceux qui

2. Les habitants donneront leur consentement.

C'est une satisfaction légitime, laissée non seulement à l'amour-propre, mais aussi aux intérêts des pères et mères de famille, et même, comme nous l'avons expliqué plus haut au sujet du régent, aux traditions communales.

3. L'Evêque approuve et confirme le choix, comme le veulent les statuts diocésains et l'usage.

Quoi de meilleur ? Le curé nomme, la commune consent, l'évêque approuve. Ne semble-t-il pas que l'initiative, le contrôle, la ratification soient bien dévolus à qui de droit, et que les principes à la fois de décentralisation et de sage administration dans une société chrétienne soient combinés ici avec beaucoup de bonheur ?

Nous reproduisons, pour ne rien omettre, la lettre d'approbation épiscopale en usage pour les maîtresses d'école. Il est vrai qu'elle est de la fin du siècle (6 mai 1790), mais la formule a dû peu varier depuis le commencement.

En tête, armes de l'évêque.

« Etienne François-Xavier, par la grâce de Dieu

« ont fondé des écoles se sont réservé la nomination des
« maîtres et des maîtresses, alors c'est aux fondateurs à
« choisir . » (M. *Jousse*, Traité du Gouvernement spirituel et temporel des paroisses, page 235. Cité par M. Allain).

« et l'autorité du Saint-Siège apostolique, évêque,
« comte de Toul, Prince du saint Empire, etc.

« A... (*nom et prénoms de la maîtresse d'école*)
« salut et bénédiction en Notre-Seigneur.

« Sur les bons témoignages qui nous ont été
« rendus de votre sagesse, de votre piété et capa-
« cité, nous vous avons approuvée et approuvons
« par ces présentes, pour remplir et exercer dans
« la paroisse de... (pour autant de temps que nous
« le jugerons à propos), l'emploi de maîtresse d'école
« des filles, sous la conduite et direction du sieur
« curé du dit lieu. A charge, par vous, de tenir
« l'école pendant toute l'année, et de vous repré-
« senter une fois tous les ans, dans la Mère-Ecole
« des filles, établie à Toul, afin d'y renouveler et
« ranimer vos bonnes dispositions.

« Enjoignons aux pères et mères d'envoyer leurs
« filles dans votre Ecole, et défendons au maître
« d'école de la dite paroisse, sous peine d'interdit,
« d'en recevoir aucune dans son école, et à vous,
« de recevoir aucun garçon dans la vôtre.

« Donné à Toul, en notre palais épiscopal,
« *sous le seing de notre vicaire général, le sixième mai,*
« *mil sept cent quatre-vingt-dix.*

      « THIÉBAUT, *vic.-général.*
« *Par Monseigneur*, GUILLAUME. »

QUALITÉS QUI DEVAIENT DÉTERMINER LE CHOIX A FAIRE.

« On choisira pour maîtresse d'école une per-
« sonne capable, vertueuse et de bonne réputation,
« qui ne soit pas mariée, ni veuve, et qui n'ait
« point d'emploi qui la puisse la détourner de faire
« l'école toute l'année, comme serait de travailler
« la vigne, coudre hors de la maison, etc... » (1)

Pénétré des recommandations de Mgr Thiard de Bissy et de Mgr de Camilly, M. Gueldé résume en cet article les conditions d'idonéité requises à la fois par le bon sens, par l'intérêt des enfants et des familles et par l'autorité ecclésiastique.

Il ajoute, de son propre chef, cette restriction, *« qui ne soit pas mariée, ni veuve »*. Son premier acte de 1704 admettait les veuves, du moins il ne les excluait pas. Apparemment que, dans l'intervalle, par exemple, à la mort de la première maîtresse d'école en 1708, il avait eu à écarter des candidatures de ce genre. Les inconvénients résultant de la viduité ou du mariage lui paraissaient graves, et il tient beaucoup à cette clause. Dans son testament, lorsqu'il exprimera le souhait que Jeanne

1) Acte de donation, art. 5.

Copinot, nièce de Magdeleine Bernardin, succède à Marie Callot, il aura soin de mettre « au cas qu'elle demeure fille. » Il préparait d'ailleurs ainsi les voies à l'établissement de religieuses, puisque la Providence faisait surgir, à ce moment, une Congrégation vouée à l'enseignement des filles dans les campagnes.

Grâce encore à cette exigence fort judicieuse « que la maitresse n'ait point d'employ qui la « puisse détourner de faire l'école toute l'année. » Trondes se trouve alors en progrès sur bien des villages lorrains, où l'école n'avait guère lieu qu'en hiver, de la Toussaint à Pâques (1), et sur d'autres communes encore où les régents et régentes avaient permission d'exercer un métier (2). Quand nous disons permission, nous entendons la tolérance de l'usage plutôt que l'autorisation régulière. Mgr Thiard de Bissy défend très expressément aux maitres d'école « d'exercer aucun office de procureur, « praticien, sergent, cabaretiers, joueurs de vio- « lon, ou autres incompatibles avec leurs fonctions

---

(1) *Abbé Matthieu*, l'Ancien Régime dans la Province de Lorraine et Barrois, page 262.
(2) Ibid, page 260. Mais les faits cités ne concernent qu'une partie seulement de la Lorraine allemande, et les maîtres, point les maîtresses.

« et l'assiduité qu'ils doivent à leur école et à
« l'église. » (Mand. du 10 mars 1695, art. V.)

Comment M. Gueldé et ceux qui, à cette époque fondaient comme lui des écoles de filles, parvenaient-ils à recruter un personnel revêtu des qualités ci-dessus énumérées ? Y avait-il donc alors une École normale d'institutrices pour le diocèse ? Des congrégations religieuses se chargeaient-elles de fournir des sujets ?

Nous répondrons à cette question dans un chapitre spécial, et nous ferons précisément connaître le mouvement qui se produisit dans le Toulois, entre 1700 et 1750, en faveur des Écoles de Filles.

Ce que nous voulons ici ne point passer sous silence, ce sont les efforts de M. Gueldé pour obtenir que la vie des maîtres et maîtresses d'École Trondes apparaisse aux yeux de tous irréprochable.

Nous possédons, composé par lui et écrit de sa main un *Règlement* pour les maîtres d'école (1) où l'on respire un vrai parfum de vertu et de simplicité antiques. Il est destiné exclusivement aux régents de l'école des garçons. Probablement, M. Gueldé en avait composé une autre analogue à celui-ci, et qui eût servi aux maîtresses de l'école des filles.

(1) *Archives paroissiales de Trondes.*

Voici ce règlement détaillé, qui n'est évidemment que la mise en pratique des recommandations et prescriptions épiscopales. Nous l'avons confronté avec le mandement et les ordonnances de Mgr Thiard de Bissy, (10 mars 1695, ordonn. de 1690, statuts de 1678). Le même fond s'y retrouve, mais avec beaucoup plus de développements, et une rédaction entièrement personnelle. Nous avons noté par un renvoi les articles des statuts et ordonnances qui nous semblent plus particulièrement visés par M. Gueldé.

ARTICLE Ier. — *Qui comprend les devoirs des maîtres d'école envers eux-mêmes.*

« 1. Ils auront une grande estime de leur état :
« ils se persuaderont bien que Dieu demande
« d'eux plus de vertu que des autres laïques, pour
« se rendre dignes de leur vocation (1), et ainsi ils
« seront très fidèles à la pratique des exercices
« de piété recommandés à tous les chrétiens pour
« passer saintement la journée. Il y a un livre
« excellent pour cela qu'ils peuvent lire, intitulé
« le *Règlement et Méthode* pour les Écoles par M...,

(1) Mgr Thiard de Bissy, mand. 1695.

« à Paris, chez François Muguet, rue Notre-Dame,
« à la Croix d'Or.

« 2. Tous les matins, après la prière ordinaire à
« laquelle ils ne doivent jamais manquer, ils liront
« ou un chapitre du Nouveau Testament ou du
« livre de l'*Imitation de Jésus-Christ* pour faire quel-
« que réflexion devant Dieu sur les vérités et les
« pratiques qui y sont renfermées, afin de prendre
« une bonne résolution de se défaire de quelque
« vice ou d'acquérir une vertu.

« 3. Ils s'appliqueront les fêtes et les dimanches
« à lire dans quelque bon livre.

« 4. Ils se confesseront tous les mois et ne lais-
« seront passer aucune fête solennelle sans appro-
« cher du sacrement d'Eucharistie, après s'y être
« bien préparés et avec l'agrément de leur confes-
« seur.

« 5. Ils tâcheront de faire toutes leurs fonc-
« tions comme de servir à la sainte messe et
« à l'administration des sacrements, de chanter
« l'office divin, enseigner la doctrine chrétienne
« aux enfants, avec affection, diligence et senti-
« ments de piété, non point par coutume, et par
« manière d'acquit, ou purement pour leur profit
« temporel, mais afin de plaire à Dieu et de se
« sanctifier.

« 6. Ils seront modestes en leur habit et main-
« tien extérieur, surtout dans l'église et en faisant
« leurs fonctions, évitant en cela la légèreté et la
« vanité ; ils auront leurs cheveux assez courts (1).

« 7. Ils doivent prendre un grand soin de la
« netteté et décoration de l'église, déplier et resser-
« rer les ornements, s'estimant heureux de pouvoir
« rendre ces services à l'église (2), ils nettoie-
« ront les chandeliers, la croix, le bénitier, l'en-
« censoir et tout ce qui est de cuivre, quatre fois
« l'année, savoir : Pâques, Saint-Jean, Saint-
« Elophe, Noel, avec du tripoli blanc. On râcle
« du tripoli sur un morceau de drap et ensuite
« on frotte le cuivre et l'ayant frotté bien fort, on
« l'essuie avec un linge blanc. S'il y avait quel-
« que tache au cuivre, il faudrait auparavant le
« frotter avec de la cendre bien passée. Pour ce
« qui est de l'encensoir, il faut passer la cendre,
« afin qu'elle soit bien menue, et qu'il n'y ait
« point de charbon, et puis essuyer avec la cendre
« l'encensoir et le bien laver dans plusieurs eaux
« et le mettre sécher (3).

(1) Ordonn. synodale, 1689.
(2) Ordonn. synodale, 1690.
(3) On est tenté de sourire en voyant jusqu'à quels détails descend M. Guelde. Mais ne doit-on pas davantage admirer que cet homme vraiment supérieur connaisse si bien les

« 8. Ils s'abstiendront des jeux de hazard et de
« berlan, des cabarets, des danses, de jouer du
« violon et autres récréations mondaines et dan-
« gereuses, de converser librement avec des filles
« et femmes, et avec des jeunes gens vicieux et
« débauchés ; et prendront garde non seulement
« de ne causer aucun scandale par leur dérègle-
« ment, mais au contraire de mener une vie fort
« exemplaire et pleine d'édification, tant dans leur
« famille qu'au dehors (1).

« 9. Ils auront pour le sr curé toute l'affection,
« soumission et respect qu'ils lui doivent, prenant
« garde de ne rien faire en public qui y soit con-
« traire (2).

« 10. Ils seront fort sobres en leur boire et
« manger, retenus en paroles, s'abstenant des
« jurements, injures, termes sales et déshonnêtes,
« éviteront toutes sortes de différends et contesta-
« tions avec les paroissiens et autres personnes.

« 11. Ils éviteront l'oisiveté, s'occupant d'un

---

gens de la campagne, qu'il ne lusse rien au hasard et se
montre éminemment pratique en tout. Cette exactitude et ce
savoir-faire lui permettaient d'installer les meilleures habitudes
chez ses subordonnés.

(1) Ordonn. synodale 1689.
(2) Mandem. 1695.

« travail convenable à leur condition, hors le
« temps qu'ils emploient à l'école, pour ne pas
« tomber dans les désordres que la paresse attire
« ordinairement.

« 12. Ils prendront un grand soin de l'éducation
« chrétienne de leur famille, et feront en sorte de
« la régler si bien qu'elle serve d'exemple à toute
« la paroisse (1).

« 13. Comme les maîtres d'école sont toujours
« les préfets des congréganistes du Saint Nom de
« Jésus, ils auront soin d'animer par leurs exem-
« ples et par leurs paroles les garçons de la dite
« congrégation, de les assembler toutes les fêtes
« et dimanches à l'école sur le midi, de leur faire
« quelque bonne lecture et de les exciter à garder
« leurs règles qu'ils suivront eux-mêmes les pre-
« miers; à moins que M. le curé ne voulût bien
« lui-même prendre la peine de faire les instruc-
« tions; et, en ce cas, le maître d'école ferait le
« catéchisme aux enfants dans sa cuisine.

(1) Par où l'on voit que ce règlement laisse entendre que les maîtres d'école sont mariés. — « On ne recevra pour « maître d'école aucun garçon, à moins qu'il ne soit d'une « sagesse bien connue, l'expérience trop certaine et trop « fréquente faisant voir, que les maîtres d'école non mariés « sont beaucoup moins sages et moins retenus que ceux qui « sont mariés. » (Ordonn. synod. de 1709, art. X.)

Art. II. — *Qui comprend leurs devoirs envers leurs écoliers.*

« 1. Il recevront avec autant d'affection les « enfants des pauvres que ceux des riches, et « auront un soin particulier de leur instruction.

« 2. Au commencement de l'école, ils feront « faire aux enfants la prière en commun, à genoux, « devant une image dévote, à moins qu'il ne fallût « expédier les grands à cause de leurs travaux et, « en ce cas, on se contentera de dire *Veni sancte*, « et quand les grands écoliers seraient renvoyés, « on apprendrait aux petits leurs prières (1).

« 3. Il les conduiront le soir à la prière.

« 4. Ils feront le mercredi et le samedi de « chaque semaine ou autres jours, si ceux-ci sont « empêchés, le catéchisme moyen et petit (2).

« 5. Ils insinueront souvent à leurs écoliers « l'horreur qu'ils doivent avoir du péché mortel, « puisqu'un seul pourrait être cause de leur dam- « nation, et tâcheront de leur inspirer la crainte « de Dieu, l'honneur qu'ils doivent à leurs parents, « et autres vertus qui leur sont recommandables.

« 6. Ils prendront garde que les enfants ne se

(1) Mandem 1695.
(2) Mandem. 1695.

« servent d'aucun livre qui ne soit bon et approuvé ;
« s'ils en doutent, ils le feront voir à M. le curé,
« suivront ses avis. Ils ne mettront eux-mêmes
« pour exemples d'écriture que des sentences de
« piété et des maximes chrétiennes.

« 7. Ils tiendront la main à ce que les enfants
« soient modestes à l'école, qu'ils y étudient leurs
« leçons, leur assigneront leurs places et feront
« en sorte qu'ils ne la changent pas.

« 8. Ils auront un soin particulier de les acoutumer
« à lire avec une prononciation distincte, et à bien
« articuler les mots, principalement dans la récita-
« tion de leurs prières, leur faisant dire leurs leçons
« doucement, sans les presser, lesquelles ils doivent
« toujours commencer par le signe de la croix.

« 9. Lorsque leurs écoliers auront commis
« quelque faute, ils les reprendront avec beaucoup
« de patience et de douceur, sans leur dire des
« injures ou les frapper rudement et, s'il est né-
« cessaire d'user de correction, ils éviteront les
« emportements et les excès, et prendront garde
« même que la pudeur et l'honnêteté ne soient
« point offensées.

« 10. Lorsque leurs écoliers seront à la messe,
« ou au service, ils veilleront sur eux afin qu'ils
« ne commettent aucune irrévérence, mais qu'au

« contraire ils se comportent avec dévotion et
« modestie, priant Dieu dans leurs livres ou réci-
« tant leur chapelet.

« 11. Ils leur apprendront à servir dévotement
« à la sainte messe, et à faire les cérémonies de
« l'église avec grâce et piété (1).

« 12. Ils auront soin qu'ils assistent à la messe
« de paroisse entièrement et à tout l'office, les
« fêtes et les dimanches, et que ceux qui gardent
« le bétail assistent à la Messe et aux Vêpres.

« 13. Ils recommanderont pareillement à leurs
« écoliers d'être modestes et retenus en toute leur
« conduite, de s'abstenir de la danse, des jeux de
« cartes, d'éviter la débauche et la compagnie des
« filles, surtout en gardant le bétail (2), de ne
« point coucher avec leurs pères et mères, sœurs
« ou servantes, de ne point se baigner en vue du
« monde, et de faire aucune action contraire à
« l'honnêteté et à la pureté.

14. « Ils s'informeront soigneusement de leur
« conduite hors de l'école, et s'ils apprennent
« qu'ils aient donné quelque sujet de plainte,
« ils en feront le châtiment convenable.

---

(1) Mandem. 1695.
(2) Ordonn. 1695.

« 15. Ils les porteront à se confesser plusieurs
« fois et leur apprendront les préparations qu'il y
« faut apporter. »

Celui qui a tracé ces conseils ne doit pas être considéré seulement comme un homme pieux, capable de diriger les consciences, mais aussi comme un maître expert dans l'art de former les enfants.

« La bonne vieille morale » que nous prenons ici sur le fait, dérivant de Dieu pour remonter à Dieu, s'impose à l'enfant avec une indiscutable autorité. Elle indique immédiatement de quel droit elle commande et quelle sanction trouve l'obéissance ou la révolte. A coup sûr, le maître qui enseigne selon l'esprit et le texte d'un pareil règlement, développe, dans son âme d'abord, dans celle des enfants ensuite, le sentiment religieux et l'amour du devoir. Grâce aux procédés bienveillants et à une harmonie constante dans les rapports, les régents de Triondes ne songeaient nullement à secouer le joug, en apparence austère, d'une tutelle que beaucoup à présent rejetteraient comme humiliante et importune.

Nous voulons être sobre de réflexions.

Certains lecteurs croiront rêver en parcourant ce règlement d'un autre âge, tellement la différence est grande entre les mœurs scolaires actuelles et les coutumes pleines de foi des vieux temps. La société d'alors était profondément chrétienne. Le point de départ pour tous les esprits était la ferme croyance en un Dieu créateur, rémunérateur, sauveur, et en l'Église catholique, instituée par Jésus-Christ pour conduire les hommes à leur destinée. La bonne éducation se confondait nécessairement avec l'éducation chrétienne, regardée avec raison comme la source de tout bonheur temporel et éternel. On cultivait donc l'esprit des enfants en le remplissant d'abord de la connaissance de Dieu et de la religion ; on formait leur cœur en inspirant des sentiments d'amour pour le vrai bien et une sorte de mépris pour ce qui est périssable ; on s'appliquait à régler leur conduite extérieure sur ce qui est dû à Dieu, à l'Église et au prochain. Dès lors, l'emploi des maîtres et des maîtresses d'école était envisagé comme un ministère en quelque sorte sacré, béni du ciel, et pour lequel une vocation paraissait indispensable. Cet emploi, il le fallait estimer, aimer, remplir avec dévouement, et il ne pouvait y avoir ni dans la préparation trop de garanties, ni dans la gestion trop de savoir et de vertu (1).

(1) *Méthode familière pour les Petites Écoles*, 1re partie, passim.

La société contemporaine, en ne se proposant plus exactement le même idéal, en le réformant même dans un sens opposé, a-t-elle gagné au change ? Le parti qui, en poussant les idées nouvelles vers les excès, s'associe à la persécution religieuse, que fait-il ? Il divise le pays. Il crée des conflits douloureux. Il blesse au cœur les familles chrétiennes. Il compromet ce que des réformes pourraient renfermer de bon. Il aboutit, en somme, à l'oppression des consciences au nom de la liberté. Il oublie ce que l'histoire de dix-huit siècles, au défaut de l'Evangile, aurait dû lui apprendre, que la religion et que par conséquent l'éducation catholique sont les meilleurs moyens de civilisation. Qu'on juge d'ailleurs l'arbre à ses fruits. L'instituteur moderne, qu'obtient-il ? Adversaire, rival du curé, ou seulement tenu à l'écart, à l'abri de l'influence du prêtre, a-t-il donc gagné, dans les campagnes, plus d'autorité sur les enfants, plus de prestige et d'ascendant sur les populations ? Réussit-il mieux à instruire et à élever la jeunesse ? L'enseignement moral est encore dans ses attributions ; mais est-il compris, cet enseignement, senti par ceux qui le donnent, goûté par ceux qui le reçoivent ? Quelle grande idée le relève ? Séparé de l'enseignement religieux, ne devient-il pas, de l'aveu même de nos ennemis, difficile, impossible à donner ? Comment expliquer et justifier la morale sans Dieu ? Sur quels fondements appuyer des dissertations et des conseils ? De fait, les familles rurales peuvent-elles constater que l'école d'à présent forme des enfants plus polis, plus amis du devoir, plus disciplinés, plus armés de toutes pièces contre les tentations innombrables qui les provoquent ? Tandis qu'un appel au mal, brutal, fréquent et universel, est fait à l'enfance et à la jeunesse, avec une violence et une perfidie qui n'avaient pas encore été atteintes, quelle digue l'École moderne oppose-t-elle au flot montant de la corruption ? Les yeux des vieillards, avant de se fermer, se reposeront-ils avec confiance sur les jeunes générations dans l'espoir du relèvement et de la gloire de la patrie ? Il appartient aux parents de répondre selon ce qu'ils voient.

PROGRAMME, MÉTHODE ET DISCIPLINE DES CLASSES

Les considérations qu'on vient de lire ne sont pas oiseuses. Outre qu'elles jaillissent du cœur même du sujet, et qu'elles s'imposent à tout esprit réfléchi, croyons-nous, elles aident encore à comprendre le programme, la méthode et la discipline des classes.

Le programme d'études est ainsi formulé dans l'acte de donation de M. Gueldé : « La maîtresse « d'école enseignera gratis toutes les filles de la « paroisse à lire, à écrire, l'orthographe, l'arith- « métique, le catéchisme et les prières. »

Telle se donnait, au XVIIe et au XVIIIe siècles, l'instruction primaire dans toutes les petites écoles de garçons et de filles (1). Pour les détails, il suffit de se reporter à la méthode familière des petites écoles, promulguée par ordre de Mgr l'évêque de Toul, et observée dans le diocèse :

« On fait ordinairement trois classes ou trois « bandes dans chaque école, surtout dans celles des « paroisses de la campagne, où il n'y a qu'un « maître ou une maîtresse.

« La première est des enfants qui commencent, « auxquels les maîtres et maîtresses enseignent à « connaître les lettres ou à syllaber, à faire le signe « de la croix, à dire distinctement et dévotement les

(1) Les titres de fondation des Frères des Écoles chrétiennes en Lorraine portent qu'ils enseigneront « gratuite- « ment aux enfants des trois paroisses de la dite ville de « *Nancy* l'écriture, l'orthographe, l'arithmétique et les prin- « cipes de religion (23 août 1719.) — « Ils enseigneront gra- « tuitement les pauvres enfants mâles de la ville et fau- « bourgs de *Lunéville*, à lire, écrire, chiffrer, l'orthographe, « l'arithmétique et la religion suivant le catéchisme du dio- « cèse, le tout conformément à la méthode de leur Institut « (13 mars 1750). »

« principales prières en français et en latin, avec
« les principaux mystères et les autres éléments de
« notre sainte religion.

« La seconde est des enfants qui commencent à
« lire, auxquels on apprend aussi le petit caté-
« chisme du diocèse, la méthode de se con-
« fesser et un peu d'écriture.

« La troisième est de ceux qui savent lire dans
« les livres imprimés en romain et en italique.
« On les fera lire dans la *Civilité* et ensuite dans
« les manuscrits. Il serait aussi fort utile de leur
« apprendre à lire dans les écritures anciennes, ou
« dans des livres imprimés en lettres gothiques,
« observant de donner au commencement les plus
« aisés, ensuite les difficiles, toujours en avan-
« çant. On leur montrera encore à écrire, comme
« aussi l'orthographe, l'arithmétique et la méthode
« de calculer avec des jetons et avec de la craye :
« ce qui pourra se faire tous les jours alternative-
« ment. Enfin on leur fera apprendre par cœur le
« grand catéchisme du diocèse, et le *Traité de la*
« *Prononciation et de l'Orthographe*, après le leur
« avoir fait transcrire, s'ils en ont le loisir (1). »

(1) *Méthode familière pour les Petites Écoles*, imprimée par ordre de Mgr l'évêque comte de Toul, à l'usage de son diocèse, 1739. Nous citons la 2ᵉ édition 1749, pages 121-122.

Le *Traité de la Prononciation et de l'Orthographe* dont il est ici question, est une sorte de grammaire élémentaire, assez complète, formant comme la seconde moitié du volume de la *Méthode Familière*, et venant par conséquent après les Devoirs des maîtres et maîtresses et la manière de bien enseigner. La pagination est différente. Il est divisé en trois parties : 1° Des lettres. 2° Des syllabes. 3° Des mots ou parties des discours. Il n'y a pas de syntaxe.

Nous n'avons pas à nous étendre davantage sur le programme de l'Enseignement primaire de cette époque. M. Allain, dans son chap. VI, art. III, a fort bien résumé tout ce qu'on en peut dire (1). Et quant à ce qu'il pouvait être en Lorraine et dans le Toulois en particulier, on le voit, il y a peu de différence d'avec les autres provinces de France.

En ce qui concerne la discipline et la méthode observées à l'école des filles de Trondes, nous

---

(1) M. Allain indique comme matières d'enseignement dans les anciennes petites écoles : la religion avec l'histoire sainte, la lecture, l'écriture avec l'orthographe, et le calcul élémentaire ; il faut ajouter çà et là quelques notions d'enseignement professionnel pour les garçons, et partout, dans les écoles de filles, les travaux manuels. Il observe les méthodes employées, les livres usités, etc., etc.

n'avons pas de document spécial qui nous permette de relever point par point la distribution du temps, les moyens d'émulation, les punitions et les récompenses, les congés, etc. (1).

Notre conviction est que M. Gueldé avait institué des règlements fort sages, lesquels étaient consciencieusement appliqués par les maîtresses si chrétiennes qu'il avait choisies. Ce qui est certain, c'est que l'école des garçons à Trondes, avait une discipline et des règlements qui pourraient servir de modèle. Or ils sont l'œuvre personnelle de M. Gueldé. Il est donc à croire que ce pasteur zélé qui avait fait de l'école des filles son œuvre par excellence, et qui s'en occupait avec tant d'intelligence et de dévouement sous tous les rapports, avait porté une attention spéciale sur les études, sur la méthode et la discipline, de sorte qu'il y eut peu de modifications sans doute à apporter lorsque le règlement des *Sœurs* de M. Va-

---

(1) Ceux qui auraient le désir de connaître dans les moindres détails le fonctionnement d'une école rurale en Lorraine au XVIIIe siècle, peuvent lire le Règlement promulgué par ordre de Mgr l'Évêque de Toul, en tête précisément de la *Méthode familière* (2e édition, 1749.) Il devait être affiché dans toutes les écoles de garçons et de filles, « et lu de « temps en temps en leur présence, pour y être observé. » Nous le donnons en entier aux *Pièces Justificatives, pièce N*

telot fut mis en vigueur, ainsi que nous le dirons plus tard. Peut-être était-ce déjà le même Règlement.

Aussi, comme résultat, nous pourrions mettre avec confiance, en regard du tableau qui constatait, au commencement du XVIII° siècle, le nombre trop considérable des personnes de Trondes ne sachant pas signer, un autre tableau plus consolant.

En 1720, c'est-à-dire, environ quinze ans après le premier établissement de l'école des filles, sur vingt-quatre actes de baptêmes et mariages, il n'y a plus que six filles ou femmes qui n'ont su signer. Encore faut-il, pour être tout à fait exact, défalquer le nom de deux ou trois marraines âgées et qui n'ont pu évidemment profiter des écoles.

En 1730, en 1740, en 1750, la proportion est à peu près la même, sauf que le chiffre des ignorantes tend toujours à baisser.

En 1760, 3 marraines sur 41 ; en 1770, 2 sur 31 ; en 1780, 4 sur 33 ; enfin en 1789, 4 aussi sur 34, déclarent ne savoir signer.

Il serait superflu de relever une par une toutes les années du siècle ; la moyenne que nous indiquons offre des différences assez frappantes d'avec celle marquée plus haut. Nous avons patiemment compulsé les registres des baptêmes, mariages et sépultures de Trondes. Au résumé, les hommes et les garçons savent presque tous signer et les femmes qui en sont incapables deviennent de plus en plus rares. Nous avons attentivement observé les noms des personnes étrangères à la paroisse, ainsi que les noms qui se trouvent répétés, parce que la même personne, par exemple, a été marraine plusieurs fois, et aussi les noms des personnes, nous l'avons dit, très âgées, et qui n'ont point fréquenté les écoles.

On dira : des signatures sont un maigre résultat. Il faudrait à l'aide des faits ou des institutions, établir que les esprits s'élevaient, et atteignaient un certain niveau, grâce à l'instruction reçue dans les écoles. Quel témoignage ne serait-ce pas, par exemple, qu'une liste d'habitants de Trondes, à diverses dates, s'étant signalés dans le pays par leur influence, par leurs fonctions, ou par des services rendus, comme cet Etienne Chénot, dont nous avons parlé et qui fit en 1723, si bonne figure devant Messieurs du Parlement de Metz ? Quelle preuve irrécusable ce serait si l'on parvenait à montrer que réellement, grâce aux écoles, la vie intellectuelle, morale, civile et religieuse, avait pris à Trondes, un certain essor !

Mais d'abord, ne l'oublions pas, il ne s'agit ici

que d'une localité si modeste qu'elle compte six cents âmes, et précisément nous avons voulu étudier l'École au village. Ensuite qu'on veuille bien parcourir le chapitre suivant : peut-être paraîtra-t-il pouvoir servir à la démonstration demandée.

CHAPITRE IV

CONDITION DES ANCIENS MAITRES ET MAITRESSES D'ÉCOLE DE TRONDES

Leur participation aux Œuvres paroissiales (Ouvroirs — Assemblées du dimanche — Bibliothèque — Congrégations. — Confrérie de la charité — Charges diverses), — leur role dans les affaires temporelles de la commune ou dans les affaires personnelles des habitants — influence dont ils jouissent
Liste et histoire des maitres et maitresses d'école de Trondes de 1700 à 1789.

Les siècles, en changeant les conditions de la vie matérielle et sociale d'un peuple, amènent nécessairement des modifications, et parfois très considérables, dans le plan général de l'instruction nationale. Pour être utile aujourd'hui, il semble que l'enseignement populaire doive être étendu à toutes les branches des connaissances humaines. Nous croyons cependant qu'un enseignement, mis en harmonie, il est vrai, avec l'âge des enfants et avec les justes exigences du milieu où ils doivent vivre, peut, tout en étant très simple, suffire à la généralité des écoles, et qu'un plan d'études fort modeste, a chance de faire grand bien à la campagne.

Mais ce qui, dans toutes les écoles du pays, n'importe l'époque et le milieu, devrait toujours se produire, c'est une légitime influence de la part des maîtres et des maîtresses sur les enfants et sur les familles. Leur mission d'éducateurs, les qualités qu'elle exige, ce n'est pas assez dire, les vertus qu'elle impose, l'autorité par conséquent et la considération dont les maîtres et les maîtresses sont appelés à jouir, tout cela leur assigne un rôle important dans une commune. C'est ce que nous voulons mettre en relief dans ce chapitre, en racontant ce qui avait lieu du temps de M. Gueldé et de ses successeurs, et ce qui montrera du même coup les résultats de l'école dans le village de Tiondes au XVIIIe siècle.

Commençons par les écoles des filles.

OUVROIRS

« La maîtresse d'école pourra tenir, si M. le
« curé le juge à propos, pendant l'hyver, dans son

« école, l'ouvroir des filles et femmes où elle prési-
« dera, et fera observer les règles marquées pour
« les ouvroirs. » (1)

A Trondes, quand arrivait la saison morte, les femmes et les filles se rendaient à la salle d'école, le soir. C'est ce qu'on nommait la *Veillée*. Usage toulois et lorrain, si communément répandu, qu'il a été l'objet d'une sorte de réglementation de la part de l'autorité diocésaine. « *L'exercice de la* « *veille* doit être inviolablement observé dans les « ouvroirs que MM. les curés pourront permettre « aux femmes et aux filles de leurs paroisses... La « lectrice fera le catéchisme ; elle interrogera pre- « mièrement les petites filles qui vont à l'école « (art. VI)... La lectrice ou une de ses compagnes « lira deux ou trois articles du petit livre des *De-* « *voirs des femmes et des filles*, imprimé à Toul, et « que M. le curé leur aura donné, et si l'une ou « l'autre des maîtresses d'école s'y rencontre, ce « qu'elles feront le plus assidûment qu'elles pour- « ront, elle expliquera ces deux ou trois articles « familièrement et en peu de mots » (art. XI) (2).

(1) Acte de donation, article 5.
(2) Règlement très curieux, très complet, en 18 articles, imprimé à Toul, par ordre de Monseigneur, chez Alexis Laurent, imprimeur de l'Evêché, — cité par M. Maggiolo, *Inventaire des Écoles*, page 240.

On y chantait des cantiques. Pendant quelques moments même, on gardait le silence. Les lectures pieuses et les prières qui se font encore aujourd'hui, à la *villée*, dans de certaines familles de villages toulois, ne sont-elles pas des vestiges de l'ancienne coutume?

Il ne faut pas confondre cet exercice de la veille ainsi réglé et pratiqué, avec ce que l'on appelait alors « Ecrins, poeles et assemblées nocturnes, aussi ouvrois », et qui, originairement, venaient de ce que l'économie des gens de la campagne s'accommodait mieux de « filer ou tricoter plusieurs ensemble avec une seule lampe. » Ces assemblées nocturnes étaient sujettes à bien des inconvénients : parfois elles devenaient tout à fait profanes, licencieuses même, et les évêques interviennent pour les condamner ou ne les autoriser qu'à de certaines conditions : ils ne cessent, soit d'en signaler les périls et les abus, soit de flétrir et de punir les scandales mêmes qu'elles occasionnent (1).

(1) Mgr de Billy. Ordonn. synodales, 1690-1702. — Mgr de Camilly, 1717, s'étend sur ce point en neuf articles (II-X inclusiv.) — « Il Nous défendons à tous les curés et « vicaires de permettre ou tolérer pendant l'hyver, les as- « semblées nocturnes des femmes et filles, à moins qu'ils ne

A Trondes, la maîtresse d'école était « cette « personne sage et vertueuse, choisie par le pas- « teur, pour présider à l'assemblée. Elle prenait garde qu'il ne s'y passât rien contre l'honnêteté et la bienséance. Elle observait les exercices, et comme M. Gueldé était l'un de « ces curés pieux « et zélés du diocèse qui ont le secret de sanctifier « les assemblées » (1), elle suivait en tout ses avis. On ne voit pas qu'il y ait eu à Trondes aucun désordre grave. M. Gueldé publiait tous les ans au prône, le dimanche dans l'octave de la Toussaint, le règlement de l'ordonnance épiscopale, et il avait l'œil à ce que tout fût bien observé. Ainsi il n'était pas besoin de recourir « aux juges du lieu, pour punir les garçons ou « jeunes hommes » : ils n'y commettaient aucun trouble.

« soient assurés par les précautions qu'ils prendront que les
« jeunes hommes mariés et les garçons n'y seront jamais
« reçus ; que la médisance n'y règnera point ; que l'on n'y
« chantera point de chansons déshonnêtes ; que les filles n'y
« iront et ne retourneront chez elles qu'en la compagnie de
« leurs mères ou de quelque femme sage et vertueuse... IV.
« Il y a dans le diocèse des curés pieux et zélés, qui ont le
« secret de sanctifier les assemblées nocturnes des femmes
« et des filles, par les exercices qui s'y font. On y fait la
« prière et de saintes lectures... »

(1) Ordonn. synod. 1717, ch. IV.

ASSEMBLÉES DU DIMANCHE.

Les assemblées du dimanche ne ressemblent en rien aux précédentes, où l'on a pour principal objet de travailler en commun. Le dimanche, on se réunit pour s'instruire et pour prier.

Et c'est ici encore une tendance à mettre la maîtresse d'école à la tête des femmes et des filles, pour tout ce qui concerne non seulement l'instruction, mais aussi l'éducation et la moralisation. Nous constaterons qu'il en est de même pour le maître d'école par rapport aux jeunes gens et aux hommes : de sorte que l'on peut voir déjà posé, à cette époque, et résolu bien souvent sans bruit, le problème assez complexe de ce que nous nommons aujourd'hui Patronages, Cercles, etc...

« La maîtresse assemblera toutes les femmes et
« filles, les fêtes et dimanches, dans l'*école*, à midi,
« pour faire les instructions convenables audit
« sexe, au cas que M. le curé ne voulût faire la-
« dite instruction, et après l'oraison *Sancta Maria*
« que les filles de la congrégation ont coutume de
« dire, la maîtresse dira alternativement un *De
« profundis*, pour les bienfaiteurs de l'école, avec
« l'oraison *Deus veniæ largitor*, marqué dans le *Bon
« Paroissien*, aux vêpres des morts, et ensuite le

« *Requiescant in pace*, auquel on répondra : « *Amen !* » (1)

La part était faite grande et belle à la maîtresse d'école de 1715, puisqu'elle pouvait rassembler les femmes et les filles de la paroisse, les présider, leur parler, leur faire des instructions, et agir presque avec une sorte d'autorité religieuse.

Pour préparer ces instructions, pour enrichir son esprit et faire ample moisson de sages conseils, des livres étaient mis à la disposition de la maîtresse d'école, et par son intermédiaire, pouvaient aussi être confiés aux femmes et aux filles. C'était la bibliothèque de l'école des filles de Trondes. Le mot n'est point prétentieux, car il correspond aux faits.

BIBLIOTHÈQUE DE L'ÉCOLE DES FILLES DE TRONDES.

La bibliothèque se composait d'une soixantaine de volumes. Tous ces volumes étaient marqués à

(1) A Lagney, paroisse voisine de Trondes, les sœurs maîtresses d'école, vers 1743, président aussi, en l'absence de M. le curé, les assemblées des femmes et filles membres de la Confrérie de la sainte Vierge, qui se tiennent, à midi, à la salle d'école des filles. On y fait tantôt une lecture, tantôt une instruction et tantôt le catéchisme. (*Archives paroissiales de Lagney.*)

la première feuille comme appartenant à l'école, et enfermés dans l'armoire de l'école.

La bibliothèque avait son règlement.

« Les livres ne seront point prêtés à qui que ce
« soit : de quoi je charge la conscience des maî-
« tresses. On pourra seulement permettre aux
« filles de les venir lire à l'école, les fêtes et di-
« manches, et si la maîtresse d'école juge à pro-
« pos d'en distribuer aux ouvroirs, elle aura soin
« de les retirer sitôt que les ouvroirs seront finis.
« Elle aura une liste des livres qui sera signée des
« exécuteurs de mon testament et du sieur curé
« de Trondes, qu'elle pourra représenter tous les
« ans avec lesdits livres, au sieur curé de Trondes,
« pour voir s'ils ne se perdent point. » (1)

Par là, M. Gueldé veut « faciliter aux maîtresses
« d'école les instructions qu'elles doivent faire
« aux femmes et aux filles, tant aux ouvroirs
« qu'aux assemblées des fêtes et dimanches dans
« l'école. » (2)

(1) Testament de M. Gueldé
(2) Heureuse et utile pensée ! On a ici la preuve que long-temps avant ce siècle, on cherchait à éclairer, à récréer les gens de la campagne, et de plus, que le clergé a toujours eu l'intuition des vrais besoins de l'intelligence et du cœur Voici un autre témoignage recueilli dans un village proche voisin de Trondes.

Suit la liste des livres. Si les rayons de la bibliothèque ne sont ni très nombreux ni bien fournis, et s'ils ne se sont pas beaucoup enrichis dans la suite, du moins en avait-on grand soin. Nous avons vu que le catalogue était représenté à chaque entrée et sortie des maîtresses pour voir s'il ne s'était pas perdu de livre.

Voici, par exemple, le mémoire des livres trouvés à l'école des filles de Trondes, en 1752 et en

---

Le curé Varnerot, à cette même époque (1731), donne par testament à la Charité établie à Lucey, « le *Traité* et la « *Pharmacopée* de Sémery, le *Médecin des pauvres*, tous les « manuscrits, qui se trouveront parmi mes livres sur cette « matière, ... à condition que les dits livres et manuscrits « seront enfermés dans une armoire que l'on placera chez « la supérieure de ladite Charité, qu'on les conservera soi- « gneusement, qu'on ne les prêtera pas à qui que ce soit, « pour les emporter hors de la maison, afin d'en empêcher « la perte. Et comme un des plus grands biens qu'on puisse « procurer à une paroisse est de contribuer à y faire régner « la paix et la justice, je donne encore à ladite Charité trois « autres livres qui pourront être de quelque utilité pour em- « pêcher les procès et les injustices. Le premier est la « *Science des Notaires*, en deux tomes in-4°. Le second est le « *Praticien français*, in-4°. Le troisième est l'*Arbitre chari-* « *table*. On pourra consulter ces trois livres dans le besoin, « mais on ne les prêtera jamais à personne pour les empor- « ter, sinon à M. le curé, qui aura la bonté de les remettre « à leur place, quand on s'en sera servi.
(*Testament de M. Claude Varnerot*, du 23 avril 1731. *Archives paroissiales de Lucey*.)

1775. A vingt-cinq et à cinquante ans d'intervalle, il est, à peu de chose près, identique au catalogue même du testament (1).

« *Vingt-trois tomes*, y compris l'explication des *Pseaumes* marqués à part sur le testament. La *Sagesse* manque.

« Mons¹ Huré en quatre tomes, sur le *Nouveau Testament*.

« L'*Ancien Testament*, de Mons¹ Varnerot.

« *Les mœurs des chrétiens*, de M¹ Fleury.

« *Le catéchisme de Montpellier,* deux tomes.

« *Le gros catéchisme de Toul.*

« Celui de *Meaux.*

« Celui d'*Agen.*

« Trois tomes des *Essais de morale.*

« Deux tomes de *Grenade.*

« *Le bon laboureur.*

« *La famille sainte.*

---

(1) « M. le Curé m'a remis les livres énoncés d'autre part, « et de plus une *Semaine sainte*, l'*Histoire de la vie et de la* « *mort du frère Palémon, Instruction des jeunes filles*. On n'a « pas trouvé à la mort de sœur Marie, l'*Education des filles,* « le *Pédagogue chrétien*, ni tous les cantiques. A Trondes, ce « 15 mai 1752, Jeanne Noel. » — «Les livres énoncés d'autre « part, à la réserve de ceux qui, pour ne s'être pas trou- « vés (?) m'ont été mis en main. A Trondes, ce 23 janvier « 1775. Sœur M. Chrétien. »

« *L'Education des filles*, répétée dans le testament. Ne se trouve point. On trouve *Instructions de la jeunesse* à la place.

« *Introduction à la vie dévote*.

« *Les sages entretiens*;

« *Réflexions chrétiennes* sur les plus importantes vérités du salut en forme de méditations. Ne se trouve point.

« *Règles chrétiennes pour faire saintement toutes les actions*.

« *Entretiens sur la sanctification des fêtes et des dimanches*.

« *Avis salutaires aux pères et aux mères*.

« *Le Petit Pédagogue chrétien* ne se trouve point.

« Tous les *Cantiques* ne se trouvent point.

« *Le Combat spirituel*.

« *L'Imitation de Jésus-Christ*.

« *Les figures de la Bible*.

« *Le bouquet sacré*.

« *Les tableaux de la Pénitence*.

« *La vie du Père Joyeuse*.

« *Les vies des Pères du Désert*, trois tomes.

« *Le martyrologe*, en un tome.

« Marie-Anne CALLOT. »

Tout ce que nous venons de dire montre combien la religion pénétrait profondément les usages, les règles et les institutions se rattachant de près ou de loin à l'école. Ce qui ressort non moins clairement, c'est que ces pratiques environnaient d'estime, de confiance, l'autorité des maîtres et des maîtresses, et leur donnaient une influence incontestable.

Nous ne voudrions pas, nous qui aimons beaucoup le siècle où Dieu a permis que s'écoulât notre vie, et où tant de choses peuvent être admirées, non, certes, nous ne voudrions pas excéder dans un certain sentiment de respect pour le passé. Si nous plaidions la supériorité en tout des maîtres et maîtresses d'école du xviiie siècle sur ceux du xixe, nous serions dans le faux. Mais ceux qui affirment que « le maître d'école du xviiie siècle était un « fort petit personnage à côté de notre instituteur « qui est en train d'éclipser toutes les autorités « locales, et qui prend de jour en jour une cons- « cience plus nette de son importance et de sa « dignité professionelle, » ceux-là le disent-ils avec une conviction absolue ? Plusieurs historiens de l'école primaire ont apporté des faits concluants en faveur des anciens maîtres. Il est impossible de lire le chapitre de M. l'abbé Allain, sur la *Condition des Maîtres des Petites Ecoles sous l'Ancien Régime*, sans qu'il ne résulte, comme désormais acquis et inébranlable, ce point que les maîtres du xviiie siècle, à la campagne, jouissaient généralement èt d'une certaine aisance et d'une grande considération.

Voici des faits de l'ordre religieux et civil, concernant la paroisse de Trondes, et qui tendent à corroborer cette vérité historique.

CONGRÉGATIONS

Deux congrégations pieuses étaient établies dans l'église de Trondes, l'une pour les jeunes garçons, l'autre pour les jeunes filles. Or, dans les deux, la première dignité est dévolue aux maîtres et aux maîtresses d'école.

« C'est à une mission prêchée en 1714 par le
« supérieur des Missions de Toul, le s^r Barail, »
écrit M. Gueldé, « que l'une et l'autre congréga-
« tion doivent leur établissement. Celle des filles
« fut formée en la dite mission : celle des garçons
« le fut quelque temps après ; et on ne peut
« douter que les pasteurs zélés de la dite paroisse
« ne puissent se servir utilement de ces congréga-
« tions pour retenir la jeunesse dans son devoir
« et l'exciter à la vertu. C'est pour ce sujet qu'on
« a mis ici les règles de l'une et de l'autre, quoi

« qu'on les puisse trouver dans les Registres des
« dites Congrégations et où sont écrits ceux qui
« en sont. »

Nous n'avons plus l'exemplaire des registres dont il est parlé dans cette sorte de Préface; celui des archives du presbytère, pour les garçons du moins, a fort heureusement échappé à la ruine. Rien de plus pratique, de plus précis, à la fois de plus élevé et de plus simple, et de mieux approprié aux enfants de la campagne. Les défauts y sont pris sur le vif, peints d'après nature; plusieurs détails offrent des traits de mœurs assez curieux. On pourrait encore aujourd'hui proposer, en partie, ce code excellent comme modèle pour les œuvres de jeunesse à la campagne (1).

Le préfet de la congrégation des garçons sera toujours le maître d'école (art. 29). — C'est à la maison d'école que tous les dimanches et fêtes les congréganistes s'assembleront à midi pour entendre « pendant un bon quart d'heure ou une petite « demi-heure » une pieuse lecture (2) et pour de là à l'église chanter devant le grand autel les litanies

---

(1) *Pièces justificatives, Pièce O.*
(2) M. Gueldé demeura jusqu'à la fin de sa vie préoccupé de fournir quelques bons livres aussi aux garçons. Il en parle encore dans son Testament.

du Saint Nom de Jésus. — Le maître d'école, en sa qualité de préfet, à défaut de M. le curé, préside l'exercice (art. 15). Il le préside même à l'église. Le jour de la fête principale de la Congrégation, qui est la fête de la Circoncision et du saint Nom de Jésus, il lit tout haut au balustre les noms des congréganistes. Il récite, tous étant à genoux et ayant leurs cierges allumés, la *Protestation* ou *Consécration*, et à la fin des Litanies, à défaut de M. le curé, il chante l'oraison (art. 20). Si quelqu'un fait une faute scandaleuse, c'est le maître d'école qui le doit reprendre, « seul à seul, selon « les règles de l'Evangile, ou, s'il ne se corrige, « devant deux ou trois autres, et s'il demeure « incorrigible, il le dénoncera à M. le curé. » (art. 24.)

La maîtresse d'école jouissait dans la Congrégation des filles érigée sous le titre de l'Immaculée Conception des mêmes prérogatives que le maître d'école dans la Congrégation du Saint Nom de Jésus. Son influence, nous l'avons vu, s'étendait même au delà du cercle des jeunes filles, et allait atteindre les femmes mariées. Il est regrettable encore que nous ne possédions pas le règlement spécial à la Congrégation des filles.

M. Gueldé soigna toujours comme la prunelle

de ses yeux ces deux Congrégations pour les filles et pour les garçons, souvenir d'une belle et fructueuse mission, rempart de la piété et espérance de l'avenir. Dans son testament, il les nomme avant toute autre portion de son cher troupeau.

Inutile de nous appesantir sur ce point : la tendance à assimiler le maître d'école à un clerc et à lui faire remplir les fonctions de ce que, dans le langage ecclésiastique, on appelle les *Ordres mineurs*, était générale avant 1789. Notre siècle, nous l'avons remarqué, a réagi contre ces habitudes, et avec une force telle que l'instituteur, d'après la loi, possède vis-à-vis du curé une pleine indépendance. Si, par suite d'habitudes locales invétérées ou de convenances personnelles, quelque reste de l'ancien ordre de choses s'aperçoit encore çà et là, il n'y faut voir qu'une tolérance administrative. En droit, comme en fait, le maître d'école reste dégagé, affranchi de tout lien religieux. Il est *hors tutelle*.

L'histoire toutefois et l'expérience, ne cessons de le répéter, attestent que le maître ou régent d'école, occupant dans le chœur une stalle vis-à-vis M. le curé, et apparaissant aux yeux des populations chrétiennes, aux yeux des enfants, le premier en tout après le curé (1), acquérait, par cela seul, une influence et un prestige d'une nature particulière. Son autorité comme éducateur et instituteur, nous ne le dirons jamais trop, loin d'en être amoindrie, en était rehaussée. C'était avec un respect religieux aussi que ses paroles étaient reçues, comme du temps où la conviction et l'obéissance s'obtenaient par ce seul mot : « le Maître l'a dit ! »

RÔLE DES MAITRES ET MAITRESSES D'ÉCOLE DANS LES AFFAIRES TEMPORELLES DE LA COMMUNE OU DANS LES AFFAIRES PERSONNELLES DES HABITANTS DE TRONDES. CONSIDÉRATION ET INFLUENCE DONT ILS JOUISSENT.

Encore ici, nous n'avons guère qu'à reproduire, presque mot pour mot, en mettant des noms et des dates, ce que M. Allain a si excellemment dit à la fin de son chapitre intitulé : *De la Condition des*

---

(1) L'assemblée générale du clergé de France de 1685, avait décidé que « les maîtres d'école revêtus de leurs surplis « seraient encensés dans les églises, et recevraient les hon- « neurs avant les juges et les seigneurs des paroisses eux- « mêmes » (Collection des Procès-verbaux du Clergé, t. V, page 602-603, cité par M. Allain, page 143).

maîtres sous l'Ancien Régime (1). Car ce qui se passait dans beaucoup de villages en France, avait lieu dans le Toulois et en particulier à Trondes.

Non, les régents n'étaient, d'une manière générale, ni ridicules, ni méprisés, ni traités comme des valets par les assemblées paroissiales, ni en butte à toutes les vexations, ni renvoyés sans motifs. Précisément, parce qu'ils possédaient quelque science, ils étaient honorés. Témoins obligés des actes principaux de la vie religieuse, baptêmes, mariages, sépultures, par là même, ils entraient dans l'intimité des familles. Ils étaient en relations constantes avec les autorités du village. La Communauté les élisait quelquefois pour tabellions ou greffiers. Les seigneurs du lieu se montraient souvent pour eux pleins de bienveillance. De très honorables familles les demandent pour parrains de leurs enfants. Ils entrent, par le mariage de leurs propres enfants, dans les maisons les meilleures. Toute la paroisse, lorsque le régent plaisait aux parents, se tenait attentive aussi à lui plaire. On le consultait, on l'écoutait, on l'invitait aux repas des grands jours ; sa mort devient parfois un deuil public (2).

(1) Page 143 et seq. 147.
(2) « La mort de cet homme de bien était un deuil pu-
« blic ; sa tombe avait, comme celle des pasteurs, une place

Les maîtres d'école de Trondes, en effet, rédigent les actes de baptêmes, mariages et sépultures, quand M. le curé le leur demande. Ils les signent toujours comme témoins : leur écriture est très lisible, belle même. Ils sont priés souvent de servir de parrains. Leurs femmes surtout sont sollicitées d'être marraines, et le parrain qui a l'honneur de les conduire, compte parmi les notables. Tous sont mariés. Ils contractent des alliances avec des familles aisées et influentes. Etienne Bogeot, fils de Jacques Bogeot, maître d'école (1676-1690), épouse Marguerite Vanier, fille de Nicolas Vanier, dit la Roche, maire de Trondes. Avant lui, la fille d'Abraham Vivier, maître d'école (1663-1676), épouse Claude Lagravière, et les Lagravière étaient l'une des familles les plus importantes à cette époque dans la commune. Didier Régnier, qui succède à Bogeot, avait épousé, en premières noces, Charlotte Christophe. Par sa seconde femme, Elisabeth Pernot, il se trouve allié, à Trondes avec la famille d'un ancien maire, et à Toul avec la famille Cambray, laquelle se distingua dans l'Eglise et au

---

« réservée dans le cimetière ou même dans l'église, et nous
« avons trouvé dans les actes de sépulture, de véritables
« oraisons funèbres qu'on ne peut lire sans émotion. »
(M. L. Merlet, cité par M. Allain, page 145).

barreau. Au mariage de Didier Régnier, célébré le 23 octobre 1691, assistent et signent comme témoins, le sr Bernard Hutot, « trésorier de « France, capitaine prévôt et gruyer de la Prévôté « et officier de Foug, » et le sr Bernard de Sugny, gentilhomme et intendant aux fermes du Roy. Lorsque les régents de Trondes quittent l'école, ou bien ils reçoivent l'emploi de tabellion, garde-notes, notaire, greffier royal ou seigneurial, ou bien ils cultivent un gagnage.

Sauf deux ou trois, tous les autres finissent leurs jours à Trondes, dans une situation tranquille et honorée. Ils donnaient l'exemple de la religion et des bonnes mœurs, et savaient élever une famille nombreuse. Jacques Bogeot eut cinq enfants pour le moins, et l'un de ses fils en eut 8, une de ses filles 5, et l'un de ses petits-fils, 12. Didier Régnier et Husson, avant eux Dapernet, n'en ont que un ou deux inscrits sur les registres, mais c'est qu'ils ne séjournèrent pas plus de trois ans à Trondes. François Raulot en eut 4, Dominique Guillemin 4, Claude Morizot 8, Charles Bouchon 9, Jean-Baptiste Ménil 9. Ils meurent dans les sentiments d'une piété véritable, fortifiés par les sacrements de la sainte Église, après avoir joui de la confiance de leurs curés et de l'estime de toute la commune.

Ces faits, puisés aux sources les plus authentiques, nous font pénétrer dans le sein de la vie domestique des maîtres d'écoles, à la campagne, et valent mieux que de belles considérations.

Quant aux maîtresses d'école, il est superflu de remarquer qu'au point de vue communal, elles ne pouvaient jouer aucun rôle extérieur ; mais leur influence et le respect dont elles sont entourées ne peuvent guère être contestés.

D'abord, comment ne pas leur attribuer une assez large part dans la formation des consciences parmi les filles et les femmes de la paroisse ? Grâce à leur enseignement scolaire et catéchistique, à leurs bons conseils et aussi à leurs exemples, des habitudes excellentes s'établissaient, se maintenaient par rapport à la pratique des vertus qui doivent distinguer la jeune fille sage et la vraie mère de famille.

Il y a plus : les maîtresses d'école de Trondes ne sont certainement pas restées étrangères à l'éclosion et à l'épanouissement de plusieurs vocations. La paroisse fournit en effet son contingent à cette armée vaillante d'institutrices et de religieuses que la Providence appelait, en nombre de plus en plus grand, à instruire les campagnes. Nous citerons, en particulier, sœur Jeanne Le Vacq, maîtresse d'école à Mursaux, pendant quarante-cinq ans.

9

Nous ne résistons pas au plaisir de lui consacrer ici quelques lignes. D'abord, elle était née à Trondes, et ensuite, son exemple vient fortifier précisément les réflexions qui précèdent.

Née le 26 mai 1756, et baptisée le même jour selon la pieuse coutume du temps, Jeanne arrivait la dixième dans une famille qui compta pour le moins onze enfants.

Son père, Joseph Le Vacq, était un brave ouvrier maréchal, originaire de Ligny-en-Barrois, fils d'Adam Le Vacq et de Françoise André. Il avait vingt-deux ans, lorsqu'il vint s'établir à Trondes en épousant, le 12 janvier 1740, Jeanne Chénot, fille de Didier Chénot et d'Anne Chénot, âgée de vingt-quatre ans, et appartenant à l'une des familles de Trondes les plus anciennes et les plus respectées.

Laborieux, jouissant d'une santé robuste, profondément honnêtes et animés de la foi vive des vieux siècles, Joseph Le Vacq et Jeanne Chénot furent bénis dans leur union, et la Providence leur accorda, au milieu d'épreuves pénibles, — aucune vie n'en manque jamais — une heureuse fécondité. Si cinq de leurs enfants, Joseph, Antoine, Elophe, Paul et Rose, moururent en bas-âge, six autres atteignirent la maturité, et firent honneur à leurs parents. Ceux-ci les avaient élevés dans la crainte de Dieu, dans le respect du prochain et d'eux-mêmes. Plusieurs contractèrent alliance dans les maisons les mieux établies de Trondes, et eurent eux-mêmes une nombreuse postérité. Le curé Conrad, qui gouverna la paroisse durant cinquante-huit ans, de 1737 à 1795, prêtre remarquable par son intelligence des affaires, par sa vie régulière et par son courage pendant la Révolution, maria, en 1764, son neveu Antoine Bréhant, avec Marguerite Le Vacq, l'une des filles de Joseph. Les Le Vacq, par Etienne, maréchal comme son père, ont fait souche à Trondes, et le nom, aujourd'hui encore est honorablement porté (1).

Jeanne, la dixième enfant de Joseph Le Vacq et de Jeanne Chénot, se fit remarquer, dès sa plus tendre jeunesse, par la vivacité et en même temps par la gravité de son caractère, par sa piété et par son bon cœur. Vers sa vingtième année, elle entra

---

(1) Les chefs de cette famille moururent très âgés, la mère, à l'âge de 78 ans, le 14 février 1793, et le père, à 83 ans, le 17 septembre 1801. Celui-ci, sans doute pour ne pas se trouver dans un sombre isolement durant les mauvais jours de la Révolution, s'était remarié le 21 février 1794, quoi qu'il eût alors 76 ans 4 mois, avec Anne Georgin, veuve aussi, âgée de 74 ans et qui mourut à 85 ans, le 19 février 1805.

à la Mère-École de Toul, pour devenir religieuse de la Congrégation de la Doctrine chrétienne, ou, comme on disait alors, des Sœurs Vatelottes. En 1779, pour la rentrée des classes, elle fut envoyée à Murvaux (1), où se fondait une école de filles (2). Elle avait vingt-trois ans.

Seule pour organiser la nouvelle école, toute jeune et n'étant qu'à ses débuts dans l'enseignement, elle sut conquérir pourtant, dès la première heure, le respect et l'estime de la paroisse entière. Elle s'acquittait si bien de ses fonctions, qu'elle fut conservée à son poste pendant quarante-cinq ans. La Révolution n'entama en elle rien de sa fidélité à la règle ou de sa vertu, et la confiance des familles à son égard se retrouva la même pour commencer le siècle, que dans celui qui venait de s'achever si douloureusement.

Sœur Jeanne Le Vacq mourut le 21 août 1826. Comme bien l'on pense, on lui fit de belles funérailles, et plusieurs de ses neveux de Troncles, de Jouy-sous-les-Côtes, de Lancuseville-derrière-Loug, eurent la consolation d'y assister. Par un

---

(1) Canton de Dun, département de la Meuse.
(2) *Archives de Murvaux*. (Délibération du dimanche 1ᵉʳ août 1779, et décision prise à l'unanimité : suivent une quarantaine de signatures).

testament fait un an auparavant, le 20 septembre 1825, elle légua à la commune de Murvaux, en faveur de l'école des filles, mais à l'usage exclusif des sœurs de la Doctrine qui se succéderaient après elle, d'abord une grande part de son mobilier, puis une somme de deux mille francs, et cela, dit-elle, « pour reconnaître la bonne amitié des « habitants et les services qu'ils m'ont rendus « depuis que je suis parmi eux. » (1)

Les gens de Murvaux, pour témoigner à leur bienfaitrice leur reconnaissance, lui élevèrent, sur une petite place, à côté de l'église, un monument véritable.

Construit en forme de pyramide et surmonté d'une croix, ce monument porte deux statues en pierre de grandeur naturelle, représentant, l'une la sœur d'école avec le costume de sa Congrégation tel qu'il était dans l'ancien temps, l'autre une petite fille qui fait la lecture devant sa maîtresse. Trois urnes funéraires sont disposées, l'une en haut placée sur le chapiteau de la colonne contre laquelle sont adossées les statues, les deux autres de chaque côté de l'inscription.

(1) Ibid. Testament de sœur Jeanne Le Vacq

Cette inscription pourrait sembler pompeuse : elle n'est que touchante :

« Ci-gît le corps de Jeanne Le Vacq, décédée « le 21 août 1826, à l'âge de 70 ans.

« Femme forte, modèle de son sexe, l'honneur « de sa Congrégation, maîtresse accomplie, qui « vit encore par ses œuvres.

« Voyez et imitez ! » (1)

On nous pardonnera sans doute cette courte digression au sujet d'une maîtresse d'école, native de Trondes, et qui, conformément à ce qu'elle avait vu et entendu raconter dans son village natal sur les bonnes sœurs, embrassa leur saint état et reproduisit dans sa propre vie leur admirable dévouement.

Voici, d'ailleurs, en l'honneur du village de Trondes, quelques remarques appuyées sur des faits et sur des chiffres incontestables ; car ces faits

---

(1) Le 27 août 1891, j'allai à Murvaux, curieux de voir par moi même cette sorte de mausolée. Ce ne fut pas sans une certaine émotion, je l'avoue, que je récitai ma prière devant la tombe de notre compatriote. J'interrogeai ensuite les traditions et les souvenirs, je recherchai les documents. Ils me furent communiqués avec une obligeance parfaite, et je pus constater, au cours de ma visite, combien la mémoire de sœur Jeanne Le Vacq, à Murvaux, demeure encore, malgré déjà soixante ans d'intervalle, vénérée et bénie.

et ces chiffres nous sont fournis par les Registres anciens des baptêmes, mariages et sépultures, témoins fidèles et irrécusables du passé.

Ces remarques ne nous écartent pas de notre sujet, car elles sont les prémisses d'une conclusion que nous tirerons en faveur des maîtres et des maîtresses d'école de Trondes ; elles sont un témoignage de leur heureuse influence dans la commune.

1. Durant tout le XVIIIe siècle, à Trondes, les familles qui comptent 6, 8, 10, 11, 12 enfants, sont en grand nombre. Aussi la population, qui avait tant souffert au XVIe et au XVIIe siècles, à cause des guerres et de toutes sortes de malheurs, s'accroît presque du double au XVIIIe siècle (1).

2. Malgré les travaux pénibles et les privations

---

(1) De 1600 à 1700, il y a 1100 naissances, (chiffre approximatif) (a) et de 1700 à 1800, il y en a 2560, (chiffre absolument exact), c'est-à-dire plus du double

Le nombre des décès n'atteint pas, il s'en faut, celui des naissances. De 1600 à 1700, il y a eu 600 morts (chiffre approximatif), — de 1700 à 1800, il y en a 2201 (chiffre exact) ; ce qui fait, en faveur des naissances, un excédant, pour le XVIIIe siècle, de 359.

(a) Les Registres paroissiaux ne remontent que jusqu'à 1667, et encore on devine çà et là des lacunes. Nous n'avions donc, pour opérer nos calculs sur le XVIIIe siècle, qu'un tiers du siècle, savoir la dernière période, qui embrasse 32 années, de 1667 à 1700. Or, dans l'espace de ces 32 ans, nous voyons relatés 361 baptêmes, et 187 décès. C'est pourquoi nous avons mis, pour tout le siècle les chiffres ronds de 1100 naissances et de 600 décès

A dater de 1700, les Registres sont complets et les chiffres rigoureusement exacts.

de tout genre que nécessite la condition de laboureur ou de vigneron, la durée moyenne de la vie à Trondes, pendant le xviiie siècle, atteint un maximum assez élevé. L'accomplissement de tous les devoirs de famille, au lieu d'épuiser la santé, paraît au contraire l'avoir affermie. Le sang, dans ces maisons patriarcales, était vigoureux. L'arbre montrait que sa sève était abondante et forte, en multipliant ses rameaux et en étendant au loin son ombrage. Les Actes paroissiaux nous révèlent maints exemples de parents ayant eu jusqu'à 8, 10, 12 enfants, et qui sont morts octogénaires. Nous avons fait le relevé exact des personnes qui, de 1731 à 1800, avaient vécu au-delà de 70, de 80 et même de 90 ans, et nous avons constaté, qu'en moyenne une personne sur dix atteignait l'âge de 70 ans. Nous en avons noté cinq qui étaient mortes presque centenaires. Chose excessivement rare sous notre climat! Le 30 mars 1683, est mort Jean Michel, âgé de *cent cinq ans*, et le 14 mars 1742 est mort Christophe Vanier, à l'âge de *cent dix ans!* (1)

---

(1) Ce Christophe Vanier, marié à Catherine Blaise, a eu pour le moins sept enfants, dont cinq garçons, et cela dans la période qui va de 1680 à 1699. (Il est très probable qu'il en a eu davantage, car, né en 1632, il a pu se marier à l'âge

3. A part les cas de mort subite, qui sont très rares, on peut dire d'après les Actes paroissiaux, que tous les adultes agonisants de Triondes reçoivent les sacrements de Pénitence, d'Eucharistie et d'Extrême-Onction ; que les mariages sont tous bénis par le prêtre, et même généralement les fiançailles, lesquelles étaient inscrites sur le Registre, avec signature des parties et des témoins ; et que les enfants étaient baptisés le jour même, ou au plus tard, le lendemain de leur naissance. Ainsi le commencement, le milieu, la fin de la vie étaient con-

de 25 ans, c'est-à-dire en 1657 ; or de 1657 à 1680, en vingt trois ans, il a pu avoir aussi plusieurs enfants Malheureusement, pour cette époque, les Registres paroissiaux ou n'existent pas, ou sont incomplets) Il était vigneron Il survécut de 24 ans à sa femme, morte le 16 mai 1718. Deux de ses fils en particulier, Nicolas Vanier et Joseph Vanier, vignerons comme leur père, eurent l'un 12, l'autre 11 enfants. Christophe Vanier, sur son lit de mort, a pu voir cinq enfants, vingt petits enfants, de vingt à trente neveux et une cinquantaine de cousins, en tout une centaine de proches parents

La pensée se reporte involontairement vers ces belles familles bibliques, dont l'historien sacré fit plus d'une fois l'éloge. Heureuses, quand, dans la suite des âges, elles ne démentent point le passé ! « *Erat vir ille simplex et rectus, ac* « *timens Deum, et recedens a malo, natique sunt ei septem filii* « *et tres filiæ ; eratque ille magnus* » (Job) « C'était un « homme simple, droit, craignant Dieu et s'éloignant du « mal et il lui naquit sept fils et trois filles. C'était un « homme dont on parlait dans tout le pays. . . »

sacrés par la religion. La religion allait de pair avec l'honnêteté, avec la fécondité et la stabilité des familles, ou plutôt elle en était la cause essentielle et durable.

4. Enfin, si l'on nous permet cette dernière observation, dans tout le cours du xviiie siècle, à Trondes, sur 2,560 naissances, il n'y en a eu que *onze* illégitimes (1).

Allons-nous prétendre que ces faits et ces chiffres relevés à l'avantage de Trondes et de l'ancien temps, sont une preuve péremptoire de la bonne éducation donnée par les maîtres et par les maîtresses d'école et conséquemment de l'heureuse influence qu'ils exerçaient ? L'honneur de la situation revient d'abord, évidemment, aux principes chrétiens, aux traditions de foi, aux sages exemples que les familles se léguaient comme un patrimoine sacré, et que les curés de la paroisse entretenaient avec zèle. Mais qui nous défendra de penser et d'écrire

---

(1) Encore faut-il dire que trois ou quatre, parmi les filles qui ont manqué à la vertu, étaient des étrangères. Les Actes sont d'une exactitude scrupuleuse là-dessus, prenant le soin *à chaque fois, sans exception,* de mettre le mot fils, fille « légitime », ou le contraire. Comme nous avions remarqué, aux actes de Baptême, 4 noms sur les 2650 où la qualification manquait, nous avons recherché si c'était à dessein ou par oubli. Les Registres de mariages nous ont immédiatement éclairé et rassuré.

que les dignes régents et les excellentes maîtresses d'école qui se sont succédé à Trondes, aient contribué, de leur côté, à ce résultat par leur enseignement, par leur influence et par leur conduite?

Si l'on veut bien se donner la peine de lire les notices suivantes, peut-être sera-t-on de plus en plus persuadé de la justesse de nos affirmations.

LISTE DES MAITRES ET MAITRESSES D'ÉCOLE DE TRONDES AVANT 1789.

Maîtres d'école.

1. *Abraham Vivier*, 1663-1676. — Nous eussions aimé faire remonter la série des maîtres au moins jusqu'à celui qui entra le premier dans la maison bâtie par messire Demenge Husson, en 1622. Mais les documents nous manquent.

Le premier dont nous ayons le nom dans les registres est Abraham Vivier (1). Il enseignait à Trondes dès avant 1663. Il exerçait, du même temps, l'office de tabellion. Il signe, en cette qualité, le 8 février 1663, le testament de Demenge Morot, qui fonda un obit de 2 messes hautes,

---

(1) Ou *Vinier*. D'après l'étude attentive des signatures et des actes nous préférons l'orthographe *Vivier*.

« l'une pour lui, l'autre pour sa femme, qui se
« diront à perpétuité le jour de la Saint Domi-
« nique et le lendemain. »

Sa signature se trouve à peu près à tous les actes de mariages et de baptêmes, entre 1667 et 1676. Il maria sa fille, Mengeon Vivier, à Claude Lagravière. Il mourut à Trondes, le 7 mars 1676, âgé de 66 ou 67 ans, et sa fille le 12 novembre 1681.

2. *Dapernet* signe de 1676 à 1679. — Nous n'avons sur lui aucune donnée. Le nom de Dapernet se retrouve plusieurs fois dans les actes vers cette époque et au commencement du xviiie siècle. Une Catherine ou Jeanne Dapernet épousa Nicolas Noel et en eut plusieurs enfants.

3. *Jacques Bogeot*, 1679-1690. — Les registres de Trondes signalent le nom de Jacques Bogeot, dès le 12 mars 1679. Le 5 mai 1680 est la date de la naissance de l'un de ses enfants. Il perdit cet enfant la même année, puis un autre en 1682. Sa femme s'appelait Frémine Mathieu. L'état de sa santé obligea Jacques Bogeot à se retirer. Il mourut le 8 août 1691. Les enfants qu'il laissa se marièrent plus tard avantageusement à Trondes même, y exerçant le métier de laboureur ou de vigneron. Les filles, dont l'une n'avait que sept ans à la mort de son père, et ses petites-filles ho-

noraient sa mémoire par leurs vertus, mais pas tout à fait par leur instruction. Jeanne, à 21 ans, ne sait pas signer (1708); Françoise, de même, en fait plusieurs fois la déclaration; *item*, Anne Bogeot, à 25 ans (1743). Nous avons dit que son fils Etienne Bogeot compta 8 enfants et l'un de ses petits-fils, 12.

4. *Didier Régnier*, 1690-1693, natif de Vignot (Meuse), vit mourir à Trondes, sa première femme, Charlotte Christophe, le 3 août 1691. Le 23 octobre de la même année, il se remariait de la façon brillante que nous avons dite avec Elisabeth Pernot. Le fils issu de ce second mariage mourut onze jours après sa naissance. Ces deux tombes ne parvinrent pas à fixer Didier Régnier à Trondes. Peut-être fut-il attiré vers la ville de Toul, par la parenté de sa femme. Il avait une très belle écriture.

5. *François Raulot*, 1693-1700. — Sa première signature est du 17 mars 1695, sa dernière du 12 avril 1700. Mais il est signalé en 1693. Marié à Nicole Pierrot, il en eut quatre garçons. L'aîné épousa Luce Geoffroy, et fut manouvrier à Trondes.

De tous les régents de Trondes, François Raulot est celui qui paraît le moins favorisé du côté de la fortune et des relations. Le nom, plus tard, s'écrivit Rollot ou Rolot. Nous retrouvons des Rolot dans les dernières années du siècle.

6. *Nicolas Husson*, 1700-1703. — Sa première signature est du 31 mai 1700, sa dernière du 16 avril 1703. Ses débuts furent attristés par le spectacle d'une épidémie qui sévit à Trondes, dans les fortes chaleurs de juillet et août 1700. En trois semaines, neuf personnes moururent, dont trois le même jour. La panique était telle qu'on les enterra immédiatement, sans attendre au lendemain (13 juillet 1700). Le 12, il y avait eu un décès. Il y en eut encore le 14, le 22, le 31, enfin le 2 août, la mère de M. Gueldé vint clore la série des victimes de ce choléra. On remarque que Nicolas Husson, fidèle à son poste, accompagne le prêtre aux funérailles et signe tous les actes de décès. Il reste peu de temps à l'école de Trondes. Sa femme, Anne Fréry, lui donne deux enfants, dans le court intervalle de trois ans. On retrouve plusieurs familles Fréry et Husson, à Trondes, dans le cours du xviie et du xviiie siècles.

7. *Dominique Guillemin*, 1703-1715. — Sa femme, Nicole Robert, était de Rogéville. Il en eut 4 enfants, 2 garçons et 2 filles. La première signature de D. Guillemin est du 26 mai 1703, (ce qui prouve qu'il n'y eut point de vacance dans

l'école, puisque la dernière signature du précédent maître est du 16 avril 1703). Il paraît bien que Dominique Guillemin dut beaucoup profiter à l'école de M. Gueldé. Ses meilleures années d'enseignement se passèrent sous la direction de ce sage pasteur.

8. *Joseph Noel*, 1715. — C'est lui qui signe en qualité de régent des écoles de Trondes (*écoles* au pluriel, il n'y en avait pourtant qu'une pour les garçons, celle des filles ne lui était en rien subordonnée), à l'acte par lequel M. Gueldé achève de fonder l'école des filles (14 août 1715).

Nous n'avons pas d'autres détails sur lui. Il resta très peu de temps.

9. *Claude Morizot*, 1717-1740. — Nous avons dit qu'il aimait et vénérait M. Gueldé. Il lui prodigua des marques d'estime et de dévouement, surtout dans sa longue maladie. Nous l'avons raconté aussi, M. Gueldé eut à cœur de ne pas l'oublier dans son testament. Claude Morizot eut une bien bonne femme, Lucie Claudin, et lui même nous apparaît comme un patriarche, donnant les meilleurs exemples à sa nombreuse famille. Il avait huit enfants. Sa dernière signature comme recteur d'école est du 21 avril 1740. Il mourut le 11 juin 1761, « âgé d'environ soixante-dix ans, » et Lucie

Claudin, sa femme, le 26 juin 1770, « âgée d'en-
« viron quatre-vingts ans, » tous deux après avoir
été confessés et avoir reçu les sacrements d'Eucharistie et d'Extrême-Onction. Ils avaient pour
gendres Nicolas Demange, laboureur, et François
Lagravière, vigneron. Tous leurs enfants d'ailleurs,
entrèrent dans des familles honorables et chrétiennes de Trondes.

10. *Claude Robert*, 1740-1746. — Il n'y eut pas
non plus d'intervalle. La première signature de
Claude Robert est du 18 mai 1740. Sa femme
s'appelait Françoise Marc. Elle fut marraine le
3 avril 1741, pour la famille Lagravière, et le parrain qui la conduit, est le maire, Claude Mercier.
C'est sans doute son père, Charles Robert, qui
meurt subitement le 25 janvier 1744, à l'âge d'environ soixante-quatre ans, après avoir reçu toutefois l'Extrême-Onction. Il avait deux frères, Antoine et Louis, établis à Liverdun et à Villey-Saint-
Etienne. L'un de ses neveux vint se marier à
Trondes, en 1757. Mais une mort prématurée
l'avait enlevé à son école dès le 28 mars 1746. Il
n'avait que quarante ans. Il quitta pieusement la
vie, ayant reçu avec dévotion tous les sacrements,
et il fut inhumé dans le cimetière de la paroisse.

11. *Charles Bouchon*, 1746-1752-1764. — Char-

les Bouchon ne parait pas avoir remplacé immédiatement Claude Robert : car sa première signature est seulement du 12 novembre 1746.

Plusieurs circonstances sont à remarquer pour lui. D'abord, c'est qu'il exerça les fonctions de régent d'école à deux reprises différentes, une première fois de 1746 à 1752 ; et, après un intervalle de dix années, pendant lesquelles il remplit l'office de greffier ou de tabellion, il reprit sa chaire de régent pendant un an environ, du 27 janvier 1763 au 25 janvier 1764.

Ensuite, il faut dire qu'il semble avoir été très considéré à Trondes. De toutes parts, on le demande pour être parrain dans les baptêmes ou témoin dans les mariages, et cela de la part des familles influentes.

Puis lui-même, il s'attachait à fonder une belle famille. Jeune, actif, plein de santé, il débuta comme recteur d'école vers l'âge de vingt-cinq ans. Veuf de Marguerite Bailly, à vingt-sept ans, il épousa en secondes noces, le 17 janvier 1747, une jeune fille de dix-neuf ans, Elisabeth Mercier, fille de l'ancien maire, Claude Mercier, et de Barbe Humbert. Il en eut neuf enfants. Malheureusement, six moururent presque aussitôt après leur naissance ; en particulier, les trois derniers, baptisés à la maison et morts immédiatement après, — deux étaient jumeaux — compromirent très fort la santé de leur mère. Elle mourut le 3 août 1765. Elle n'avait pas quarante ans. Les fils qui survécurent se marièrent dans les familles les plus honorables de Trondes.

Nous n'avons pu retrouver la date et l'acte de décès de Charles Bouchon.

12. *Jean Poirson*, 1753-1763. — Entre les deux périodes où exerça Charles Bouchon, se voit le nom de Jean Poirson, marié à Anne Moginot. Il avait amené avec lui à Trondes, son vieux père, lequel signe en même temps que son fils, dans quelques actes de sépulture, et mourut pieusement, âgé d'environ soixante-quatorze ans, et fut inhumé à Trondes, le 29 décembre 1758.

Nous ne savons de combien le fils lui survécut, ni combien d'enfants il laissa pour sa postérité. Sa dernière signature est du 3 novembre 1762.

Nous ne savons non plus à quel degré Jean Poirson était parent de Rose Poirson, femme de Nicolas Virly, ancien maire, laquelle mourut le 6 avril 1769, à l'âge environ de soixante-cinq ans. Son mari mourut en 1781, âgé de quatre-vingt-deux ans.

13. *Jean-Baptiste Ménil*, 1764-1787. — Jean-Baptiste Ménil, fils de François Ménil et de Marie Rouyer, avait eu le malheur déjà de perdre ses parents, lorsqu'il commença d'être régent. Il avait vingt-six ans. Sa première signature comme recteur d'école est du 22 février 1764. Il épousa, le 16 octobre de la même année, Hélène Remy, de Pagney-derrière-Barine, fille de Charles Remy et de défunte Marie Gilles. Elle avait vingt-et-un ans.

Les fonctions de recteur d'école semblent avoir été recherchées dans la famille des Ménil et des Remy. Le père l'était-il ? Peut-être, mais Antoine, le frère, tenait l'école de Vayer, Jean-Baptiste, celle de Trondes, et le beau-frère, Nicolas Remy, celle de Tréverey.

Jean-Baptiste Ménil, qui succéda directement à Charles Bouchon, en 1764, exerce son emploi pendant un an. Il l'interrompt durant quatre années. Est-il malade, est-il absent de Trondes ? Nous ne pouvons le dire. Nous le retrouvons le 5 mai 1768, et il continue très régulièrement pendant quinze ans jusqu'en 1783. Nouvelle interruption de huit mois, au bout desquels il reprend jusque vers le milieu de l'année 1787. Il vit la Révolution, mais il ne tenait plus l'école. Il mourut avant 1800, probablement vers 1798 (1). Sa femme mourut le 6 septembre 1791, munie des sacrements de l'Eglise, à l'âge de quarante-huit ans.

En 1793, le 26 janvier, Jean-Baptiste Ménil signe à un acte de décès, en qualité « de bon ami à la défunte ». Il porte le titre « d'ancien maître d'école, âgé de cinquante-quatre ans, demeurant à Trondes. » Le 20 janvier de la même année, il avait assisté au mariage de sa fille Anne-Rosalie.

Excellent père de famille, il eut neuf enfants. Quatre moururent en bas-âge. Ses trois filles, Anne-Rosalie, Rose-Hélène, et Marguerite, entrèrent dans les familles Desbœufs, Vanier et Chénot. La seconde, mariée pendant la Terreur, en 1794, devant l'officier civil, fit bénir son mariage en 1800 par un prêtre catholique. Un de ses fils, Nicolas, mourut à l'armée, et pour le dernier, Antoine, né le 10 décembre 1785, nous n'avons pu suivre ses traces.

14. *Jean-Baptiste Laurent*, occupa l'école pendant les années 1765-1766-1767 et la première moitié de 1768. Marié à Marie-Anne Mougeot, il en eut une fille, Marie-Rose, née le 23 janvier

(1) Nous n'avons pu retrouver son acte de décès. Peut-être est-il allé mourir chez un de ses enfants établi hors de Trondes.

1766. Sa première signature est du 30 mars 1765 et sa dernière du 10 mars 1768.

15. *Jean-Nicolas Aubry*, 1787-1793. — Nous touchons à la Révolution. Deux années à peine nous en séparent. Jean-Nicolas Aubry avait succédé à Jean-Baptiste Ménil, qui avait repris l'école de 1768 à 1787.

Il est trop évident que dans ces années d'agitation et de terreur, tout allait contrarier l'école. La persécution religieuse, les réquisitions incessantes d'hommes, de chevaux, de grains, de sel, de linge, de tout, les visites de gendarmes, les menaces du comité révolutionnaire du district, les corvées, les nouvelles extérieures aussi, et qui apportaient soit du reste de la France, soit du théâtre de la guerre, des sujets de désolation et d'alarme, toutes ces choses créaient, dans les villages jusque-là les plus paisibles, d'indicibles émotions. Comment tenir l'école au milieu de telles angoisses? La situation était pire qu'aux plus mauvais temps du Moyen-âge ou du XVIIe siècle. Ajoutez, pour ceux qui avaient des fonctions publiques, le péril de la dénonciation, glaive suspendu au-dessus des têtes et qui souvent tombait pour les trancher.

Le maître d'école de Trondes, Jean-Nicolas

Aubry, avait prêté tous les serments qu'on avait voulus. Il avait même obtenu un certificat de *civisme*. A la fin, il ne se sent plus aucun courage. Le 2 floréal, an IV de la République, il se retire à Lucey, son village natal. Le lendemain 3, les instances de la municipalité et des habitants le font revenir. Mais il se donne des airs d'Achille sous la tente, et il pose fièrement des conditions : « Pourvu, » dit-il, « qu'il ne soit troublé d'aucun « individu, sans quoi il renoncerait de nouveau. » Sa tranquillité dura peu. Le 18 prairial, M. Thiébaut, de Lucey, après avoir été maître d'école à Lucey, est accepté comme tel à Trondes, et Jean-Nicolas Aubry peut vaquer tranquillement au soin de son petit patrimoine, autant que les événements de cette période terrible le lui peuvent permettre.

Voici le certificat qui lui fut délivré le 10 ventôse, an III (1794). — « Nous, soussignés, maire « ..... certifions que le citoyen Jean-Nicolas Au-« bry, maître d'école de ladite Commune, s'est « constamment comporté depuis la Révolution, en « vrai patriote et bon républicain, ayant montré « le plus pur civisme dans toutes les circonstances, « ayant toujours exécuté les lois qui lui ont été « mises sous les yeux, dans l'observance des-

« quelles il a toujours concouru par son patrio-
« tisme ordinaire et régulier... »

Il y a probablement plus de complaisance que d'exactitude dans ces éloges. Cependant, Jean-Nicolas Aubry paraît avoir usé de cette habileté qui, en dépit souvent des principes, ne veut compromettre ni la situation ni les relations, et qui trouve parfois, — c'est son châtiment, du moins son épreuve, — toutes sortes de déconvenues. Selon la formule assez en usage à toutes les époques, c'est pour « cause de santé qu'il se retire,
« ayant accepté la dite charge par faiblesse et com-
« plaisance, et ne pouvant exercer ni continuer, à
« cause de ma faible santé, étant souvent indisposé
« pendant les fortes écoles, et dans la crainte que
« les enfants n'en souffrent trop... » (1)

Nous n'avons pas à le suivre dans sa retraite, ni à nous occuper de ses successeurs, François Thiébaut, Nicolas Poinsot et les autres. Notre étude s'arrête à la Révolution.

(1) (*Archives de Trondes, Registre des délibérations municipales, pages 171-178*).

Maîtresses d'école.

1704-1708. *Claudine Clément* inaugura l'école des filles fondée par M. Gueldé en 1704. Peut-être même avait-elle déjà commencé auparavant dans un local provisoire. Dévouée à sa tâche, elle se montra généreuse. Nous avons rappelé plus haut ses donations. Ses forces bientôt trahirent sa bonne volonté. Après quatre ans d'exercice, elle mourut pieusement le 13 décembre 1708, et sa sépulture fut choisie par reconnaissance et par marque d'honneur, auprès du Crucifix du cimetière (1).

1708-1747. *Sœur Marie Callot*, maîtresse de l'école des filles de Trondes pendant près de quarante années, se distingua par sa piété, par son excellent esprit, par une instruction solide et un grand zèle à seconder toutes les œuvres paroissiales. C'est elle qui mit l'école des filles sur le pied d'une école parfaite pour l'époque.

Fille de Sébastien Callot, marchand-boucher à Toul, et de Marie Boulanger, elle aura été indi-

---

(1) « Cejourd'huy treizième de décembre, mil sept cent-
« huit, Claudine Clément, première régente de l'école des
« filles de Trondes, est morte après avoir reçu tous les sa-
« crements, et a esté enterrée dans le cimetière dud⋅ lieu,
« auprès du Crucifix, le quatorze dud⋅ mois. » D. Gueldé,
Guillemin. (*Registres paroissiaux, année 1708.*)

quée probablement à M. Gueldé par M. Vatelot, chanoine de Toul, qui avait remarqué sa piété et ses désirs de dévouement. « Sœur Marie Callot » aura été l'une des premières religieuses, sans doute, de la Congrégation nouvelle qui se fondait en vue des écoles de filles à la campagne (1). Elle avait une sœur aînée, nommée Jeanne, qui vint demeurer à Trondes avec elle, et y mourir, le 23 décembre 1737, âgée d'environ quatre-vingt-dix ans, après avoir été confessée et avoir reçu les sacrements d'Eucharistie et d'Extrême-Onction. Elle fut inhumée à côté de Claudine Clément (2).

Les deux sœurs ont fondé deux obits « consis-
« tant en deux messes hautes des trespassez avec
« vigilles à une nocturne, laudes, présentation,
» recommandation, etc., pour chaque obit, le
« premier qui se dira au mois de jeanvier de chaque
« année, pour le repos des âmes desdittes Jeanne
« et Marie Callot, et pour celle de Marie-Anne
« Callot, leur nièce, et le second se dira au mois

(1) Voir le chapitre suivant.
(2) « ...En présence de Claude Humbert, maréchal, maire de Trondes, et de Nicolas Virly, marchand de Trondes, et « de Claude Morizot, recteur d'école et de Marie Callot, « maîtresse d'école, sœur de ladite Jeanne. » (*Registres paroissiaux, année 1737.*)

« de juin, dans l'octave de st Jean Baptiste aussy
« de chaque année, pour le repos des âmes de
« deffunt Sébastien Callot, Marie Boulanger, son
« espouse et de la famille desdits Callot. » (1)
Elles cèdent pour ces deux obits « deux cents francs
barrois, faisant en livres en argent de France la
somme de soixante-six livres sept sols, et portant
de rente annuelle en argent de Lorraine deux
livres, deux sols, six deniers. C'était un don de
leur belle-sœur (ou tante) Marie Raguet, veuve de
Jacques Callot, vivant laboureur, demeurant à
Dainville-aux-Forges. Elles sont trop pauvres pour
payer les frais de contrat, et la fabrique promet
d'avancer la somme. »

M. Gueldé professait pour sœur Marie Callot
tant d'estime et de reconnaissance, qu'il « supplie
« ses successeurs de la maintenir pour maîtresse,
« quelque infirmité il lui puisse arriver, par rapport
« aux services de plusieurs années qu'elle y a ren-
« dus, aux conditions d'y faire suppléer par quel-
« ques autres filles. » (2)

Sœur Marie Callot, « âgée d'environ soixante-
« et-dix ans, après avoir été confessée et reçu
« les sacrements d'Eucharistie et d'Extrême-

(1) (*Archives de Troudes*). Le titre existe en parchemin, en
date du 4 mars 1737, avec le scel de Messieurs du Chapitre.
(2) *Ibid.*, Testament de M. Gueldé.

« Onction, décéda le 25 novembre 1747, et fut
« enterrée le lendemain, dans le cimetière de la
paroisse. » (1)

Lorsque l'âge fit sentir à sœur Marie la nécessité d'une aide, elle avait eu recours à sa propre nièce, *Marie-Anne Callot* (1747-1752).

Marie-Anne Callot, continua jusqu'en 1752 les fonctions et aussi les vertus de ses deux si estimables tantes.

1752-1775. Après elle nous voyons venir Sœur *Jeanne Noel.*

Etait-elle native du village même de Trondes où la famille Noel, à cette époque, était nombreuse et honorée ? Cela est très probable, mais nous ne pourrions l'affirmer. Après avoir tenu l'école pendant vingt-trois ans, elle résigna ses fonctions. Elle vécut encore assez longtemps après sa démission. Nous la retrouverons en 1797, et malgré la Révolution, la Communauté de Trondes, eu égard au grand âge de cette vénérable maîtresse, aux services qu'elle avait rendus, et aussi aux intentions de M. Gueldé, fondateur de l'école, réserve, dans la nomination d'une régente, les

---

(1) *Ibid.,* Registres paroissiaux, année 1747.

droits « de sœur Jeanne Noel, « ancienne sœur. » (1)

1775-1792. Sœur Marguerite Chrétien. — Elle entre en charge au mois de janvier 1775. Nous ne connaissons d'elle rien de particulier pendant les quinze années qui précèdent la Révolution.

En 1790, elle eut à défendre les droits de son temporel (2). Comment passa-t-elle les années

---

(1) On se souvient que M. Gueldé, dans son acte de fondation, prévoit l'infirmité et la vieillesse des régentes d'école, et stipule pour elles le droit de demeurer dans la maison et de jouir des revenus, à charge de se faire suppléer. (*Archives de Trondes, Registre des délibérations municipales, page 92*). (a)

(2) « Extraict d'un décret de l'Assemblée provinciale de « Metz, renvoyé au Bureau intermédiaire des districts de « Toul, au sujet d'une requête présentée par la sœur Mar-« guerite Chrétien, régente d'école des filles de la paroisse « de Trondes, au sujet des impositions qu'elle se trouve im-« posée sur les sols de Pagny-sur-Meuse, Troussey et Tron-« des : le dit décret est rendu dans la forme qui suit :

« Vu la présente requête, l'acte de fondation dont s'agit « en date du 17 août 1715 (*la date du jour est ici mal indi-« quée : il faut 14 et non 17 août*), et autres pièces jointes, l'avis « du bureau intermédiaire du district de Toul, etc.

« La commission a arrêté qu'il y avait lieu d'imposer les « biens affectés à ladite fondation, situés tant à Trondes « qu'à Pagny-sur-Meuse et à Troussey, à charge par la mu-« nicipalité dudit Trondes, de les acquitter partout des de-

(a) Ce registre contient plusieurs détails sur le village de Trondes pendant la Révolution. Il va de 1790 à 1801. Il contient 386 pages in 8°. Il offrirait matière à une publication, croyons-nous, intéressante.

suivantes ? Prêta-t-elle le serment exigé en 1790 et que la plupart des maîtresses d'école refusèrent ? Il est à croire qu'elle préféra donner sa démission. Une délibération municipale du 14 novembre 1791 parle « de la future sœur d'école. » A ce moment-là, sœur Marguerite Chrétien était donc partie, et n'était pas encore remplacée (1).

La maîtresse qui lui succède porte le nom de sœur *Marie Gravel*.

Le 1er janvier 1792, elle prête le serment « d'être

« niers de sa caisse, tant qu'elle voudra jouir du bénéfice de
« ladite fondation, et sauf à elle à se pourvoir, pour faire
« régler les dites impositions à leur véritable taux, s'il y a
« lieu ; auquel paiement ladite municipalité demeure auto-
« risée, et dont il lui sera fait état dans les comptes de sa
« gestion, en justifiant de la quittance dudit paiement. Déli-
« béré par nous députés composant la commission inter-
« médiaire provinciale, à Metz, le 29 juillet 1790. Signé :
« Tinseaux, proc. synd., Lalarue, Bourgeois. Collationné par
« moi, secrétaire soussigné, conforme à l'original qui m'a
« été présenté par le bureau du district de Toul, le 14 août
« 1790. Remy, secrétaire-greffier de Trondes. »
(*Archives de Trondes, Registre des délibérations*, page 92.)
(1) Alors les événements marchaient vite en ce qui concernait les écoles comme pour toutes les autres questions.
En 1791, les sœurs Vatelottes, actuellement Religieuses de la Doctrine chrétienne, dont était sœur Marguerite Chrétien, et qui avaient leur maison-mère à Toul, sont remplacées, à Toul, par deux institutrices laïques.
En 1792, on confisque leur maison à Toul; elle ne leur a été rendue qu'en 1810, à la suite d'un décret impérial.

« fidèle à la nation, à la loi et au roi, de main-
« tenir la Constitution et d'enseigner les enfants
« qui lui seront confiés, savoir, la religion catho-
« lique, apostolique et romaine. » (1)

Le 24 septembre 1792, en vertu de la loi du 14 août, elle prête de nouveau serment, dans la même forme que le maire, les officiers municipaux et le maître d'école, « d'être fidèle à la nation et « de maintenir de tout son pouvoir la liberté et « l'égalité ou de mourir à son poste. » Et elle signe (2).

Notons, pour mémoire, que peu de jours auparavant, le 10 septembre, on prend une chambre à la maison d'école des filles, pour servir de maison commune et de corps de garde (3).

Le 30 septembre 1792, lorsque fut fait le partage des biens communaux, on mentionne expressément « que le s^r curé, le maître d'école et les sœurs « d'écoles des filles (il y en avait deux, l'une « ancienne, l'autre nouvelle) et le pâtre, auront

---

(1) *Registre des délibérations municipales*, page 123.
(2) *Ibid.*, page 140.
(3) *Ibid.*, page 139. — « Avec porte d'entrée sur la rue, en pierres de taille, porte en chêne, serrure à clef, clenche, charnières, clous à tête, 2 marches pour monter, remurer 2 portes qui sont dans la chambre, le tout pour 22 livres, adjugé à l'entrepreneur Varnerot. »

« une part dans les dits partages, chacun, qu'ils
« ne pourront vendre, et resteront, à leur sortie
« ou mort, à leurs successeurs (1). »

En 1794, an III de la République, le 4 germinal, « déclaration d'ouverture de l'école des gar-
« çons, pour le premier degré d'instruction, sa-
« voir, lire, écrire et l'arithmétique et arpentage,
« selon le décret des 29 frimaire dernier, etc.,
« — *item*, le 1ᵉʳ germinal, l'école de petites
filles (2).

En 1797, le 16 prairial, an VI de la République, « sœur *Anne Noel* est approuvée par la
« supérieure de la maison de Toul, maîtresse de
« l'école de Trondes; laquelle sœur a accepté, et
« a été choisie par toute la commune en général,
« à condition que la dite sœur jouira de la fonda-
« tion faite par défunt Dominique Gueldé, ancien
« curé de Trondes. Bien entendu que ladite com-
« mune réserve sur ladite fondation les droits de
« sœur Jeanne Noel, ancienne sœur. Il sera en
« outre levé par écolière qui fréquente l'école
« douze sols en argent, cours de France, pour
« payer les contributions dudit gagnage portées au

---

(1) *Ib*., page 143.
(2) *Ib*., pages 172-173.

« Rôle. Le surplus dudit argent rentrera entre les
« mains de ladite sœur (1).

Il paraît bien, d'après ce contrat, que l'ordre commençait à renaître à Trondes, et que la religion y reprenait peu à peu son empire. L'approbation donnée par la Supérieure de la Maison de Toul, le silence discret et respectueux gardé sur Marie Gravel, la maîtresse d'école qui cependant n'avait point donné de scandale, mais qui avait prêté serment, le choix fait d'une parente de l'ancienne sœur, le témoignage de reconnaissance donné à cette même sœur ancienne, et le respect formel de la fondation de M. Gueldé, la cotisation de la commune, tout cela témoigne, en 1797 déjà, d'une restauration.

On aura remarqué que le curé n'intervient pas dans cette dernière nomination, contrairement à ce qui s'était toujours fait. La raison en est que M. Ponsuby, « prêtre catholique, apostolique, romain, » accepté comme curé en date du 15 thermidor an V, ne pouvait cependant exercer en toute liberté toutes ses fonctions, ni même habiter encore régulièrement la paroisse. Poursuivi plus d'une fois par les gendarmes, il avait encore, à cette époque, contre lui, un mandat d'arrêt.

(1) *Ib.*, page 251.

En 1801, la commune de Trondes renouvelle le traité avec la sœur d'école.

Mais arrêtons-nous là. Cinq maîtresses d'école se partagent et remplissent, pour ainsi dire, le siècle : Claudine Clément, sœur Marie Callot, sœur Marie-Anne Callot, sœur Jeanne Noel, et sœur Marguerite Chrétien.

Ce court historique suffit à démontrer que l'école des filles de Trondes a été tenue très régulièrement pendant tout le XVIII° siècle, et de même celle des garçons pendant les XVII° et XVIII° siècles ; que régents et régentes faisaient honneur à leur profession, qu'ils ont joui de la considération et de l'estime générale, et qu'enfin ils ont obtenu une part de légitime influence dans la commune et sur les familles qui leur confièrent leurs enfants.

CHAPITRE V

MOUVEMENT DANS LE TOULOIS ENTRE 1700 ET 1750 EN FAVEUR DES ÉCOLES DE FILLES.

Les Écoles de filles de Lucey, Lagney, Pagny-sur-Meuse, Bruley. — Les Filles des écoles de Charité, ou Sœurs Vatelottes (Congrégation des Religieuses de la Doctrine chrétienne).

Dans ce chapitre complémentaire nous n'avons ni la prétention ni le devoir d'étudier le mouvement qui eut lieu, par toute l'étendue du diocèse de Toul, durant la première moitié du xviiie siècle, en faveur des écoles rurales de filles.

Le sujet, sans nul doute fort intéressant, serait toutefois presque nouveau (1).

(1) M. Maggiolo, dans ses immenses recherches, paraît avoir recueilli surtout les documents, les faits, les chiffres, les noms se rattachant aux écoles de garçons et aux régents d'école. (Nous ne faisons porter cette observation que sur la période d'avant 1789). Le *Pouillé scolaire de l'ancien diocèse de*

Ce que nous tentons ici sur un champ d'explorations extrêmement limité, fournirait à peine quelques pages à un exposé qui serait encore à faire. Cet exposé, croyons-nous, n'encourrait la disgrâce

Toul (Mémoires de l'académie de Stanislas, 1879, Tome XII, pages 221-332) mentionne à peine six ou sept écoles de filles à la campagne, savoir : Vézelise, 1629 ; Raon-l'Etape, 1747 ; Vandéleville, 1750 ; Domgermain, 1761 (l'acte de fondation de l'école des filles est publié en entier, pages 329 et suiv.) ; le Ménil, 1785 ; Lusse, 1789 ; Blâmont, 1790. Encore faut il dire que Vézelise, Raon-l'Etape, Blâmont sont de petites villes et ne peuvent compter pour des paroisses rurales. Rigoureusement parlant, il ne resterait donc, si nous avons bien compté, que quatre villages cités nommément dans le *Pouillé de l'ancien diocèse de Toul*, pour avoir eu, avant la Révolution, des écoles de filles.

Nous n'avons pas à citer les Pouillés scolaires des anciens diocèses de Verdun et de Metz ; mais, dans les divers articles que M. Maggiolo a fait paraître, (Mémoires de l'Académie de Stanislas, aux années 1888, 1889, 1890), et intitulés *Les Écoles avant et après 1789 dans la Meurthe, la Meuse, la Moselle et les Vosges*, il n'y a pas beaucoup plus d'indications précises sur les écoles de filles à la campagne avant 1789, surtout pour la première partie du XVIIIe siècle. Notamment sous ce titre : *Écoles spéciales de Filles* (année 1888, 5° série, tome VI, pages 255 et suiv.), il est surtout question des villes : Toul, Nancy, etc. L'auteur rappelle sommairement la fondation des Congrégations de Notre-Dame, 1597, de St-Charles, 1626, de la Doctrine Chrétienne 1702. Au résumé il compte pour les quatres départements dont il a dressé le bilan scolaire 292 communes où il y avait des écoles de filles avant 1789, mais sans les indiquer nommément et sans les répartir dans chaque ancien diocèse, ni marquer si elles sont de la 1re ou de la 2e moitié du siècle.

ni des amis de l'enseignement ni des historiens. Nous bornant pour notre compte à quelques villages du Toulois (1), nous aurons facilité d'énumérer des détails où ceux qui font la synthèse historique ne sauraient vouloir se perdre. Nous sommes trop heureux de leur préparer quelques documents.

Précisément à la même époque, les villages voisins de Trondes, entreprennent, avec non moins

(1) Nous serions fort en peine de préciser géographiquement le *pays Toulois*.
Cette expression qui semblerait traduire exactement le *Pagus Tullensis* des premiers siècles ne répond, il est vrai, à aucune donnée administrative. L'arrondissement de Toul avec ses cinq cantons, ou l'archiprêtré de Toul avec ses 5 doyennés, pourrait, si l'on veut, s'appeler le pays Toulois. Mais, dès lors qu'on étudie ce qui se passait avant la Révolution, il faut nécessairement se reporter aux divisions territoriales de l'Ancien Régime. Or, au point de vue civil, la difficulté serait grande. Qu'on prenne Toul comme centre, et qu'on trace une circonférence avec un rayon seulement d'une lieue ou deux, on se trouve tantôt sur des terres de l'Evêché, ou le Toulois proprement dit, tantôt en Lorraine, tantôt en Barrois, puis en Barrois mouvant, et même en Champagne. (Lucey, *Evêché* ; Bruley, *Champagne* ; Pagney-derrière-Barine, *Barrois* ; Choloy, *Lorraine*, etc.). L'enchevêtrement est tel que l'annexe, assez souvent, relève au temporel et même au spirituel, d'une juridiction autre que la paroisse. Au point de vue ecclésiastique, la délimitation serait un peu plus aisée à suivre, en prenant, par exemple, l'ancien Doyenné de Toul ; mais il nous a paru que l'expression dont nous nous servons, serait davantage à la portée du public que nous voulons surtout atteindre dans cette notice.

de zèle et de succès, l'établissement d'écoles de filles. Nous allons trouver à Lucey, à Lagney, à Pagny-sur-Meuse, à Bruley, des bienfaiteurs d'école. M. Gueldé, le héros de notre monographie scolaire, avait des amis, actifs, intelligents comme lui, admirablement dévoués à l'instruction populaire, et de ce groupe nous verrons émerger une vénérable et sainte figure, celle d'un fondateur de Congrégation, d'un réformateur qui fit, dans tout le diocèse de Toul et même dans les pays environnants, le plus grand bien aux écoles de la campagne.

ÉCOLE DES FILLES DE LUCEY.

A Lucey, village proche voisin de Trondes (1), M. le curé Varnerot arrivait aux plus beaux résultats.

Homme de grande valeur, ecclésiastique fort pieux, prêtre distingué, honoré de la confiance des évêques de Toul et de l'amitié de personnages marquants, auteur de plusieurs livres estimés, supérieur des Hermites du diocèse (2), M. Claude Varnerot, fut pendant quarante-six ans, curé de Lucey.

Né à Stainville (Meuse), le 30 août 1648, il fit

(1) A 6 kil. nord-est de Toul.
(2) Voir Règlement synodal de Mgr Bégon, du 26 avril 1724, n° XIII.

ses études sous la direction de M. Gobinet, principal du collège du Plessis, à Paris, puis il revint à Toul, où il reçut les ordres sacrés.

Nommé à la cure de Lucey, le 31 mai 1686, il gouverna la paroisse environ pendant un demi-siècle. C'est lui qui construisit l'église actuelle et le presbytère : il fonda les écoles de garçons et de filles. Il avait des élèves pensionnaires chez lui qu'il enseignait, en vue sans doute de la vocation ecclésiastique. Il a laissé une mémoire vénérée, et certes ses œuvres lui méritent à bon droit cette reconnaissance que le temps n'a point encore effacée (1).

Nous n'avons à parler de lui qu'au point de vue des écoles.

Soutenu, sinon guidé par M. Gueldé, qui, de-

(1) L'église de Lucey fut complètement achevée et la réception des travaux faite vers la fin de l'année 1732 (3 décembre). Le Chapitre de Toul, décimateur, s'était chargé du chœur. En outre, il abandonna pendant trois ans les grosses et menues dîmes du lieu, « afin que tous les deniers en pro- « venant fussent employés à la construction. » Il accorda encore quelques sommes pour l'ensemble des travaux, comme 200 livres, le 4 août 1730, pour la toiture. De leur côté, les habitants fournirent au-delà de six mille livres. Mais M. Varnerot y dépensa beaucoup du sien. Quoiqu'il fût à portion congrue, il put, à force d'économie, se montrer généreux. Des membres de sa famille l'imitèrent, et il obtint de plusieurs personnes du dehors des dons considérables.

puis plusieurs années déjà, s'occupait à Trondes de la même œuvre, M. Varnerot commence par l'école des filles.

Il bâtit, ou plutôt il répare une maison, la donne à l'église (1), y met à perpétuité deux sœurs maîtresses, et pourvoit à leur entretien (2).

On peut dire, comme pour son ami de Trondes, que cet établissement fut la sollicitude de toute sa vie pastorale, et c'est à l'école des filles

Spacieuse, bien éclairée, quoique sans style pour la nef du moins, l'église de Lucey est conçue dans de belles proportions.

« L'an de grâce 1733, le vingt-et-unième jour du mois de
« septembre, l'église paroissiale de Lucey a été sanctifiée et
« consacrée par Illustrissime et Révérendissime Seigneur
« Mgr Scipion-Jérôme Bégon, évêque et comte de Toul,
« avec les trois autels qui y sont. Le maître-autel a été
« consacré sous le nom et la mémoire de saint Etienne,
« premier martyr. Les reliques qui sont renfermées dans le
« sépulchre qui est sous cet autel, sont celles de saint Galli-
« can et de saint Hippolyte, martyrs. Le second autel, du
« côté de l'Epître, a été consacré en l'honneur et sous le
« nom de la Très Sainte Vierge Marie, Mère de Dieu, et le
« troisième, du côté de l'Evangile, au nom et en l'honneur
« de saint Joseph, chaste époux de la Très Sainte Vierge,
« et le même jour furent confirmées les personnes dont les
« noms suivent.... » (*Archives paroissiales de Lucey*).

La première pierre avait été posée le 8 septembre 1728. Le procès-verbal de cette cérémonie existe aussi dans les Archives.

(1) Le 2 août 1707, par acte passé au Palais Episcopal, pardevant Chevalier, notaire royal à Toul.

(2) Acte du 6 mai 1727, également passé par devant Chevalier, — et Testament de 1731.

qu'il léguera la plus forte partie de son avoir (1). Non seulement il y emploie ses soins et son argent ; mais il fait tourner en faveur des écoles les dispositions et les ressources de plusieurs membres de sa famille (2).

(1) Il donne d'abord la rente de huit cents livres environ, mais à toucher seulement après le décès de ses deux nièces, Marguerite et Anne. Puis il institue l'école des filles sa légataire universelle. — « Treizièmement, comme je veux « rendre à Jésus-Christ, en la personne des pauvres, tout ce « qui me reste de biens que j'ai pu ménager, j'institue pour « mes héritiers, après mon présent testament accompli et « exécuté, les maîtresses d'école de charité des filles établies « à Lucey, pour en jouir par elles et celles qui leur succé- « deront, aux mêmes charges et conditions énoncées en « l'acte de fondation, passé au Palais Épiscopal, le deuxième « jour d'août 1707, par devant Chevalier, notaire royal à « Toul, afin qu'en augmentant le fonds de ladite fondation, « lesdites maîtresses d'école, ayant ce qui leur sera néces- « saire pour vivre honnêtement, elles ne s'occupent qu'à « remplir leurs devoirs.... » (*Archives paroissiales de Lucey, Testament de M. Varnerot*).

(2) La famille Varnerot, originaire de la Meuse, était très recommandable. Elle comptait plusieurs prêtres. Un autre M. Varnerot (Joseph François), est nommé le 26 janvier 1722, curé de Sorcy, en place de M. F. Remy, chanoine démissionnaire. (Ce frère ou neveu était sans doute mort avant 1734 ; car il n'était pas présent aux funérailles, et n'a pas signé à l'acte de sépulture de M. Claude Varnerot, curé de Lucey). - - M. Joseph Renard, petit-neveu de M. Varnerot, vint aider son grand-oncle, déjà vieux, et fut nommé curé de Pagny-sur-Meuse, le 2 janvier 1733. Ce M. Joseph Renard, et M. Augustin Renard, son neveu, arrière-petit-neveu par conséquent de M. Varnerot, furent deux prêtres

C'est parce que ses nièces avaient largement contribué à la fondation des écoles, tant par leur générosité que par leur dévoûment à enseigner elles-mêmes, en qualité de sœurs maîtresses d'écoles, que leur oncle curé stipule « qu'Anne et « Marguerite Varnerot, ses nièces, iront demeurer

extrêmement recommandables, et qui ont laissé un grand souvenir dans la paroisse de Pagny-sur-Meuse. Le premier y fut curé quarante-deux ans, de 1733 à 1775 ; le second, cinquante-trois ans, c'est-à-dire à eux deux près d'un siècle entier. Le premier mourut à 81 ans, le 24 octobre 1783, le deuxième à 83 ans, le 31 décembre 1830. On leur doit la nouvelle église terminée en 1775, des habitudes religieuses profondément enracinées dans la population, du moins jusqu'à ces derniers temps, la prospérité des écoles, des registres paroissiaux admirablement tenus. Ils ont donné l'exemple des plus belles vertus sacerdotales : leur vie fut pieuse, leur mort sainte, et leur nom demeure entouré du respect et de la vénération populaire. M. Augustin Renard, en pasteur fidèle, préféra s'expatrier plutôt que de prêter le serment civil. Après onze années d'exil, il revint et ne cessa ses fonctions pastorales que le 1er janvier 1829. Deux des nièces de M. Varnerot furent sœurs maîtresses d'école à Lucey même. Une autre, Marguerite, était sœur maîtresse d'école à Bar. Lorsque ses deux sœurs de Lucey, Marie et Catherine, moururent, Marguerite obtint de venir à Lucey, auprès de son oncle. Elle amena son autre sœur Anne (elles étaient sept sœurs) restée auprès de son père et de sa mère, par piété filiale, jusqu'à leur décès. — M. Varnerot, parvenu alors à un grand âge, était soulagé d'avoir avec lui deux personnes de sa parenté, absolument dévouées « pour m'ai-« der, écrit-il, dans les peines et travaux où nous nous trou-« vons à cause du bâtiment de la nouvelle église. »

« à la maison d'école, quand bon leur semblera,
« sans obligation d'y enseigner les enfants, mais
« pour y faire seulement ce qu'elles pourront,
« qu'elles y jouiront conjointement avec les deux
« maîtresses qui seront en ladite école, des reve-
« nus y attachés, attendu — ajoute-t-il, — que
« sans leur secours et celui de leurs dites défuntes
« sœurs, depuis plus de quarante-six ans, je n'au-
« rais pu amasser ce qui se trouvera dans le fond
« de ma petite succession, et que c'est une pure
« reconnaissance que je leur dois pour les bons
« services qu'elles m'ont rendus et à la paroisse
« de Lucey. »

Il existe aux archives de la Maison-mère de la Doctrine chrétienne, à Nancy, une copie du *Contrat de fondation de l'école des filles de Lucey*, manuscrit grand in-folio, 6 pages, très bien écrit et très bien conservé.

On y voit :

a) Que dès l'an 1700, et peut-être déjà avant cette date, M. Varnerot s'occupait d'acheter des terrains et de placer des constitutions de rentes, pour faire un fonds à la future école ;

b) Que Mgr Thiard de Bissy avait acheté une maison à Lucey, pour une somme de 800 francs barrois, en vue d'une école de filles, et l'avait donnée dans ce but à M. Varnerot, par contrat du 1ᵉʳ juillet 1704. Ce qui prouve que Mgr de Bissy ne se contentait pas d'écrire de beaux mandements sur la question, mais qu'il contribuait de ses deniers à l'établissement d'écoles à la campagne ;

c) Qu'on fit immédiatement l'école dans cette maison, avant même 1707 ; que les premières maîtresses furent deux nièces de M. le curé Varnerot, Marie et Catherine, que ces deux filles, « majeures, demeurantes audit Lucey » sont constamment appelées « sœurs » ; que ce titre désigne ici non le lien du sang, mais celui de religion, et qu'elles étaient affiliées à l'Institut de M. Vatelot, dont nous parlerons plus loin ;

d) Qu'enfin, il y avait probablement, au point de vue des biens fonds à donner pour la fondation de l'école, un minimum exigé soit par Monseigneur l'Évêque, soit par M. Vatelot. L'acte fait remarquer que le gagnage donné à l'école des filles de Lucey, rapporte plus que celui donné à l'école de Gondreville.

Cet acte est un document important pour l'histoire de l'enseignement primaire à cette époque, et pour l'histoire des Religieuses de la Doctrine chrétienne.

Parmi les bienfaiteurs insignes de l'école des filles

de Lucey, outre Mgr Thiard de Bissy, M. le curé Varnerot, et ses nièces, principalement Marie, Catherine et Anne, nous devons aussi nommer Messieurs du Chapitre cathédral, notamment M. Pierre Gaultier (1) et M. Antoine Jobal de Pagny (2).

Pour l'école des garçons, M. Varnerot fait bâtir aussi une maison qu'il donne à la commune avec

---

(1) Doyen du chapitre, mort le 2 mai 1710.

(2) M. Antoine Jobal de Pagny, prêtre du diocèse de Metz fut 46 ans chanoine et, en plus, 10 ans doyen de la cathédrale. Il était fort généreux. Il fit en 1720, un don d'environ sept mille livres à la cathédrale.

Il donna beaucoup à Lucey.

M. Varnerot stipule dans son testament « une messe haute « précédée d'un nocturne et des laudes de l'Office des morts, « pendant huit ans, pour défunt *Messire Pierre Gaultier*, « doyen de la cathédrale de Toul, et une autre messe haute, « précédée pareillement d'un nocturne et des laudes, pen- « dant *trente ans*, pour *Messire Antoine Jobal de Pagny*, doyen « de ladite église, à commencer depuis sa mort, et ce, en « considération et reconnaissance des biens qu'ils ont fait à « la paroisse de Lucey. »

M. Jobal de Pagny était nommé aussi dans l'inscription latine mise sur une lame de plomb et placée dans la pierre angulaire, lors de la cérémonie de la pose de la première pierre de l'église, le 8 septembre 1728. « Anno MDCCXXVIII, « Ludovico XV regnante, fundavit domum Domini R. D. « Scipio Hieronymus Bego, Episc comes Tullensis, S. R. « Imperii princeps benignus. Opitulantibus P. Antonio Jobal « de Pagny, decano Ecclesiæ cath. nec non canonicis ejusdem « Ecclesiæ. »

Il mourut à Toul, le 23 juin 1734.

un jardin (1). Il assure une première dotation, plus loin une seconde (2). Il recommande la plus scrupuleuse exactitude pour la gestion des biens (3) et pour la conservation des titres (4).

(1) « *Septièmement*, l'expérience m'ayant fait connaître la
« nécessité et l'utilité des écoles de charité, j'ai cru que, pour
« la gloire de Dieu et l'utilité publique, après en avoir fondé
« une dans la paroisse de Lucey pour les filles, je devais es-
« sayer d'en commencer une autre au même lieu *pour les*
« *garçons*. Pour cet effet, je donne à la communauté de Lucey
« la maison que j'ai achetée et fait bâtir, située dans la
« grande rue, du côté de Champion, entre Claude Hutin
« d'une part, et la veuve Dominique Thiriot d'autre, avec
« ses usuaires devant et derrière, pour y loger gratuitement
« le maître d'école, et y enseigner par lui-même les garçons
« de Lucey... » (*Archives de Lucey, Testament de M. Vainerot,
du 25 avril 1731.*)

(2) « Je lui donne la somme de neuf cent-quatre-vingt-
« deux livres, quatorze sous, qui sont dus par contrat de
« constitution, par six habitants de Lucey, dont voici les
« noms de ce que chacun doit... » *Ibid.*

(3) « Sera aussi ledit maître d'école, chargé de bien culti-
« ver le jardin qui est derrière la maison, de veiller à la
« conservation des capitaux, des rentes constituées, d'en
« faire renouveler les titres de vingt-neuf ans à autres, et
« en cas de remboursement desdits capitaux, avertir Mon-
« seigneur l'Evêque ou son grand-vicaire, afin qu'il ait la
« bonté de nommer une personne capable de recevoir les
« dits capitaux et les replacer ensuite solidement ou en ac-
« quisition de fonds ou en rentes constituées, toujours au
« profit de l'école de charité, sans qu'il puisse jamais être
« permis au dit maître d'école, ou à la communauté, de
« toucher lesdits remboursements... » *Ibid.*

(4) « *Quatorzièmement*, et afin que les papiers concernant
« la fondation de ladite école de la charité des filles et que

Ce que nous devons remarquer encore à l'honneur de cet excellent prêtre et en général de la religion — car, à n'en pas douter, la religion inspirait ces sortes de fondations — c'est que le vœu, l'effort constant des fondateurs, c'est la *gratuité*. La donation est faite à cette condition expresse : — « Toutes les rentes desquelles sommes, » écrit M. Varnerot, « seront touchées par le maître « d'école, à charge par lui d'entretenir en bon « état ladite maison, et d'enseigner *vingt-quatre* « *pauvres garçons*, qui lui seront toujours nommés « par Messieurs les curés mes successeurs, et qu'à « mesure que les aumônes augmenteront, le nom-« bre des enfants qui en seront enseignés par « charité augmentera, *jusqu'à ce que la dite école* « *soit entièrement fondée, et que tous les enfants de la*

« les papiers concernant la fondation de ladite école de cha-
« rité des garçons, soient fidèlement conservés, et qu'on
« puisse y avoir recours au besoin, je veux et entends qu'ils
« soient renfermés dans une cassette de chêne qui fermera à
« deux clefs à deux serrures différentes, dont l'une des clefs
« sera gardée par M. le curé de Lucey, et l'autre par les
« maîtresses d'école de charité des filles de Lucey ; laquelle
« cassette sera placée dans la même armoire de la sacristie,
« où l'on placera les autres papiers de l'église paroissiale du-
« dit Lucey... » *Ibid.*

« *paroisse de Lucey puissent être enseignés par cha-*
« *rité et gratuitement* (1) ».

De telles écoles, installées partout, ne devaient ruiner ni l'Etat, ni les communes, et les citoyens généreux qui contribuent, par de tels actes, à la prospérité du pays et à la diffusion de l'instruction ne méritent cependant pas qu'on leur jette la pierre.

Deux années plus tard, M. Varnerot ajoute ce codicille vraiment touchant : — « Je donne deux
« cents livres à l'école de charité des garçons éta-
« blie, pour l'instruction gratuite de six pauvres
« enfants, afin que, par ce moyen, le nombre de
« vingt-quatre pauvres enfants dont il est parlé à
« l'article 7 de mon testament étant augmenté de
« six autres, il y ait déjà *trente pauvres garçons* qui
« soient désormais enseignés gratuitement. Je sup-

---

(1) Archives paroissiales de Lucey, *Testament de M. Varnerot.*
— (Copie en 11 pages in-folio, papier fort, marquée au dos :
Testament de M. Varnerot, curé de Lucey, et fondation de l'école des garçons, — n° 1. —)
Ce document est extrêmement édifiant, soit à cause des considérations par lesquelles il débute, soit à cause des sentiments de piété, de charité et de zèle qui le pénètrent d'un bout à l'autre, soit enfin à cause des différents articles qu'il contient, relativement à l'église, aux pauvres, aux malades, aux défunts, à la famille et surtout aux écoles.
Le testament est du 23 avril 1731 et le codicille du 21 octobre 1733.

« plie notre Seigneur Jésus-Christ qui aime ten-
« drement les enfants, ayant voulu lui-même être
« enfant, d'achever cet ouvrage qu'Il a eu la
« bonté de commencer et de procurer dans les
« deux écoles de cette paroisse et dans toutes les
« autres du diocèse, des maîtres et des maîtresses
« d'école qui ayent toutes les qualités nécessaires
« pour élever des enfants à la vertu (1). »

Tels sont les faits les plus saillants qui concernent la fondation des écoles de Lucey.

Avant M. Varnerot, c'est-à-dire avant 1700, y avait-il néanmoins déjà une école de filles ? Nous ne le pensons pas, puisqu'il la fonde à proprement parler. Il y avait une école des garçons et déjà très ancienne. Nous avons occasion de rappeler que le chanoine Etienne Hordal fonda à Lucey, en 1607, un siècle auparavant, la chapelle à la *Belle Vierge*, à charge aussi pour le chapelain d'instruire la jeunesse. Nous n'avons à refaire ici, ni pour Lucey ni pour d'autres localités qu'il nous arrivera de citer, le travail de recherches préliminaires que nous avons fait pour Trondes (2). Il suffit de constater que dans la première moitié du xviii[e]

(1) *Ibid.*
(2) Ce serait chose excellente que toutes les communes pussent relever l'antiquité et l'histoire de leurs écoles.

siècle, il y eut un réel et fort mouvement en faveur des écoles de filles.

Pour M. Varnerot, comme pour M. Gueldé, son voisin et ami, la question des écoles, surtout des écoles de filles, absorba donc la meilleure partie du temps, des soins et des ressources. M. Varnerot comprenait à merveille « la nécessité « et l'utilité des écoles de charité. » Il entre avec un zèle admirable dans ce mouvement en avant qui avait pour résultat la multiplication des écoles. « L'expérience » lui a fait connaître le besoin qu'avaient les campagnes d'instruction, et cette expérience était due à un séjour de près d'un demi siècle dans le pays. Que de fois il en a parlé à M. Gueldé ! Ils étaient du même âge, à peu près, (cependant M. Varnerot avait douze ans de plus que M. Gueldé) et en relations continuelles. La mort de M. Gueldé, survenue le 13 mars 1731, la générosité dont il avait fait preuve dans ses dispositions dernières, les actions de toute sa belle vie, la leçon même de ses funérailles, semblent avoir inspiré en quelque chose le testament de M. Varnerot, rédigé un mois après, le 23 avril 1731. Le même esprit de sainteté et de charité souffle à travers les pages de ces deux actes.

M. Varnerot, fort instruit, avait fait, comme

M. Gueldé, ses premières études à Paris. Il composa plusieurs ouvrages : le *Bon Paroissien* dont le grand nombre d'éditions prouve assez l'utilité et le succès; *l'Abrégé de l'Ancien et du Nouveau Testament*, deux volumes séparés à l'usage des écoles, et la *Vie de Notre-Seigneur Jésus-Christ* (1).

Il était en rapport avec plusieurs personnages importants, zélés promoteurs des écoles.

Citons en première ligne M. de L'Aigle, qu'il appelle « son très honoré bienfaiteur » et qu'il désigne comme l'un de ses exécuteurs testamentaires. Il en avait reçu de très nombreuses marques d'estime et d'affection (2). Grand vicaire de Mgr de Fieux, de Mgr Thiard de Bissy, de Mgr Blouet de Camilly et de Mgr Bégon, administrateur éminent, écrivain distingué, liturgiste et théologien de grande valeur, auteur de l'ancien *Rituel de Toul*, et du gros *Catéchisme*, prêtre infatigable au travail, austère, humble, bon, généreux, M. de L'Aigle prit une part prépondérante à toutes les œuvres diocésaines de son temps. Il mourut saintement comme il avait vécu, le 25 février 1733, âgé de 80 ans.

(1) Dom Calmet, dans sa *Bibliothèque Lorraine*, donne une notice sur M. Varnerot.
(2) M. de L'Aigle avait donné à M. Varnerot une partie de sa bibliothèque.

Après M. l'abbé de L'Aigle, il faut nommer parmi les amis de M. Varnerot et de M. Gueldé, avec Messires Antoine Jobal de Pagny, dont nous avons déjà parlé, et Pierre Gaultier, tous deux doyens de la cathédrale de Toul, M. Martel, chanoine écolâtre (1), Louis de la Fitte Burnebon, chanoine, fondateur de plusieurs écoles (2), le P. Dom Benoît Picart, gardien des Capucins de Toul (3), etc. N'oublions pas M. Lanty, conseiller du roi, subdélégué de Mgr l'Intendant et protecteur des écoles du diocèse. La persévérante amitié de M. Lanty réjouissait encore M. Varnerot dans ses vieux jours (4).

(1) M. Alexandre Martel, chanoine écolâtre, « ancien aumônier du Roy d'Angleterre Jacques II » fut désigné par M. Varnerot comme son exécuteur testamentaire, en place de M. de L'Aigle qui venait de mourir. M. Martel était l'ami aussi de M. Vatelot ; c'était lui qui « en tour de nommer » avait proposé M. Varnerot au choix du chapitre, le 21 février 1733. Il mourut le 22 août 1750.

(2) Voir ci après, pages 174 et 186.

(3) M. Varnerot, jeune prêtre, avait été reçu, par délibération capitulaire du 30 mai 1681, sous chantre de la cathédrale de Toul, « aux gages de 2 escus par semaine, 6 ré« saulx de bled par an, et la maison de la sous-chantrerie « pour logement. » Le séjour de Toul lui avait permis, dès le début de sa carrière, de nouer des relations qui lui furent plus tard, très précieuses pour ses œuvres.

(4) « Je donne à M. Lanty, qui m'a honoré depuis long« temps de son affection le *Tableau du Bienheureux Saint Vin-*
« *cent de Paul* qui est dans la chambre que j'occupe, l'*Abrégé*

Le vénérable M. Varnerot, plein de jours et de mérites (1), mourut le 1ᵉʳ novembre 1734, et nous l'espérons, il prit rang parmi les innombrables Bienheureux, dont l'Eglise, ce jour-là, célèbre la fête (2).

« *et la Vie* de ce grand serviteur de Dieu, et l'*Institution du*
« *Droit Français* en deux petits tomes, le suppliant très
« humblement d'agréer ce petit présent pour marque de mon
« respect et de ma reconnaissance sans aucune charge. »
(Codicille du 21 octobre 1733).

(1) C'est l'éloge que lui décernent les contemporains, et cette inscription latine fut mise dans son cercueil : « *Venerabilis Dominus Claudius Varnerot, Ecclesiæ Parochialis de Pago de Lucey Rector, obiit plenus dierum et bonorum operum an. 1734 die prima mensis Novembris.* » (Dom Calmet, Bibl. de Lorraine, page 977.)

(2) Acte de décès : « L'an mil sept cent trente-quatre, le
« 1ᵉʳ novembre, est décédé vénérable Claude Varnerot,
« âgé de 86 ans, après avoir reçu les sacrements de Péni-
« tence et d'Extrême-Onction, n'ayant pu recevoir le saint
« Viatique à cause d'une létargie qui lui osta sa connais-
« sance, ayant gouverné la paroisse de Lucey pendant 46
« ans, avec un très grand zèle et autant de sagesse que d'édi-
« fication. Son corps fut inhumé le lendemain, devant la
« croix du cimetière, suivant ses dernières volontés, par
« moi, prestre, curé de Saint-Jean de Toul, doyen rural du
« grand archidiaconé, en présence de messire Alexandre-
« Nicolas Martel, chanoine et écolâtre de l'église cathédrale
« de Toul, de M. Vatelot, aussi chanoine de la même église,
« ses exécuteurs testamentaires, de M. Compagnon, chape-
« lain de la chapelle de Lucey et des soussignés curés de
« Bruley, Lagney, Bouvron, Trondes, etc., et Joseph Renard,
« curé de Pagney-sur-Meuse, neveu du défunt. » (*Archives de Lucey.*)

ÉCOLE DES FILLES DE LAGNEY

A Lagney, village proche voisin de Trondes et de Lucey, nous observons des écoles de garçons et de filles, également anciennes, mais qui n'ont pris un certain développement qu'à partir de 1700.

Il est fait mention du maître d'école de Lagney, en des actes du xviie siècle (1), et nous avons lieu de constater que la série des régents d'école fut bien régulière à Lagney, dans les xviie et xviiie siècles, pour l'école des garçons.

Quant à l'école des filles, nous remarquons un mouvement analogue à celui qui se manifeste dans les villages voisins, et à peu près dans les mêmes circonstances.

C'est d'abord un bon prêtre, « honorable sieur François Royer », qui est curé pendant 51 ans, à Lagney, justement à cette même époque, de 1686 à 1737. Coïncidence curieuse ! Voilà donc dans trois villages voisins, trois curés qui restent à la tête

---

(1) Testament de feu Mre Remy Godefroy, 20 septembre 1676. (*Archives de Lagney*.) — Fondation d'un obit par Sébastien Millot, par contrat du 2 mai 1692, et du 22 mai 1692. — Obits fondés par défunt Jean Brollot et Marguerite Martin, sa femme dans l'église saint Clément de Lagney, du 22 juillet 1702 (*Ibidem*.)

de leurs paroisses 40 et 50 ans, et meurent octogénaires, ou peu s'en faut ; ils sont amis, et ils impriment le mouvement aux écoles. Tout à l'heure, nous ajouterons encore un nom à cette liste.

C'est ensuite un chanoine de Toul qui aide, d'une manière principale, à la fondation de l'école de filles de Lagney.

Louis de la Fitte de Burnebon, chanoine de l'église cathédrale de Toul (1), avait acheté un

(1) Nous savons d'ailleurs que M. de Burnebon était parfaitement disposé pour les écoles de filles à la campagne. La pièce suivante le prouverait encore et nous la citons, quoiqu'elle n'ait pas trait directement au Toulois, mais à cause de M. de Burnebon, et aussi pour fortifier nos réflexions sur la générosité des chanoines de Toul à l'égard des écoles

« Du samedy 2ᵉ may 1722.

« Messieurs, faisant attention au grand bien que l'établis-
« sement d'une maîtresse d'école peut produire à *Vicherey*,
« pour la gloire de Dieu, l'instruction de la jeunesse et l'édi-
« fication des peuples de cette prévôté, ont ordonné du con-
« sentement de *M. de Burnebon*, leur confrère, que les rentes
« du fond que ledit sʳ a donné pour être distribuées aux
« pauvres dudit Vicherey, tous les dimanches de l'année, à
« l'issue de la messe de paroisse, seront employés à la cons-
« truction ou à l'acquisition d'une maison que M. de la Ras-
« tière, chanoine et prévôt dud. lieu a proposé de faire pour
« ladite école des filles, et qu'après l'entière construction
« ou acquisition de ladite maison, les rentes dud. fond seront
« employées à payer les gages de lad. maîtresse d'école,
« jusqu'à ce qu'il se trouve un fond suffisant pour l'entretien
« de lad. maîtresse, lequel cas arrivant, les rentes dud. fond
« seront distribuées comme auparavant aux pauvres de Vi-

gagnage situé au ban et finage de Lucey et bans voisins « cy-devant appartenant à damoiselle Fran-
« çoise Enguerrant, femme séparée de corps et de
« biens d'avec François du Mourot, escuyer sieur
« du Teil, capitaine au régiment Turaine (sic),
« auparavant veuve de Me Remy Godefroy, vivant
« procureur au Parlement, substitut de Monsieur le
« Procureur du Roy au Bailliage et Siège royal de
« Toul. » Il existe une copie de la Déclaration nouvelle de ce gagnage, faite le 24 août 1729 ; et cette copie de la Déclaration attribue précisément le gagnage à l'*Ecole des filles de Lagney.*

Nous avons mieux que cette pièce, pour justifier à cette date, la propriété des maîtresses d'école des filles de Lagney.

Nous avons la *Copie de la fondation de l'Ecole de Lagney.* (1)

C'est un acte tellement considérable en la ques-

« cherey, les dimanches, à l'issue de la messe de paroisse.
« Signé : Louis de la Fitte Burnebon. Fait en chapitre les
« ans et jour susdits. Claude, secrétaire. » (a)

(1) *Archives de la Maison-Mere de la Doctrine Chrétienne,* c'est le titre que porte le document.

a) Extrait des *Registres capitulaires* (*Archives de Meurthe et Moselle*) Voir aussi les *Archives de Tronles*, la copie de la pièce existe, datant de l'époque

Par où l'on voit combien notre remarque du chapitre Ier est fondée, à savoir que les délibérations du Chapitre de Toul avaient quelquefois pour objet la question des écoles rurales et les générosités à faire pour les fonder ou pour les soutenir

tion qui nous occupe, qu'on nous excusera d'en citer de longs extraits.

« Ce jourd'huy ving-sixième juin mil sept cent
« vingt-neuf, par devant les notaires royaux gardes
« scel à Toul, y résidants, soubsignez furent pré-
« sents Messire Charles Claude de Laigle, Grand
« archidiacre et chanoine de l'église cathédralle dud.
« Toul, official et vicaire général de l'Evêché et Dio-
« cèse de lad. ville et abbé de Mureau, Monsieur
« Me Christophe François Lanty, Conseiller du Roy
« au Bailliage et Siège présidial dud. Toul, subdé-
« légué de Monseigneur l'Intendant et Mre Esche-
« vin de lad^{te} ville, et Monsieur Jean Vatelot,
« prestre sacristain de ladi^{te} église cathédralle (1),
« aux noms et comme exécuteurs du Testament
« de deffunct messire Louis de la Fitte Burnebon,
« vivant prestre chanoine de lad^{te} église cathé-
« drale... »

« Lequels ont dit et déclarez que mondit sieur
« Burnebon, ayant depuis plusieurs années une
« volonté constante de contribuer de tout son pos-

(1) Nous saluons de nouveau ici les noms que nous avons trouvés déjà à Trondes et à Luccy, M. de L'Aigle, M. Lanty, et M. Vatelot. Celui-ci (nous le constaterons plus loin et on le devine déjà par tout le contenu du testament) était l'homme principal et comme le chef reconnu de toute cette campagne en faveur des petites écoles.

« sible à élever dans les terres de Mrs du Chapitre
« de lad{te} cathédralle des bons chrestiens et consé-
« quamment des sujets qui leur soient fidèls ; et
« ayant reconnu par l'expérience de plusieurs bons
« curez et par la sienne propre que le *vray et pres-
« que l'unique moyen pour y parvenir, estoit l'Etablis-
« sement des Ecoles de charitez, et notamment pour les
« filles,* dont on néglige ordinairement l'éduca-
« tion, de laquelle cependant on devroit avoir un
« très grand soin, parce que la plupart des filles
« devenant mères de familles, deviennent en même
« temps chargées de l'éducation de leurs enfants,
« devoir dont elles ne peuvent s'acquitter sy elles
« n'ont reçeu elles-mêmes une bonne éducation
« dans leur jeunesse, et dans cette intention et
« volonté, Mondit sr Burnebon, par son d{t} testa-
« ment, aurait institué pour ses h{ers}, à l'exclusion
« de tous aultres, les deux Ecoles de charitez pour
« les filles de Lagney et Pagney-sur-Meuse... »

N'aperçoit-on pas nettement ici quelle place les
écoles rurales tenaient dans les préoccupations et
dans les générosités de ces bons chanoines ? (1)

(1) Nous parlons ici exclusivement des écoles rurales de
filles Mais Messieurs du Chapitre n'oublient ni la ville
de Toul elle-même, ni les écoles de garçons Vers la même
époque, pour ne citer que cet exemple, M. Philippe

La fondation du chanoine Burnebon donnait à l'école de filles de Lagney : 1° une maison ; 2° un jardin ou meix, à côté, et contigu à celui de la cure ; 3° un gagnage situé au ban de Lucey ; 4° un autre gagnage situé au ban et finage d'Ecrouves ; 5° deux jours de terre, des prés, etc. ; 6° une constitution de rente réduite à trois pour cent argent de France au capital de six cents livres ; 7° une somme de mille livres en capital, et qui produit cinquante livres de rente argent de France ; 8° deux constitutions de chacune cinq cents francs barrois.....

C'est assurément une des meilleures dotations que nous ayons vues pour les écoles anciennes.

Notons que le chanoine fondateur nourrissait son projet depuis plusieurs années ; car il achetait, par exemple, le jardin en 1714, la maison en 1716, les prés en 1719, les gagnages en 1720, 1722, etc.

L'école des filles de Lagney existait un peu de temps déjà avant M. Burnebon. Ce qui nous le fait affirmer, c'est, entre autres, le passage suivant

---

Le Vacher, chanoine et écolâtre de l'église de Toul, par son testament du 1er mai 1719, fonde « deux écoles publiques « gratis en cette ville pour les deux sexes, sous la direction « des écolâtres et sous l'autorité de l'évêque. »

(Extrait de l'Inventaire de Lorraine, n° 131)

du texte de la fondation même de M. de Burnebon : « Stipulant et acceptant pour ycelle Ecole
« par sœur Anne Barra et sœur Barbe Barra (1),
« filles maîtresses audit Lagney *présentement en*
« *exercice* pour elles et celles qui les succèderont... »
En outre, il existe aux Archives de la Maison-Mère de la Doctrine chrétienne, à Nancy, une pièce d'où il ressort qu'en 1712, une dame, originaire de Lagney, *Sébastienne Brolloy*, par testament, donne une maison pour y fonder une école de filles, et les filles Barra sont déjà désignées nommément pour tenir cette école (2).

(1) Elles étaient de Lucey.
(2) Voici le document, il mérite d'être cité :
« De la Coppie du Testament de Deffunte Dame Sébas-
« tienne Brolloy, veuve de Mr Mr Jean Lavier, vivant consel-
« ler du Roy de ses conseils, Lieutenant général du Balliage
« Royal de Toul, et Président du Conseil souverain d'Alsace,
« en datte du *premier octobre mil sept cent douze*, signée en fin
« Royer avec paraphe et scellée, l'on a esté tiré l'article qui
« suit :
« La dame Testatrice considérant que rien n'est plus utile
« pour le bien des Parroisses de la campagne que l'establis-
« sement des maîtresses d'escolles destinées à l'éducation et
« instruction des enfants, que son dessein est d'en faire l'es-
« tablissement d'une au lieu de Lagney, par elle même de
« son vivant si Dieu lui en donne le temps, et venant à de-
« céder sans y avoir satisfait, ordonne la dame Testatrice que
« led. establissement d'une maîtresse d'escolle sera fait aud.
« Lagney, pour l'instruction des enfants dud. lieu, par les
« srs ses exécuteurs testamentaires cy-après nommez, sous

Mais soit que les donations antérieures eussent été insuffisantes, soit que ce premier établissement de l'école (de 1712 à 1729) n'eût été qu'un essai rempli de difficultés ou d'intermittences, M. de Burnebon, principal bienfaiteur, est considéré, à juste titre, comme le fondateur de l'école des filles de Lagney.

« l'authorité et agrément de Monseigr l'Evesque Comte de
« Toul, ensemble des Seigneurs dud. lieu, si besoin est, et
« sous les charges, clauses et conditions qui seront trouvées
« à propos, nottamment que lad. maitresse d'escolle sera
« tenue d'enseigner un certain nombre d'enfants gratis,
« dans lequel ceux des pauvres parents de la testatrice seront
« préférez. Pour parvenir auquel establissement et entrete-
« nu lad. maitresse d'escolle, la dame Testatrice donne et
« lègue la masure à elle appartenante au dit lieu de La-
« gney, rue du Norrois avec tous les jardins joignant devant
« et derrière, ensemble les terres, preys, vignes et héritages
« qui se trouveront lui appartenir du côté des Brolois ou
« d'acquêts et retraits par elle faits, et une somme de mil
« francs barrois pour parvenir au restablissement de lad.
« masure, à prendre, sçavoir cinq cents francs sur Llophe
« Noel de Trondes, qui luy doit par contract de constitu-
« tion et cinq cents francs sur les dettes qui se trouveront
« luy appartenir aud. Lagney, priant les dits srs ses exécu-
« teurs testamentaires de faire led establissement du mieux
« qu'il leur sera possible, dont elle les en laisse maistres et
« donne tout pouvoir d'en passer les contracts et actes néces-
« saires et de nommer pour premieres maitresses d'escole,
« Barbe ou Anne Barrat, filles demeurant à Lucey.

« Ledit article tiré sur lad. Coppie et sy conforme de mot
« à mot, ce fut, rendue par les notaires royaux à Toul, rési-
« dants soubssignés, ce jourd'huy dix huitième janvier mil
« sept cent vingt quatre. Royer. Chevalier. »

En comparant les fondations, à peu près faites simultanément à Trondes, à Lucey, à Lagney, on saisit des ressemblances très frappantes pour l'ensemble et seulement quelques différences de détails.

Ce qui ne varie guère, c'est la condition que la maîtresse d'école soit « capable, vertueuse, et de « bonne réputation » et qu'elle ne soit pas mariée. M. Gueldé n'admet pas les veuves. M. Varnerot n'en dit rien. M. Burnebon les agrée, « si « elles sont sans enfants et vivantes dans le céli- « bat, approuvées par Monseigneur l'Evêque ou « ses grands vicaires. »

M. Varnerot et M. Gueldé se montrent sévères pour exclure de certaines occupations accessoires, et, pénétré de cette idée, M. Varnerot a bâti sa maison « de manière à ne pouvoir loger de bestiaux dans les usuaires. » M. Burnebon, au contraire, est plus indulgent pour les habitudes et pour les besoins de la campagne.

M. Burnebon, en revanche, prend les précautions les plus minutieuses, pour assurer aux maîtresses d'école une parfaite régularité de mœurs et une bonne réputation. Citons l'article en entier. « Lesquelles maîtresses d'écoles ne pourront « jamais retirer avec elles dans lad[te] maison au-

« cunes personnes de l'autre sexe, pas même
« leurs pères ny leurs frères ny même aucunes
« personnes de leur sexe mariées ou prêtes à ma-
« rier, sous quelque prétexte ce puisse estre. Elles
« ne pourront non plus donner logement dans
« ladite maison, par location ou autrement à
« aucunes filles ou veuves à moins qu'elles ne
« vivent sagement dans le célibat parce que sy
« quelqu'une de celles qui habiteront dans cette
« maison se destinoit au mariage ou sy on la croioit
« dans cette disposition, cela attireroit les recher-
« ches et les visittes des hommes et des garçons, ce
« que mondit sʳ Burnebon a déclaré ne vouloir
« jamais estre souffert ny toléré dans cette maison
« de la part ny pour qui que ce soit, à peine par
« les contrevenantes d'en estre expulsées, et pri-
« vées de la fonction de maitresses d'école... »

Ce qui touche au côté matériel, comme les réparations, l'entretien de la maison, la culture des héritages, la conservation des capitaux et des rentes, etc., est fort bien prévu, dans le plus petit détail. Plusieurs passages se retrouvent presque textuellement les mêmes à la fois dans le testament de M. Varnerot et dans celui de M. Burnebon. Notre conviction est que M. Vatelot, leur ami commun, a inspiré les deux actes.

A Lagney, comme à Lucey, l'école des filles est entièrement gratuite, et il y a deux maîtresses.

Le programme est le même : « apprendre leurs « prières, leur catéchisme, à lire, escrire, l'ortho-« graphe, l'arithmétique. »

En outre, les sœurs maîtresses d'école de Lagney auront à faire, comme à Trondes, « les « jours de dimanches et fêtes solennelles des ins-« tructions familières ou des lectures de piété aux « femmes et aux filles qui s'assembleront dans leur « école à heure compétente, et cela sous la con-« duite et direction du s' curé dud. lieu. »

Elles seront, comme à Trondes aussi, exemptes « de toutes tailles, capitations, logement de gens « de guerres, rentes seigneurialles, debtes de com-« munauté, et de toutes autres charges à imposi-« tions généralement quelconques... » Elles auront « une portion de bois et la liberté d'avoir un « petit nourry de vaches, porcqs et autres bes-« tiaux..... »

Enfin des précautions sont prises pour prévenir la mauvaise volonté, les chicanes, ou simplement la rigueur des événements (1).

(1) *Archives de la Maison-Mère de la Doctrine Chrétienne.* — A la copie de la fondation de l'École des filles de Lagney se trouvent annexées : 1º la procuration du 25 juin 1729 donnée

ÉCOLE DES FILLES DE PAGNY-SUR-MEUSE

A Pagny-sur-Meuse, village à trois quarts d'heure de Trondes, du côté Sud-Ouest, était curé M. Jean Pelletier. Il le fut durant trente années, de 1702 à 1733.

Pieux, zélé, intelligent, il comprit, lui aussi, la nécessité qu'il y avait de créer des écoles de filles. Il partageait, là-dessus, les sentiments de M. Gueldé dont il était proche voisin et ami. Quelque part, dans un acte, il prend cette qualité de « cha-« ritable ami du deffunt Mre Dominique Gueldé, « auquel ledit deffunt a confié ses secrets. » Il fut l'un de ses exécuteurs testamentaires.

Seulement, M. Pelletier ne paraît pas avoir disposé de beaucoup de ressources personnelles pour l'exécution de ses projets. La Providence lui envoya un précieux auxiliaire.

Dès 1714, par contrat du 3 janvier, passé par devant Mitaine, tabellion audit Pagney, le curé Pelletier acquiert la maison de Jean Colliot et de Nicolle Aubriot sa femme. Le prix en fut modique, « 224 livres de principal, et 3 livres aux

par la communauté de Lagney pour accepter la dite fondation ; 2° L'approbation de la fondation par Mgr Bégon en date du 27 juin 1729.

« vins et coeffe. » La maison cependant était « bien
« logeable, commode, avec un petit jardin po-
« tager (1). »

En 1715, poursuivant sa pensée, M. le curé Pelletier achète à « Damoiselle Charlotte de Châteaufort, veuve du sieur de Chevigny (?) demeurant à Troussey » un gagnage peu considérable, mais qui comprenait plusieurs héritages. Il en cède la moitié à son ami, M. Gueldé, pour les écoles de Trondes (2), et retient l'autre moitié pour l'école des filles de Pagney. Le contrat (3) est du 20 novembre 1715. Joseph Bataille, recteur « des Ecolles » de Pagny y signe comme témoin. Le prix de vente était « de 671 livres 7 « sols 6 deniers de principal, et les vins buts et « 5 livres pour coiffe. » Ce contrat nous fait connaître indiscrètement que la dame de Châteaufort devait 600 livres à dame Mathiot demeurant à Nancy pour une constitution de rente. Elle « re-

---

(1) Note datant de 1729 (*Archives de la Maison-Mère de la Doctrine Chrétienne*).

(2) On se rappelle qu'à cette même année 1715, M. Gueldé, à Trondes, fondait définitivement son école de filles et était au plus fort moment de l'organisation de ses œuvres scolaires.

(3) Titre en parchemin et scellé. (*Archives de la Maison-Mère de la Doctrine Chrétienne*).

mettra incessamment cette constitution en main du dit sieur acquéreur pour lui servir et valoir d'hypothèque. » M. Pelletier donna « manuelle-
« ment et comptant en bonnes espèces d'argent
« ayant cours les 671 livres 7 sols 6 deniers et
« ladite venderesse se tint pour contente, satis-
« faite et bien payée. »

M. Pelletier n'était qu'intendant et mandataire. Celui qui fournissait les fonds et qui doit être appelé le *fondateur* de l'école des filles de Pagny-sur-Meuse, et qui le fut en effet, c'était encore le chanoine messire Louis de la Fitte Burnebon, le même qui fonda et à la même date l'école des filles de Lagney (1).

(1) M. Louis de La Fitte Burnebon, nommé par le roi chanoine de la cathédrale de Toul en 1676, se distingue par son zèle et par sa générosité à l'égard des œuvres pies. Il occupa son canonicat l'espace de cinquante et un ans, et décéda le 3 septembre 1727.

Un *Etat de l'Eglise de Toul*, commencé par M. Dumesnil, chanoine et archidiacre de Port, qui fut chanoine pendant 74 ans et mourut le 20 juin 1716, (Manuscrit de à la Bibliothèque du Grand Séminaire de Nancy) contient la série des évêques des Dignitaires et Membres du chapitre du Toul qui se sont succédé à cette époque. C'est une simple nomenclature avec les dates de nomination et de décès. Il n'y a ni appréciation ni qualification d'aucune sorte vis-à-vis d'aucun personnage, sauf pour M. de La Fitte Burnebon, dont il est dit qu'il mourut « *en odeur de sainteté* », et pour M. Vatelot que le manuscrit appelle un « *digne* prêtre. » Il nous plaît que ces deux qualifications, les seules absolument du manuscrit alors qu'il

M. de Burnebon paya d'abord la maison de 1714, puis le gagnage de 1715, et ces deux acquêts lui furent récédés par contrat du 23 mai 1720 (1). Ensuite, par son testament du 2 septembre 1727, il institua son héritière l'école des filles de Pagny conjointement avec celle de Lagney. Par ce seul fait, les deux écoles de charité se trouvèrent enrichies de biens fonds et de rentes. Avec les deniers de la succession encore, les exécuteurs testamentaires ajoutèrent en 1728 (2), en 1729 et en 1730, divers héritages et constitutions de rentes.

C'est en 1729, le 25 juin, que fut signé le contrat de fondation de l'école des filles de Pagny-sur-Meuse, ensemble avec celui de Lagney (3).

Comme pour Lagney, « M. Claude Charles de L'Aigle, grand archidiacre, chanoine de l'Eglise cathédrale, official et vicaire général de l'Evêché et Diocèse de Toul, et abbé de Mureau, M. Chris-

---

y a environ deux cent vingt personnages cités, aient été appliquées à ces deux bienfaiteurs et apôtres de l'enseignement populaire, et cela par un contemporain, dont la haute situation et le long séjour à Toul rendent le jugement sûr et autorisé

(1) *Archives de la Maison-Mère de la Doctrine Chrétienne.*

(2) Acquêt sur Nicolas Millery — « au prix de 950 livres de principal et 35 livres pour chapeau. » — (*Archives de la Maison-Mère de la Doctrine Chrétienne*).

(3) Titre en parchemin, très bien écrit et très bien conservé. (*Archives de la Maison-Mère de la Doctrine Chrétienne.*)

tophe François Lanty, conseiller du Roy au Bailliage et Siège présidial dudit Toul, subdélégué de Monseigneur l'Intendant et M^re échevin de lad. ville, et Mr Jean Vatelot, prêtre sacristain de lad. cathédrale, » figurent au contrat, aux noms et comme exécuteurs du testament de M. de Burnebon. La veille, le 24 juin, la Communauté de Pagny, assemblée au lieu « ordinaire et accoutumé » députe pour accepter le contrat le s^r « Claude Mer-
« cier, maire seigneurial de Pagny, et Jean Bastien
« l'aîné et Joseph Jacquinet, tous habitants des plus
« intelligents. » Vingt et une personnes signent la procuration. Un bien plus grand nombre assistaient à la séance, mais les autres ont déclaré ne savoir signer. Mgr Bégon, deux jours après, agréa et approuva ce contrat de fondation, et prit dès lors sous sa protection l'école des filles de Pagny-sur-Meuse.

Grâce à toutes ces largesses de M. de Burnebon, l'école des filles de Pagny, déjà commencée, avait son avenir assuré. La *Déclaration des fonds et rentes que possède l'Ecole de charité de Pagny-sur Meuse*, faite le 12 janvier 1740, donne comme total du revenu annuel 126 livres 10 sols (1).

(1) Cette déclaration existe en 2 exemplaires sur papier libre très bien écrits, tous deux signés de M. Vatelot (*Archives de la Maison-Mère de la Doctrine Chrétienne*).

Comment a fonctionné cette école ?

La première sœur Thérèse Clément, « stipule et accepte » au nom de l'école, dans le contrat de fondation. Elle y est nommée comme exerçant présentement l'école dudit lieu et sans doute elle était là depuis plusieurs années déjà (1). Nous retrouvons, en 1757, sa signature au bail d'un fermier.

Celle qui lui succéda resta encore plus longtemps qu'elle. Sœur Thérèse Attenot, fille de Dominique Attenot et de Marie Marc, de Lagney, sœur-maîtresse pendant plus de soixante ans, acquit une sorte de vénération auprès des familles. Elle avait traversé sans faiblir les mauvais jours de la révolution. Presque nonagénaire, elle était encore titulaire de son poste ; par reconnaissance, la commune lui payait une pension. Elle mourut pieusement le 5 février 1824, âgée de 88 ans et 8 mois.

Une parente, sœur Marguerite Guillaume, aussi de Lagney, qui lui était venue en aide dans les dernières années, la remplaça.

Mais nous n'avons pas à suivre pour le détail le développement de cette école, dont la création est

---

(1) La maison ayant été achetée en 1714, on y avait installé l'école des filles un peu après.

due à deux prêtres, l'un usant généreusement des quelques biens que la Providence avait mis entre ses mains, l'autre donnant son temps, ses soins, son cœur à cette entreprise. M. le curé Pelletier suivit de très près son ami M. Gueldé dans la tombe. Il mourut le dimanche 28 décembre 1732. Il ne précéda guère que d'un an M. Varnerot, dont le neveu M. Renard vint tenir sa place à Pagny. M. Vatelot signa comme témoin à l'acte de nomination de M. Renard le 2 janvier 1733.

ÉCOLE DES FILLES DE BRULEY

Nous rapprochons les noms et les dates afin de faire entrer de plus en plus dans les esprits la conviction qu'il y avait, alors, dans ce coin du pays Toulois, un groupe de très bons prêtres, tous amis, tous ayant à cœur de répandre l'instruction. Pour comble de bonheur, tous restèrent longtemps à la tête de leurs paroisses.

Il serait intéressant de faire ainsi le tour des autres localités, du même canton. Mais nous avons hâte d'arriver à Bruley et à M. Vatelot, chanoine de Toul, le fondateur, du moins le bienfaiteur signalé et le réformateur des Filles de Charité pour les Écoles, longtemps appelées de son nom, *Sœurs*

Vatelottes et désignées aujourd'hui sous le titre de Religieuses de la Doctrine Chrétienne.

Sans contredit, celui de tous qui rendit, à cette époque, le plus de services dans la question des Écoles de filles de la campagne pour le pays Toulois et pour la Lorraine fut M. Vatelot.

Jean-Baptiste Vatelot (1), né à Bruley, village voisin de tous ceux que nous avons nommés, se rapproche de MM. Gueldé, Varnerot, Pelletier, de Burnebon, Martel, Jobal de Pagny, de L'Aigle, non seulement par l'âge et par les relations, mais surtout par la sainteté de vie et par le dévouement à l'instruction populaire. Ami, confident, conseiller de tous ces bienfaiteurs des écoles, il fut l'exécuteur testamentaire de la plupart d'entre eux. Quoique un peu plus jeune, il fait plus que les seconder et les imiter, il les devance, il les dépasse. En définitive, les curés de Trondes, de Lucey, de

---

(1) La biographie de M. Vatelot que nous ne pouvons ici qu'esquisser très sommairement, mériterait d'être écrite. Ni le résumé fait en trois pages par M. l'abbé Guillaume dans son *Histoire du Diocèse de Toul*, Tome IV, ni la courte *Notice* mise en tête du Directoire des Religieuses de la Doctrine Chrétienne, et à peu près reproduite par Migne (*Supplément à l'Histoire des Ordres Religieux*, tome IV) ne sauraient, quoiqu'ils l'atténuent, enlever notre regret qu'il n'y ait pas une Histoire de M. Vatelot et de sa Congrégation.

Lagney, de Pagny-sur-Meuse, etc., avaient un champ d'action limité à leurs paroisses. M. Vatelot déploie son zèle à Toul, dans le Toulois et dans le diocèse entier. Les premiers suivent l'impulsion ; M. Vatelot la donne. Les premiers fondent chacun une école ; ils bâtissent une ou deux maisons. M. Vatelot fait surgir de terre cinquante, soixante maisons ; il fonde ou enfin il affermit et développe une Congrégation pour les Ecoles, laquelle compte, à la mort de son illustre supérieur, une centaine de membres, trois cents à la fin du siècle, aujourd'hui plus de deux mille disséminées en France, en Algérie et à l'étranger.

Quand et comment M. Vatelot conçut-il le dessein de doter plus largement qu'on ne l'avait fait jusqu'à lui, la ville et principalement les campagnes de maîtresses d'écoles, il serait intéressant, mais sans doute délicat de le déterminer d'une manière absolument précise.

La question des origines est toujours complexe. Rarement une rivière sort tout entière d'une seule source. Lorsque le voyageur remonte les pentes d'où descend le cours d'eau, s'il veut voir les tout premiers commencements, il aperçoit souvent de nombreux filets qui contribuent à former le ruisseau d'où le fleuve tirera son nom. De même, lorsqu'une grande œuvre se réalise, il est difficile parfois de discerner à quelle heure, à la suite de quels faits, de quels sentiments, elle a pris naissance (1).

Dom Calmet, dans sa *Bibliothèque Lorraine*, semble attribuer à l'initiative de M. Claude Varnerot, curé de Lucey de 1686 à 1734, le mérite et l'honneur du mouvement qui eut lieu dans le diocèse de Toul en faveur des écoles de filles durant la première moitié du XVIIIe siècle. Après avoir noté parmi les œuvres de ce zélé pasteur les fondations « d'une école séparée pour les garçons, « d'une autre école pour les filles, où un Maître « et deux Maîtresses enseignaient *gratis*, » il ajoute : « C'est là l'origine de quantité d'écoles de « filles, fondées depuis dans le diocèse de Toul, « sous la protection du Seigneur Evêque qui le « gouverne, dans lesquelles les Maîtresses sont « uniquement occupées à enseigner *gratis*, à « élever les jeunes filles dans la piété et la reli-« gion » (2).

---

(1) Nous nous occupons de rechercher la date certaine de la fondation des filles des Ecoles de Charité, appelées longtemps Vatelottes ou Vatelottines, actuellement Sœurs de la Doctrine chrétienne.

(2) *Bibliothèque Lorraine*, article *Varnerot*, page 976.

L'assertion du savant abbé de Senones, pour être conçue dans des termes assez vagues, n'en a pas moins une certaine valeur, à cause de l'autorité considérable dont elle émane. Il n'entrait ni dans le dessein général de l'ouvrage ni dans le cadre particulier de la biographie de M. Varnerot de donner une dissertation historique sur l'origine de tant d'écoles de filles qui s'établirent dans le diocèse de Toul de 1700 à 1750. Dom Calmet, en s'exprimant ainsi, fait assez voir qu'à ses yeux le mouvement en faveur des écoles de filles au XVIIIe siècle a pris naissance dans cette partie du Toulois que nous étudions. En cela nous sommes d'accord avec l'éminent auteur de l'*Histoire de Lorraine*, et c'est la conclusion de ce chapitre et de notre livre, mais, en plus, il laisse entendre que le point de départ du mouvement a été Lucey et les écoles établies par M. Varnerot. Là, nous avons le regret de nous séparer de lui, mais aussi la confiance que, sur ce point de détail, l'exactitude est de notre côté.

Si Dom Calmet a l'autorité incontestable de son nom et de son érudition qui fut immense, s'il est contemporain des faits et des personnages ici mis en cause, cependant nous osons observer que les documents de l'époque en très grand nombre, sont unanimes à montrer M. le chanoine Vatelot comme ayant été le promoteur et le chef du mouvement en faveur des écoles de filles. M. Vatelot apparait nommément dans les contrats de fondation des écoles de filles. Il se rend très souvent sur les lieux, assiste aux délibérations, traite avec les communautés ; il signe aux actes. Nous avons eu entre les mains plus d'une centaine de pièces. C'est lui qui réunit les *Filles des écoles de Charité,* leur donna une règle, et les institua en Congrégation pour enseigner *gratis* les filles, et surtout à la campagne. Les contemporains le saluent comme l'instituteur et le fondateur de ces religieuses. On les nomme sœurs Vatelottes ou Vatelottines. Tout le XVIIIe siècle leur garda cette dénomination, qui çà et là, se rencontre encore aujourd'hui, sinon dans les actes et papiers officiels, du moins dans les conversations. Et précisément ce sont ces mêmes religieuses qui furent appelées partout dans le diocèse pour établir et inaugurer les nouvelles écoles de filles, ou pour diriger les anciennes.

C'est notre conviction, établie sur des documents authentiques, que M. Vatelot a eu la gloire — car c'en est une aux yeux même de la postérité, — d'avoir donné dans notre diocèse au commencement du XVIIIe siècle, à l'enseignement primaire des filles un développement considérable et comme un puissant essor.

Au surplus, nous ne faisons pas difficulté de l'avouer, M. Vatelot dut avoir souvent des entretiens avec M. Varnerot, M. Gueldé et ses autres amis sur les écoles de la campagne. Les questions d'instruction étaient à l'ordre du jour ; les villages avaient absolument besoin d'écoles, surtout d'écoles de filles ; les efforts se multipliaient partout pour en établir ; l'impulsion était donnée par les Evêques ; enfin l'Esprit du Dieu qui aime les humbles, qui appelle autour de lui les enfants, et qui, de tous temps, a évangélisé les pauvres, soufflait dans ce sens à travers l'Eglise. Or, justement se rencontre un groupe d'hommes intelligents, généreux, animés d'une foi vive, ardents et saints, exerçant le ministère pastoral à Toul et dans les environs, et dont l'amitié faisait mettre en commun les idées, les sollicitudes, les prières et les projets. D'un pareil groupe, croyons-nous, devait nécessairement jaillir une étincelle.

M. Vatelot, si l'on veut, recueillit cette étincelle sacrée.

La Congrégation des Filles des Ecoles de Charité innova. Réunir des dévouements pour la cause de l'éducation n'était point, certes, nouveau dans la société chrétienne. Beaucoup d'ordres et d'instituts s'y consacraient, et depuis longtemps. Ce qu'il y eut d'original dans l'association nouvelle, ce fut la dispersion des religieuses. Au lieu que jusque-là les personnes vouées à l'enseignement sous l'empire d'une règle devaient observer la clôture, du moins la communauté, ici, elles pourront être envoyées seules, s'il le faut, dans les paroisses les plus lointaines et les plus pauvres, à la merci de tout événement, seulement sous le regard et la protection de Jésus-Christ, leur Maître (1). Innovation hardie, présomptueuse peut-être, qui eût effrayé des saints tels que saint Vincent de Paul lui-même et le B. Pierre Fourier! Dieu dirige tout dans l'Eglise; il adapte les secours aux besoins; il proportionne les grâces aux périls, et lorsqu'il suscite une mission délicate, il entend en assurer le succès.

M. Vatelot n'était prêtre que depuis peu d'années; il occupait une situation modeste; il sortait d'une famille que pouvait recommander la vertu, non toutefois la richesse ou la naissance. Mais, avec

(1) Les sœurs maîtresses d'école devaient être aussi autant que possible des infirmières intelligentes et zélées, afin surtout dans les villages, d'assister les malades pauvres. Dès les commencements de la Congrégation, on les voit prendre soin des malades; souvent ceci est mentionné dans les titres de fondation et dans les traités. C'est un point commun avec l'Institut des Sœurs de Saint-Charles.

le zèle et les ressources de la jeunesse, il avait déjà une maturité qui devançait l'expérience, un grand bon sens, un remarquable esprit de méthode, beaucoup de discernement, une volonté persévérante, surtout une admirable régularité et sainteté de vie. Prière, humilité, pénitence, charité, c'est toujours de ces sources pures et dévouées, que découlent les grandes œuvres chrétiennes.

M. Vatelot, quoique plus jeune que M. Gueldé et M. Varnerot, commence avant eux. L'école des Filles de Pagny-sur-Meuse date de 1714, celle de Lagney de 1712, celle de Lucey de 1707, celle de Trondes de 1704 (je prends les dates les plus anciennes), et M. Vatelot organisait les classes dès 1695.

Il avait six sœurs, dont trois se marièrent et trois furent religieuses, sous la direction de leur frère. Celles-ci, Marie, Françoise et Barbe, furent naturellement des premières à se dévouer dans l'œuvre à laquelle leur frère donnait un si grand essor. C'étaient de bonnes et saintes filles ; l'une fit l'école à Bruley, dans une maison appartenant à M. Vatelot, probablement la maison natale (1). Cette

---

(1) N° 53 de la Grande-Rue. — L'une des trois, celle sans doute qui resta à Bruley, y fut inhumée, et à une place d'honneur. Je me rappelle encore avoir vu, étant enfant, sa

maison, depuis lors, n'a jamais changé de destination. Actuellement, elle se distingue à l'extérieur par une petite cour en avant, et par une statue de sainte Anne enseignant la sainte Vierge. Ses deux autres sœurs enseignèrent dans des villages, puis à Toul, dans les écoles fondées sur la paroisse Saint-Aignan, et sur la paroisse Saint-Jean-du-Cloître, surtout à la Mère-Ecole, fondée sur la paroisse Saint-Gengoult. Sœur Barbe Vatelot devint supérieure de la Congrégation.

On pourrait distinguer trois périodes dans la vie et dans l'œuvre de M. Vatelot.

Dans la 1re période, de 1695 à 1717, M. Vatelot médite et élabore ses plans. Il prie, il s'essaie; il recrute autour de lui les bonnes volontés. L'administration épiscopale l'encourage. De tous les côtés la sympathie lui arrive, et l'opinion publique entrevoit avec bonheur cette pépinière qui promet de couvrir le diocèse de plantations fécondes. Déjà, en 1700, on parle ouvertement et avec faveur de l'*Institut* de M. Vatelot et des Filles des Ecoles de Charité, qu'on appelle Vatelottes ou Vatelottines. M. Vatelot était alors vicaire de la cathédrale. Le 29 juillet 1713, le Chapitre le choisit

tombe, presque en face de la porte de l'église; elle a malheureusement disparu, il y a quelque trente ans, lors des travaux pour le relèvement des murs du cimetière.

pour gérer les fonctions réputées importantes alors de prêtre sacristain de la cathédrale. L'œuvre se fait davantage connaître, car il n'y avait encore qu'un petit nombre d'associées. Mgr de Bissy et Mgr de Camilly, fidèles aux traditions de leurs prédécesseurs, avaient pris la Société sous leur protection et en réglaient le temporel. M. Vatelot en était le directeur spirituel.

Une 2e période, de 1717 à 1733, marque un progrès considérable. M. Vatelot reçoit le titre de supérieur et administre toutes les affaires de la Congrégation. Mgr Bégon le favorise de tout son pouvoir. Les fondations se multiplient, les aumônes abondent, les vocations se déclarent en grand nombre. Même M. Vatelot étend son zèle aux écoles de garçons et fonde « le *Séminaire des Petites Écoles* », sorte d'école normale pour former des instituteurs, et qui fonctionna après lui jusqu'en 1791. Alors il organise tout à fait la congrégation, constitue la Maison-Mère, qui sert à la fois de noviciat et de maison de retraite; il régularise les méthodes, il forme du même coup l'esprit, la tradition et le patrimoine de l'Institut.

Dans la 3e période, de 1733 à 1748, c'est la pleine prospérité. M. Vatelot, appelé aux honneurs du Chapitre, jouissant auprès de son évêque d'une très particulière confiance, et dans tout le diocèse d'une estime et d'une popularité qui allaient devenir de la vénération, mais se gardant toujours humble, pieux, austère, voit pour ainsi dire le couronnement de son œuvre. Des lettres patentes du roi Stanislas (26 février 1744), que Louis XV, huit ans après (1752), devait renouveler, donnent à l'Institut une existence officielle aux yeux de l'Etat. Malgré des difficultés causées tantôt par la guerre, tantôt par des années excessivement malheureuses, ou même par des événements intimes, la Congrégation s'élevait florissante. M. le chanoine Vatelot mourut le 20 août 1748, laissant après lui une grande œuvre et un nom impérissable dans notre contrée (1).

(1) Qui nous reprochera de nous être étendu, un peu complaisamment peut-être, sur M. Vatelot, notre compatriote ? Répétons-le, il doit être placé, au point de vue des écoles, bien plus haut que M. Gueldé, que M. Varnerot, et que tous les autres, ses amis et contemporains que nous avons cités. Encore une fois, il mériterait une histoire, lui et son œuvre. Nous nous permettons de faire ici appel à tous ceux qui auraient sur M. Vatelot, ou sur les Sœurs Vatelottes, c'est-à-dire l'Institut des Filles de la Charité, qui est aujourd'hui la Congrégation de la Doctrine chrétienne, quelque document de l'époque ou quelque renseignement. Ce qui serait, en particulier, précieux à retrouver, ce serait son portrait peint à l'huile, et qui existait encore au commencement de ce siècle.

Le testament de M. Vatelot nous a été conservé. Il est daté de 1746, deux ans avant sa mort. Il est très édifiant, mais quel meilleur testament que la Congrégation elle-même, aujourd'hui encore vivante, prospère, et distribuant l'instruction à des centaines de milliers d'enfants !

Les fondations de Trondes n'étaient donc point un fait isolé. De toutes parts, dans le diocèse de Toul, s'organisait une sainte croisade en faveur des écoles ; mais il faut dire que le petit coin de la région touloise que nous avons été à même de considérer, paraît avoir été, à cette date, le centre primitif du mouvement et le point de départ de cette croisade. Il y a là, devant Dieu et devant les hommes, un honneur qu'il nous était permis de revendiquer.

CONCLUSION

Les documents inédits que nous avons mis sous les yeux des lecteurs démontrent :

Qu'au commencement du XVIIIe siècle, il y avait à Trondes, village aux environs de Toul, une école de garçons et une école de filles ;

Que ces deux écoles étaient bien tenues, fréquentées et florissantes ;

Que les maîtres et les maîtresses jouissaient de la tranquillité, d'une certaine aisance, de beaucoup d'influence et d'une grande considération ;

Que les écoles de garçons et de filles étaient gratuites, que cette gratuité était le résultat des dons faits par la charité privée, et non de l'imposition forcée et des contributions publiques ; qu'ainsi la commune était de tous points favorisée ;

Qu'il en était de même dans les villages voisins ;

Que véritablement ce petit coin de terre touloise et lorraine vit une sorte de floraison merveilleuse d'écoles de filles, entre 1700 et 1750 ;

Qu'enfin, à la tête des œuvres et fondations scolaires se trouvent constamment de bons prêtres, simples curés de campagne, tels que M. Gueldé, curé de Trondes, M. Varnerot, curé de Lucey, M. Royer, curé de Lagney, M. Pelletier, curé de Pagny-sur-Meuse, etc., ou des chanoines, M. Burnebon, M. Martel, M. Jobal de Pagny, M. Gaultier, surtout M. Vatelot, fondateur des Filles des Ecoles de Charité, ou plus élevés encore dans les rangs de la hiérarchie diocésaine, M. de L'Aigle, grand vicaire, et par dessus tous ces dévouements, l'autorité et l'initiative des seigneurs évêques, comtes de Toul, notamment Mgr de Bissy, Mgr de Camilly et Mgr Bégon.

L'Eglise, dans notre pays, a donc donné à l'enseignement populaire ses soins, son temps et son cœur. A l'Eglise revient, pour cette époque, l'honneur des principaux efforts tentés pour mettre les connaissances élémentaires à la portée de tous.

Tels sont les faits.

Telle est la vérité.

PIÈCES ET NOTES JUSTIFICATIVES

PIÈCE A

Fondation d'un Obiit en l'Église de Trondes faicte Par discrete personne M͏ᶜ Demëge Husson pbre ancien m̄ʳᵉ et aconome de la Maison-Dieu de Toul.
En l'année mil six cent vingt deux (1).

In Nomine Domini Amen. A tous ceux qui ces p͞ntes verront et oyront salut en n͞ʳᵉ Seigneur.

Je Messire Demenge Husson p͞rbre natif du village de Trondes, Prébendier en la Maison-Dieu de Toul et y demeurant, ayant esté Maistre en icelle par l'espace de trente ans consécutifs.

Après longues et meures délibérations sur ce heues, désirant par la bonté, grâce et miséricorde de Dieu m'acquiter de mon debvoir, de mon propre mouvement ferme propos et volonté délibérée, J'ay par ces p͞ntes fondé, ordonné, constitué et estably irrévocablement mon Obiit en l'Église dudit Trondes d'une Messe haulte de Requiem par chacun an, qui se commence-

---

(1) Sur parchemin très bien conservé. Le sceau manque (On voit l'endroit où la queue était placée.) L'orthographe a été copiée. L'original n'a pas d'alinéas.

ront à dire et célébrer en ladite Église par le Sieur Curé du dit lieu présent et à venir, le Vendredy des Quatre temps de la première sepmaine de Caresme et l'an que l'on dira mil six cents vingt-trois, et se publiera le dimanche des brandons de la mesme année et ainsy continuant d'an en an à toujours mais. Le Jeudy soir, se diront les Vigiles des morts, toutes au long, et se mettra ce pendant un cierge ardant sur la table des trespassez, que les chasteliers de la dite église fourniront. Après les dites Vigiles accomplies, se sonnera un trait de cloches accoustumé. Le lendemain à heure competente se celebrera et dira le dit Obiit par le s^r Curé qui celebrera la dite messe haulte de Requiem, et après se feront les Obsèques, le *Libera me Domine* sur la dite table, puis après les Psalmes, *Miserere mei Deus, De Profundis*, la Colecte *Inclina Domine aurem tuam, Fidelium Deus omnium*, etc., et ce pendant se sonnerat un traict de cloches, et enfin le *Requiescat in pace Amen*.

Pour sallaire et distribution du debvoir faict et accomplissement de tout ce que dessus, sera payé au s^r Curé dudit Trondes dix-huict gros, au marguillier six gros, au magister trois gros, aux escolliers trois gros, à six pauvres femmes vefves du dit Trondes qui assisteront aux obiit chacune un gros, le tout desdites distributions montant à trois Francs barrois chacune fois qui se payront tous contant et sans dilay par les mains desdits chasteliers pñts et à venir. Pour à quoy fournir et satisfaire, Je led. Messire Demange Husson, ay donné et donne par ces pñtes par pure et vraye donaõn irrévocable a perpétuité et a toujours mais et par les meilleures voyes formes et manières que faire se peuvent et doibvent sans révocation quelconque, a ladite Eglise dudit Trondes, deux jours de terres labourables joindant l'un à l'autre, situez et assis au ban et finage du dit Trondes, en la Saison dite Faulx Moulin, sise à la Haye de Foug, entre les hoirs de feu Brion Barrois d'une part, les hoirs a feu Mathieu Miquet et aultres d'autre part, francs et quittes, recensé la dime. Lesquels deux jours de terres cy dessus demeureront des adpñt comme pour lors et des lors comme a pñt spécialement affectez et hypothéquez, pour fournir et satisfaire les dits trois francs a perpétuité et par chacun an, comme dit est. A l'effet de quoy se laisseront et eschoiront par chacun an par les dits chastehers de ladite église de Trondes à qui plus et au plus offrant le dernier enchérisseur, lorsque les autres héritages de la dite église se laisseront, et le tout avec l'advis et conseil de mes parents et leurs descendants qui seront pñts et tous autres qui s'y voudront trouver, d'autant que c'est une œuvre pieuse et louable.

Item je donne et octroye aussy pour toujours mais irrévocablement à ladite église de Trondes une MAISON comme elle se contient que j'ay faict bastir de fond en comble a mes dépens, les usuaires d'icelle devant et derrière, le meix joindant et tous autres droits d'ancienneté et dépendances comme ils se contiennent situez au village dudit Trondes, devant l'Eglise mesme entre les vefve et hoirs de Didot Didot d'une part, et Nicolas Plasquel Rouyer d'autre part, francs et quittes de toute servitude quelconque. En laquelle maison, la chambre joindant le meix sera et demeurera librement, sans empeschement de personnes (sinon du magister qui sera pour le pñt et l'advenir) pour loger et admettre et recevoir les jeunes filz et filles qui se présenteront du dit Trondes, et autant s'y faire se peut d'y aller pour par les magisters estre recordez, instruicts et enseignez en la foi et religion de la sainte Iglise catholique, apostolique et romaine, et dont les dits magisters s'en acquitteront fidèlement pour le service de la dite Iglise, pouvant le temps lorsqu'ils en seront capables ayder à chants d'icelle et servir à l'autel en tous temps et en toutes saisons, mesmes de les montrer à lire et escrire, selon la capacité des enfants et dont leurs peres et meres feront tous debvoirs et auront le soing de les envoyer à ladite escolle pour estre instruicts, comme dit est, aux charges de satisfaire audict maistre le sallaire accoutumé, pour l'obliger à faire son debvoir.

Ce qui m'a induict a faire ce bon œuvre est en considération qu'il s'en trouve plusieurs qui regrettent le temps perdu, et se plaingnent de n'avoir esté poussez a l'escolle des leur jeunesse.

A l'effet desquelles charges a l'endroit du dict maistre d'escolle, la chambre dite la cuysine, ensemble tout le reste de la dite maison sera et servira au dict magister pour le pñt et aussi a l'advenir qui exerceront la mesme charge à l'advenir, moyennant qu'ils soient hommes capables et de bonne vie, mœurs et religion, de bon fame et renommée. Laquelle chambre et tout le reste de la dite maison, comme dit est, leur servira de logement, demeure et liberté pour en jouyr et très bonnement ores et a l'advenir sans y commettre chose digne de repréhension, autrement les faudra expulser incontinent.

Sera tenu et obligé ledict maistre et ses successeurs

maistres et bien et soingneusement entretenir, fournir la tuile, chaulx, sable et chanlettes de la dite maison et payer les ouvriers qui feront les dites besongnes toutes fois et quantes qu'il sera nécessaire, affin qu'il n'en arrive dommage par la faulte et négligence du dict magister ou de ses successeurs maistres.

Sera aussi tenu et obligé le dict magister pnt et ceulx à venir, après le salut le soir chanté à l'Eglise de taper ou frapper trois coups la moyenne cloche de la dicte Eglise, pour inviter le peuple à prier Dieu, dire un *De Profundis* tout du long, *Oremus Inclina aurem tuam, Fidelium*, etc., en mémoire de tous les fidèles vivants et trespassés, et continuer a l'advenir a perpétuité. Et moyennant l'accomplissement de toutes et une chacune les charges et conditions cy dessus a l'esgard du magister, et ses successeurs maistres au dict Trondes, demeureront quittes et exempts de payer aucun loyer par chacun an de ce qu'il tiendra et occupera de la dite maison.

Et à ceste fin que les donations déclarées en ces pñtes se fassent duement et proprement, les chasteliers, avec l'advis et le conseil de mes parents, y auront l'œil, et seront tenus de visiter souvent ladite maison, tant pour la réparation d'icelle que de prendre garde avec le sieur curé du lieu, si le maistre faict son debvoir de bien enseigner les enfans qui seront soubs sa charge, et s'ils profitent en leurs leçons, d'autant que c'est une chose tres nécessaire de procurer le bien et advancement de la jeunesse en la crainte de Dieu, et en toute vertu et bonne discipline.

Et afin que les choses cy dessus escriptes soient plus

fermes et stables et que ma bonne intention et volonté sorte son plein et entier effect par tous et jugements dehors, j'ay prié et requis à Mre Henry de la Tanche, tabellion général au duché de Lorraine, des terres et seigneuries des Venerables doyen, chanoines et chapitre de l'Eglise de Toul, et notaire des Cours ecclésiastiques du dict Toul, y résidant, vouloir avec moi signer et attester ces p̃ntes Lettres de son seing manuel et accoustumé.

Ce que moy dict tabellion et notaire ay faict considérant la bonne et louable intention du dit s^r Husson, fondation et donation estre juste et raisonnable.

Faict et passé au dit Toul, en l'an de grâce nostre Seigneur mil six cents vingt-deux, le vingt-deuxième jour du mois de décembre mil six cents vingt-deux, comme dict est.

P̃nts, Maitre Baptiste Gonet, advocat et conseiller eschevin dudit Toul, et Jean Mougeot, du dit Trondes, résidant p̃ntement en la Maison Dieu de Toul, tesmoins appelez, priez et spécialement requis.

Demenge Husson, prébendier en la Maison-Dieu de Toul. Baptiste Gonnet. De la Tanche.

PIÈCE B

Nécrologe de la Cathédrale de Toul.

Il existe plusieurs Nécrologes de la Cathédrale de Toul.

Celui que nous citons est un manuscrit latin, conservé à la Bibliothèque nationale sous le n° 10018. L'archiviste Lemoine le désigne sous le titre de *Nécrologe* ou *Livre de la Règle de l'Église de Toul*. Les anciens statuts, en effet, l'appelaient *Regula, Ordinatio*, apparemment en raison des Règles Capitulaires, du Martyrologe et de différentes autres pièces analogues qu'il renferme.

On y trouve relatés, mois par mois et jour par jour, tous les dons et legs faits à l'Église de Toul par les bienfaiteurs et donateurs d'Obits, pendant les XIII°, XIV°, XV° et XVI° siècles. Tous les jours, à l'office de Prime, le sacriste apportait le *Nécrologe* ou *la Règle* au milieu du chœur, sur la tombe de saint Gérard, et après la lecture du martyrologe, on lisait les noms des bienfaiteurs, selon l'échéance de leurs anniversaires.

L'ordre chronologique du siècle et de l'année n'y est pas observé, seulement l'ordre du calendrier. Même les dates de donations et de fondations sont généralement omises.

Le manuscrit n'est pas tout à fait complet. Il manque les premières pages.

Mais, tel qu'il est, à cause du très grand nombre de personnages qu'il nomme, rois, évêques, chanoines, comtes, sires, chevaliers, simples prêtres, laïques des deux sexes et de toutes conditions, même les plus humbles, à cause des biens eux-mêmes et des localités mentionnées, ce document, commencé vers l'an 1300, offre un réel intérêt par rapport à l'histoire locale.

Nous y avons remarqué bien des fois et dès le XIIIe siècle les épithètes de *scholasticus, magister scholarum*, etc., accolées à plusieurs noms. Les villages dont nous nous occupons sont plus d'une fois cités, mais nous n'avons pu rien relever qui se rattachât d'une façon précise aux écoles rurales.

PIÈCE C.

Contrat de donation au profit de la paroisse de Trondes de Monsieur Gueldé curé dud. lieu pour l'établissement d'une maitresse d'Ecole de Charité au dit lieu.

Sachent tous que ce jourd'huy quatorzième du mois d'août mil sept cent quinze, par devant le tabellion des terres et seigneuries du chapitre de l'église cathédrale de Toul demeurant à Void soussigné, et en présence des témoins au bas nommés, est comparu en personne M[tre] Dominique Gueldé, prêtre, curé de la paroisse de St Elophe de Trondes, lequel a volontairement déclaré, reconnu et confessé, qu'ayant considéré par cy devant, comme il fait encore à présent, que l'instruction de la jeunesse était des plus nécessaires tant pour le bien de l'Eglise que pour celui de l'Etat, et que cependant celle des filles avait été des plus négligées, notamment au village dudit Trondes, et ayant désiré y remédier, il aurait, dès l'année 1703, fait construire une maison aud. lieu de Trondes, à ses frais et dépens sur une place masure qui appartenait à la communauté dud. Trondes, joignant la maison curialle dud. lieu d'une part et le pressoir de messieurs du chapitre de la cathédrale de Toul d'autre, de laquelle il aurait fait donation à lad. communauté aussi bien que d'un meix potager par lui acquêté de M[tre] Etienne Chénot, Mayeur, joignant la grange aux dîmes d'une part, Nicolas et Bernard les Gravière, d'autre, item encore les prats desdits les Gravière joignant, pour ladite maison et jardin servir d'une École de Charité au logement et usage d'une Maîtresse d'école pour l'instruction des filles de ladite paroisse de Trondes, suivant et aux conditions portées au contrat qui en a été passé pardevant Jean Nicolas tabellion à Trondes, le 5 février 1704, (1) de l'expédition duquel signé J. Nicolas il nous a fait la représentation (2) avec le certificat de l'insinuation qui est au bas, signé Porrot, et nous a déclaré par les présentes qu'il agrée tout de nouveau ladite donation, corrobore et ratifie ledit contrat, pour être exécuté dès à présent et à l'avenir aux restrictions qui seront insérées après

Par supplément de laquelle donation, led. sr Guéldé, curé, voulant rendre l'établissement de ladite maîtresse d'école solide et lui donner les moyens de vivre, il a encore charitablement par une bonne, pure, sincère et libre volonté, pour la gloire de Dieu et le salut des âmes, donné, cédé, quitté et transporté, comme par les présentes, il donne, cède, quitte et transporte dès maintenant et pour toujours et à jamais, sans réclamer par donation entre vifs et irrévocable et en la meilleure forme que donation puisse être faite pour avoir lieu, aux srs curés dud. Trondes, ses successeurs, et à la Communauté dud. lieu, pour servir à l'usage, nourriture et entretien de lad. maîtresse d'école charitablement à

(1) Dans une autre copie il y a 1714, mais c'est une faute du copiste.
(2) Sur parchemin

toujours tous les héritages déclarés cy après et être joints à la dite école de charité pour et jamais.

Savoir environ dix jours de terres labourables dans les trois saisons qui proviennent d'acquisitions par lui faites de Nicolas Huvalet dud. Trondes, par contrat passé par devant Chénot, Tabellion dud. lieu, le septième mars 1705, représenté en sa grosse sur parchemin scellé et cotté au dos *A*, et suivant que les dits héritages sont spécifiés par le dit contrat et par une déclaration en forme de pied terrier qui contient un role de minute certifié dud. M⁰ Chénot et signé d'iceluy, dud. Nicolas Huvalet, de Jean Jacob et Dominique Guillemin, témoins, le 19 décembre 1704.

Item cinq hommées de terre en la saison vers Pagney, acquêtées par contrat du 20 décembre 1709 avec cinq hommées de pré au ban de Trondes en la contrée de la fin Chénot.

Item environ quatre fauchées de pré faisant soixante-trois hommées quinze verges sur le ban de Troussey, Pagney, Dommartin et Fougor, acquêtées par contrat du 21 mars 1710.

Item neuf hommées et demie de pré au ban de Pagney, acquêtées par contrat du 6 mars 1706.

Item neuf hommées quatre verges trois quarts d'une sorte aussi de pré et un quart quinze verges d'autre aussi acquêtés par contrat du 10 janvier 1707.

Item sept hommées et demie aussi de pré au ban de Fougor, acquêtés par contrat du 5 juillet 1706.

Item six hommées et demie aussi de pré au ban dud. Pagney acquêtées par contrat du 1ᵉʳ juin 1706 par devant Mitaine tabellion à Pagney.

Item la moitié d'un cinquième en un jardin heudit. au Meix le fin contenant la place à mettre deux arbres, acquêtée de Laurence, Firmine et Jeanne les Mathieu.

Item une hommée de chenevière, heudit en Généveaux acquêtée par contrat du 9 juin 1706.

Item une hommée de chenevière acquêtée par contrat du 14 juillet 1706, de Deminge Laurent le jeune.

Item une roise pour la chanvre acquêtée par un seing privé du 19 d'août 1706.

Lesquels héritages ainsi donnés et joints aux six hommées de pré au ban de Pagney et une hommée de chenevière acquêtées par défunte Claudine Clément, première maîtresse d'école aud. Trondes par contrat du 24 janvier 1707, et 9 du dit mois et an, et données par icelle aux maîtresses d'école de Trondes, seront laissés à perpétuité à une maîtresse d'école dud. lieu aux conditions suivantes.

1º Qu'elle enseignera gratis toutes les filles de la paroisse à lire, à écrire, l'orthographe, l'arithmétique, le catéchisme et les prières.

2º Qu'elle assemblera toutes les femmes et filles les fêtes et dimanches dans l'école, à midi, pour faire les instructions convenables aud. sexe, en cas que M. le curé ne voulut faire lad. instruction lui-même, à la fin desquelles instructions et après l'oraison *Sancta Maria* que les filles de la Congrégation ont coutume de dire, la maîtresse dira alternativement avec les filles, un *De Profundis* pour les bienfaiteurs de l'école, avec l'oraison *Deus venia largitor* marquée dans le Bon Paroissien aux Vêpres des morts, et ensuite *Requiescant in pace*, auquel on répondra *Amen*.

3° La maîtresse d'école pourra tenir, si M. le curé juge à propos, pendant l'hiver, dans son école, l'ouvroir des filles et femmes, où elle présidera et fera observer les règles marquées par les ouvroirs.

4° Lad. maîtresse sera élue par le sr curé de Trondes avec le consentement des habitants et sera led. choix confirmé par Monseigneur l'Évêque de Toul ou par Monsieur son grand vicaire.

5° Que l'on choisira pour maîtresse d'école une personne capable, vertueuse, et de bonne réputation, qui ne soit pas mariée ni veuve, et qui n'ait point d'emploi qui la puisse détourner de faire l'école, pendant toute l'année, comme serait de travailler à la vigne, coudre hors de la maison, etc.

6° Comme il ne serait pas juste qu'une maîtresse d'école qui aurait servi pendant quelques années fût obligée de se retirer pour être devenue infirme ou incommodée, elle pourra demeurer toujours dans la maison d'école, et jouir des revenus de lad. école le reste de sa vie, à condition de faire suppléer à son défaut pour ses fonctions de maîtresse d'école par quelque fille capable qu'elle paiera elle-même : lequel article led. sr donateur prétend et entend être observé jusqu'à ce qu'il plaise à la Providence d'inspirer à quelque personne charitable de fonder une maison commune pour la retraite des maîtresses en cas d'âge ou d'infirmité.

7° Lorsque lad. école viendra à vaquer par mort ou par la retraite d'une maîtresse, M. le Curé avec les srs Mayeur et échevins réserveront pour la future maîtresse les rentes de lad. école qui écherront depuis la mort ou la retraite de la maîtresse, dérogeant à cet égard à l'ar ticle marqué dans la donation précédente de lad. maison et à celui où la rétribution pour l'écolage est marquée.

8° Comme lad. maison n'avait jamais servi d'habitation et que d'ailleurs cette donation est très favorable à la paroisse dud. Trondes, les filles devant être enseignées gratis, et lad. maîtresse ne pouvant recevoir des particuliers habitants pour l'écolage de leurs filles que ce qui dépendra de leur bonne volonté, ledit donateur déclare qu'il ne fait cette présente donation à la Communauté dud. Trondes, qu'aux mêmes conditions que celles que lad. communauté a déjà accordées dans le contrat du d. jour 5 février 1704, à savoir que la maîtresse d'école jouira des droits et usages de la communauté, ainsi que les autres habitants, et sera franche et exempte de toutes tailles, subventions et autres charges et impositions telles qu'elles soient. Que si lad. maîtresse venait à être inquiétée pour raison de ce, (ce qui est très difficile à croire) il sera libre à Monseigneur l'Evêque de Toul sur la plainte de la maîtresse, de transférer pour toujours le fond de la présente donation à telle paroisse qu'il jugera à propos dans son Evêché pour y continuer par ladite maîtresse l'instruction gratis et aux mêmes clauses que si elle était dans la paroisse de Trondes, déclarant le dit donateur qu'il veut que telle convention qui puisse être faite au contraire par une maîtresse ne puisse nuire aux présentes et soit cassée par Monseigneur l'Evêque, sitôt que lad. convention sera venue à sa connaissance, pour que lad. donation soit aussitôt transférée ailleurs, et pour cet effet, led. donateur met sous la protection de Monseigneur l'Évêque de Toul et ses successeurs et de messieurs les vénérables doyens, chanoines et Chapitre de l'église cathédrale de Toul, seigneurs de Trondes, les maîtresses d'école qui enseigneront les filles du dit lieu avec ladite maison et les fonds, les priant de vouloir bien soutenir cet établissement et de terminer les difficultés, s'il en survenait quelqu'une, sans qu'elle puisse être portée en justice et de s'employer pour faire jouir la maîtresse de la dite exemption, afin qu'il n'y ait jamais lieu de la transférer ailleurs, ce qu'il espère de leur zèle et de leur piété;

Laquelle donation a été acceptée par le sr Etienne Chénot, maire royal et seigneurial dud. Trondes, Hophe Noel, lieutenant royal, François Martin, lieutenant seigneurial, Sébastien Michel, échevin, et par tous les habitants dud. Trondes, assemblés en communauté au logis dud. sr Mayeur en la manière ordinaire, qui ont tous déclaré avoir lad. donation pour agréable et promettent d'exécuter les conditions y portées sans jamais aller au contraire et de faire et laisser jouir lad. maîtresse à toujours de tous les droits et privilèges cy dessus énoncés, à peine de tous frais et dépens.

Et afin qu'icelle donation soit plus ferme et stable, icelle sera insinuée et homologuée où besoin sera.

Fait et accepté et accordé aud. Trondes, au logis du sr Mayeur, en présence de Joseph Noel, régent des écoles dud. Trondes, et de Christophe Couchot, salpêtrier, demeurant aud. lieu, témoins appelés et requis, qui ont signé avec led. sr donateur, led. sr Mayeur, officiers et habitants qui ont usage de lettres, les autres ayant déclaré ne savoir signer, enquis, à eux relu, ainsi qu'il est dit à la minute des présentes (1). Tous lesquels biens ont été estimés par led. s⁵ donateur à la somme de douze cents livres. Et à l'instant tous les titres concernant lad. donation ont été remis aud. sʳ Gueldé, donateur, pour les conserver et représenter, ce qu'il a promis de faire, et a signé à lad. minute. En foi et témoignage de vérité, les présentes seront scellées du scel du temporel de lad. église, sauf tous droits. Signé avec paraffe, R. Noël, tabellion.

Insinué au bureau de Void, le dernier août mil sept cent quinze. BRACONNOT. R. (9ˡ 3ˢ). Scellé le 21 d'octobre gratis suivant l'ordre de Messieurs. Place du scel.

Nous, François, par la grâce de Dieu évêque comte de Toul, après avoir pris communication de la présente fondation et en étant requis par toutes les parties, l'avons agréée, confirmée, confirmons et agréons pourêtre exécutée selon la forme et teneur dans tous les temps à venir.

Fait à Toul ce 4ᵉᵐᵉ octobre 1715. Signé † FRANÇOIS év. c. de Toul.

Au dos du contrat.

Contrat de donation au profit de la paroisse de Trondes de Monsieur Gueldé, curé dud. lieu, pour l'établissement d'une maîtresse d'école de charité aud. lieu.

---

(1) On lit à cet endroit, sur une copie timbrée :

« Signé du dit Gueldé et de trente neuf habitants dud. Trondes et dud. tabellion instrumentaire des présentes laquelle a été insinuée au bureau de Void par Braconnot, le dernier du mois d'août lad. année, et laquelle est en la possession du Tabellion résidant à Void soussigné comme ayant l'étude et pratique de Mᵉ Regnault Noel vivant tabellion aud. Void, instrumentaire d'icelle.

« Pour droit de retouche et copie six livres de France, payé par le sʳ Virly maire: la sœur Jeanne m'a remis les six livres. N. Verly. »

PIÈCE D

Requête à Messieurs, Messieurs les vénérables doyen, chanoines et chapitre de l'Eglise cathédrale de Toul à l'effet d'obtenir leur protection pour l'école.

Supplie humblement Dominique Gueldé, prêtre, curé de Trondes, disant qu'ayant par le secours de la Providence fondé une École de Charité pour l'instruction des jeunes filles de la paroisse, il avait pris la liberté dans ladite fondation (1) de mettre la maîtresse d'école et celles qui lui succéderont, avec ses fonds, sous la protection de Messieurs en qualité de seigneurs du lieu pour la soutenir contre toute injustice, soit de la part des habitants, soit d'autres. Il supplie Messieurs de leur accorder cette grâce et de vouloir bien employer leur autorité pour terminer tout différend qui pourrait s'élever entre la dite maîtresse et les habitants, afin qu'il n'y ait point entre eux de procès ; et par là Messieurs contribueront beaucoup à l'œuvre que le suppliant a cru devoir faire pour la gloire de Dieu et le bien de leurs sujets, et sera obligé de prier Dieu toute sa vie pour leur prospérité et santé.

Signé : D. Gueldé.

---

(1) Déjà, en effet, toute cette action diplomatique y était renfermée implicitement, et avec les termes de la plus respectueuse déférence.

Réponse.

Messieurs du Chapitre de la Cathédrale de Toul, Seigneurs hauts justiciers, moyens, bas et fonciers du village de Trondes, ayant eu la lecture de la présente requête et pris communication du contrat de donation entre vifs d'une maison pour une maîtresse d'école et dotation d'icelle en date du 14 août dernier, passé pardevant Renauld Noel, tabellion à Void, faite par le s' D. Gueldé, prêtre, curé de Trondes, mes dits Sieurs, ont agréé et approuvé, agréent et approuvent ladite fondation et dotation, ont pris et prennent sous leur protection la dite maîtresse d'école, la maison et les biens destinés à son entretien sauf les droits de mes dits Sieurs du Chapitre en tout.

En foy et témoignage de quoy le présent acte a été signé par leur secrétaire ordinaire et le sceau du chapitre apposé. Fait en chapitre le 3 octobre 1715.

Signé : CLAUDE, secrétaire.

PIÈCE E

Défenses que peut produire une maîtresse d'école, si elle était attaquée pour les tailles.

« Il faut considérer le fait et le droit.

« Pour le fait.

« Le 14 août 1715, en présence de M. le Prévôt de Void et de ses officiers de justice, M. Noel, procureur fiscal du dit Void a lu et relu à toute la communauté assemblée en la manière accoutumée un acte par lequel le s^r Gueldé, prêtre, curé de Trondes, donnait à la communauté une maison, jardin, prés, terres et chenevières, pour en faire jouir une maîtresse d'école qui enseignerait gratis toutes les filles du lieu, à condition, pour la Communauté, de décharger la dite maîtresse de toutes tailles et impôts. Tous l'agréèrent et l'acceptèrent.

« Pour le droit.

« 1. On juge bien que le donateur ne s'est pas épuisé pour mettre une maîtresse d'école qui paie la taille. 2 Elle ne le peut pas ; car, tout ce qu'elle peut tirer est soixante livres, et il faut être occupé toute l'année sans pouvoir presque faire autre chose : où trouverait-elle de quoi payer ? 3. Le roy défunt, Loui XIV, par son édit de 1698, a ordonné qu'on établisse des maîtresses d'école, et que dans les lieux où il n'y avait point d'autres fonds il puisse être imposé jusqu'à la somme de cent livres ; il est permis par conséquent aux habitants d'en chercher à moins. La fille qui s'engagera pour une certaine somme modique qui ne suffira que pour sa subsistance s'engagera-t-elle à payer la taille ? Est-ce même l'intention du Roy ? Or, celles qu'on fonde ne doivent pas être de pire condition. 4. Les écoles de charité sont déchargées d'amortissement et par conséquent de toutes charges. 5. Si on fait payer la taille aux maîtresses, les bonnes intentions du Roy défunt seront frustrées ; car, pour la moindre chose les habitants les molesteront incontinent par un surcroit de tailles et les chasseront par là ; et on ne peut pas dire que M. l'Intendant les peut régler ; la condition des filles n'est pas pour entreprendre de longs voyages et se soutenir auprès de MM. les Intendants. 6. Puisqu'en fondant des écoles, on décharge du paiement des écoles les habitants, il est juste qu'ils portent eux seuls les charges de l'Etat. 7. La maîtresse d'école de Trondes occupe un lieu qui n'était point une maison auparavant, et ainsi n'occupe point la place d'un habitant. Presque tout son bien consiste en prés que tout exempt pouvait exempter. 8. Il est loisible par la donation à la dite maîtresse de faire l'école dans un autre lieu, même de Lorraine, où les maîtresses ne paient rien, en cas de vexation. »

PIÈCE F

Ordre des offices, cérémonies et pratiques qui s'observent dans l'église paroissiale de Trondes, dédiée et consacrée à Dieu sous le nom et l'invocation de saint Elophe.

ARTICLE Ier.

DE L'OFFICE QUI SE DIT DANS LAD. ÉGLISE.

Tous les jours de l'année, à moins qu'il n'y ait quelque office, on fait la prière du soir selon le Rituel, et celle du matin quand il n'y a point de Messe.

Celle du soir se fait à l'entrée de la nuit. Si la lampe est éteinte, on l'allume d'abord. Ensuite on sonne un trait raisonnable, et un demi quart d'heure après on fait la prière dans la chaire et en surplis. Il ne faut pas se rebuter du peu de monde qui y assiste quelquefois. Il y aura toujours quelques bonnes âmes qui se rendront assidues à venir adorer Jésus-Christ deux fois le jour comme saint Isidore, et sainte Monique, et, de plus, les uns y viendront en un temps et les autres en un autre.

Tous les samedis et veilles de fête, excepté le Carême, on dit les premières Vêpres à la même heure que la prière, selon les Statuts de Nos Seigneurs les Évêques de Fieux et de Bissy.

Tous les dimanches et fêtes qui ne sont pas solennelles, on dit le matin les Laudes. Ces Laudes qui sont proprement la prière du matin ont été instituées : 1. Afin que les fidèles puissent venir dès le matin à l'église offrir leur cœur à Dieu, selon que l'on a toujours pratiqué dans l'Eglise les fêtes et les dimanches : ce qui n'approche pas encore de la ferveur des premiers chrétiens qui passaient une partie de la nuit dans l'église ces jours-là. 2. Ceux qui, par faiblesse, ne peuvent attendre jusqu'après la messe pour manger, ne le font du moins qu'après avoir été à l'église. 3. On donne lieu par là aux personnes de se présenter plus aisément à la confesion qu'un pasteur peut entendre après les Laudes.

On chante Tierce devant la grande Messe. Cet office est une préparation au saint sacrifice. Il sert aussi à presser plus les fidèles à venir à l'église sitôt que le dernier coup est sonné. M. le Curé ou le maître d'école en son absence commence *Deus in adjutorium*.

L'après-dîner, on dit None, le Catéchisme et Vêpres. On commence None incontinent après le troisième coup. Cet office sert de préparation au catéchisme et engage les fidèles à venir de bonne heure, au lieu qu'on ne venait qu'à la moitié du catéchisme, lorsque cet office ne se disait pas.

On chante Complies le soir.

Les fêtes auxquelles il est permis de travailler, on ne dit point Laudes, Tierce, None, ni Complies.

Les fêtes auxquelles il est permis de travailler à toutes sortes d'ouvrages, on ne dit point Vêpres ni la veille ni le jour : mais ils se disent sur le soir, s'il n'est permis que de travailler à de certains ouvrages.

Les fêtes solennelles sont la Circoncision, l'Epiphanie,

la Chandeleur, l'Annonciation, Pâques, l'Ascension, la Pentecôte, la Trinité, la Fête du Sᵗ-Sacrement, la Nativité de saint Jean, saint Pierre et saint Paul, l'Assomption de la Vierge, la Nativité de la Vierge, la Dédicace, Saint Elophe, la Toussaint, la Conception de la Vierge et Noel.

Toutes ces fêtes, excepté Noel, on ne dit qu'un Nocturne de Matines avec Laudes. On fait la procession devant la grande Messe, et on chante Sexte à midi, avec les filles qui chantent alternativement avec le chœur et les hommes.

ARTICLE II.

DES ORNEMENTS ET PRÉPARATION DE L'AUTEL.

La lampe devant le Saint-Sacrement doit être toujours allumée. Pour cela, on fait une quête tous les ans, de *Chénevon*, au mois d'octobre.

Les jours ouvriers, on met les moindres ornements et deux cierges sur l'autel pour la messe.

Les dimanches et fêtes qui ne sont pas solennelles on met les ornements de brocatelle, et l'on se sert des chasubles de la couleur que demande l'office. On découvre le tabernacle en relevant la couverture des deux côtés et l'on met quatre cierges sur l'autel, qu'on allume à tout l'office des premières Vêpres. On ne les allume pas à Tierce, Sexte, None, parce que ce sont de petites heures. On met aussi deux cierges à la chapelle de la sainte Vierge qu'on allume à la Messe et à Vêpres.

Les fêtes solennelles, on met les ornements de brocard. On se sert de la plus belle chasuble. On ôte tout-à-fait la couverture du pavillon du tabernacle, et l'on met six cierges sur l'autel et deux à la chapelle de la Vierge. On met le petit pupitre pour chanter les répons et l'épître. On dresse aussi la bannière de saint Élophe entre le tableau de l'Annonciation et celui de la Nativité.

Depuis la Septuagésime jusqu'à Pâques, pendant l'Avent, hors les fêtes et les trois jours des Rogations, on ne découvre point le tabernacle les dimanches, et on se sert d'ornements violets les jours ouvriers et les dimanches.

Le Mercredi des Cendres, on couvre le grand Crucifix, les images et les tableaux jusqu'au Samedi-Saint ; mais on ne couvre la croix qui est sur l'autel que depuis les premières Vêpres du dimanche de la Passion jusqu'au Samedi-Saint.

Pendant toute l'octave du Saint-Sacrement, on laisse le tabernacle découvert et les beaux ornements. On allume quatre cierges sur l'autel aux offices.

On balaie l'église tous les samedis de chaque semaine et la veille des fêtes solennelles.

A la Messe, on met la crédence du côté de l'Epitre, à moins que le siège du célébrant n'y soit. Alors, on le met du côté de l'Evangile, et on met dessus les burettes, la Paix, la petite sonnette, les nappes de la Communion, le livre de l'Epitre, les chandeliers, s'il doit y en avoir, le bénitier de cuivre, et le bonnet du prêtre.

ARTICLE III

DE LA MANIÈRE DE SONNER L'OFFICE.

Il ne faut point souffrir qu'on mette bas les cordes des cloches, parce que cela serait indécent dans l'église et que cela y causerait des immodesties effroyables; cela pourrait aussi rompre quelque tableau. Il faut toujours qu'un maître d'école monte en haut deux fois le jour pour relever l'horloge ; et il peut sonner en même temps la messe et la prière du soir, et pour les nuées il faut nécessairement monter en haut pour sonner plus facilement.

Tous les jours ouvriers pour la messe on sonne trois petits coups ou traits : le 1er avec la grosse cloche ; le 2e avec la moyenne ; le 3e avec la grosse, et l'on tinte ensuite. Pour la prière du soir, on ne sonne qu'un coup de la grosse cloche, mais plus longtemps.

Tous les dimanches et fêtes qui ne sont pas solennelles, pour la Messe et les Vêpres du jour et de la veille, on sonnera trois coups à un quart d'heure l'un de l'autre, le 1er coup avec la grosse cloche ; le 2e avec la moyenne ; le 3e avec les deux ensemble. Pour les Laudes et Complies on ne sonnera qu'un coup un peu plus long avec la grosse cloche, et on tintera ensuite.

Pour les fêtes solennelles, les 1res et 2es Vêpres et la Messe, on carillonne les deux premiers coups, et pour le troisième en sonne en volée.

Les Nones du jour de l'Ascension se sonnent de même.

La Messe et les Vêpres pendant l'octave du Saint-Sacrement se sonnent comme les dimanches. Toutes les fois aussi qu'il y a grand'messe d'obligation, comme le jour des Cendres, Rogations, Veille de la Pentecôte.

L'Angelus se sonne toujours avec la grosse cloche, et à celui du soir, on tintera cinq à six coups, et le maitre d'école dira le *De Profundis*; avec les oraisons *Inclina et Fidelium* selon l'intention de M. Husson, prêtre, qui a donné l'école des garçons. A l'Angelus des samedis, dimanches fêtes et veilles de fête, on sonnera un trait. Les veilles des fêtes solennelles, à midi et au soir, et à ces mêmes fêtes, après l'Angelus, on carillonne.

Lorsqu'il y aura une personne morte, on sonnera un trait aussitôt après la mort, si ce n'est que cette personne fût morte la nuit. On sonnera aussi un trait en mort à l'Angelus du soir et du matin jusqu'à ce que la personne soit enterrée. Pour l'enterrement on sonnera trois coups, et pendant le dernier, on ira quérir le corps. On sonnera aussi pendant qu'on mettra le corps en terre. Pour les obits et services on sonnera un trait la veille après l'Angelus du soir, et un le jour après l'Angelus du matin et pendant les obsèques.

Il ne faut point souffrir qu'on sonne un trait pour la fosse, c'est un abus, ni pendant la prose de la grande messe.

On ne sonne point depuis longtemps aux baptêmes des enfants pour empêcher les enfants de venir faire du bruit dans l'église.

ARTICLE IV

DES HEURES DE L'OFFICE.

La prière du soir se dit tous les jours à l'entrée de la nuit.

Les premières Vêpres des fêtes et dimanches se disent après le soleil couché : il faut sonner le 1er coup, une demi-heure devant le soleil couché, et le 3e quand il est couché.

Pour la Messe des fêtes et dimanches, on sonne le 1er coup à huit heures et demie et le 3e à neuf heures.

Pour les secondes Vêpres, on sonne le 1er coup à une heure, et le 3e à une heure et demie, à moins qu'il n'y ait point de catéchisme ; car alors on sonnera le 1er coup à une heure et demie.

Depuis le 1er mai jusqu'au 1er septembre, on sonnera les Complies à six heures. Pour le reste du temps, ils se disent vers la nuit. Il faut toujours les séparer autant qu'il se peut des Vêpres, afin que ceux qui sont sortis les entendent, étant revenus.

Aux fêtes qui viennent le Carême, on sonne le 1er coup de la messe à neuf heures, et le 3e à neuf heures et demie. Les mêmes fêtes, on sonnera le 1er coup de Complies à trois heures et le dernier à trois heures et demie.

Aux fêtes auxquelles on travaille on sonnera le 1er coup de la Messe et des Vêpres selon que la nécessité du travail le demande.

Pour les Laudes, on les sonne à six heures, et lorsque

les jours sont le plus courts, on sonne à la pointe du jour ; on peut relever l'horloge entre l'Angelus et le trait.

Pour les Matines des fêtes solennelles, on les sonne depuis Pâques jusqu'à la Nativité de la Sainte-Vierge inclusivement, le 1er coup avec l'Angelus à cinq heures et le 3e à cinq heures et demie. Le jour de la Dédicace, saint Elophe et la Toussaint le dernier coup à six heures ; le jour de la Conception de la Vierge, la Circoncision, l'Epiphanie, la Chandeleur, le 1er coup à six heures et le dernier à six heures et demie ; l'Annonciation quand elle vient en Carême, le 1er coup à six heures et le 3e à six heures et demie. La veille de Noël, on sonne le 1er coup de Matines à neuf heures et demie et le 3e à dix heures. Le Mercredi-Saint, après avoir sonné beaucoup, le Jeudi et Vendredi-Saint, on commence ténèbres un quart d'heure avant le coucher du soleil, et l'office du Jeudi-Saint à neuf heures. Pour les processions de saint Marc et des Rogations, on sonne le 1er coup à quatre heures.

Pour les Nones de l'Ascension, on sonne le 1er coup à midi, et les Vêpres se disent ce jour-là une demi-heure plus tard qu'à l'ordinaire.

ARTICLE V

DE LA MANIÈRE DE CÉLÉBRER L'OFFICE.

Il faut tâcher premièrement d'avoir toujours deux personnes, qui sachent bien chanter et qui puissent entonner les psaumes ; c'est ce qu'on appelle les choristes. Ils se mettront, l'un d'un côté, l'autre de l'autre pour chanter alternativement. Le Maître d'École en sera un et se mettra vis-à-vis de M. le Curé du côté de l'Évangile. L'autre sera après M. le Curé. Les autres chantres se partageront de même de chaque côté.

Pour les Vêpres.

Aux Vêpres, les enfants et les chantres entonneront toutes les antiennes, observant que ce soit toujours les plus jeunes qui entonnent les premières, et que celui qui entonnera une antienne soit du même côté que le choriste qui doit entonner le psaume. L'antienne des cantiques *Benedictus*, *Magnificat* et *Nunc dimittis* s'entonne par le célébrant.

Le Maître d'École entonnera le 1er 3e et 5e psaumes, l'hymne et le cantique. L'autre choriste entonne le 2e et le 4e ; en entonnant les psaumes et cantiques, ils disent le 1er verset tout entier, afin qu'on ne se brouille pas à la finale.

S'il y a un répons, on prendra deux ou trois enfants pour l'entonner et chanter le verset et le *Gloria Patri* ; et les autres chantres chanteront le reste. Le verset après l'hymne et les *Benedicamus* se chanteront par deux enfants devant l'autel, et pour cela, il faut leur apprendre par cœur les trois *Benedicamus* qui sont marqués dans l'Antiphonaire pour les différentes fêtes.

Aux secondes Vêpres des fêtes solennelles, on chante le 2e et 4e psaume sur des tons particuliers marqués dans l'Antiphonaire au bas de *Confitebor* et de *Laudate*, et le *Magnificat* se chante à quatre parties, comme il est marqué dans l'Antiphonier et les autres petits livres.

S'il y a encens, comme il doit y en avoir du moins aux secondes Vêpres des fêtes solennelles, il se donne de cette sorte. Pendant le dernier psaume, l'un des enfants que l'on a commis pour l'encens, va à la sacristie mettre le feu dans l'encensoir et allume les cierges des acolythes ; il doit y avoir pour cela dans la sacristie un réchaud destiné à conserver le feu. Après que le célébrant a entonné l'Antienne du *Magnificat*, il sort de sa place, accompagné de deux acolythes qui marchent devant lui jusqu'à la sacristie pour prendre leurs chandeliers ; puis tous sortent ensemble, le thuriféraire le 1er, tenant l'encensoir de la main droite et la navette de la main gauche ; puis les deux acolythes, puis le célébrant en chape. Les deux acolythes aux deux côtés du marchepied de l'autel où ils se tiennent tout debout avec leurs chandeliers, et le thuriféraire auprès du Célébrant pour lui donner l'encens. Après que le Célébrant a encensé l'autel, le thuriféraire va au côté de l'autel pour relever le tapis un peu, afin que le célébrant puisse baiser l'autel ; ensuite les acolythes marchent dans la nef et se placent devant le Crucifix en se regardant l'un l'autre, et laissant passer le Célébrant au milieu d'eux pour encenser le Crucifix. On va ensuite à la chapelle de la Sainte-Vierge ; de là au chœur où le Célébrant encense les chantres et les enfants de deux coups de chaque côté, et les acolythes étant cependant au bas de l'autel et se regardant l'un l'autre. Ensuite le Célébrant se retourne un peu vers le peuple et encense de trois coups chaque côté de la nef, et le côté de la Vierge : il rend l'encensoir au thuriféraire qui l'encense de trois coups ; il se retourne vers le petit pupitre où est l'oraison du *Magnificat*, et les acolythes ont la face tournée vers l'autel.

Pour les Complies.

A Complies, c'est le Maître d'école qui entonne le 1er psaume, l'hymne *Nunc dimittis* et l'Antienne de la Vierge.

Quoiqu'il n'y ait point de chant dans l'Antiphonier pour les psaumes de Complies, on a jugé à propos d'en prendre afin que les Complies soient plus solennelles, et les chants différents sont marqués aux Complies de l'Antiphonier.

Lorsqu'il y a un répons, on le chante comme à Vêpres, et le verset *Custodi nos* se chante par deux enfants devant l'autel.

Pour les Matines.

On ne dira qu'un Nocturne à Matines, et toujours le dernier. Deux chantres entonnent l'Invitatoire devant le petit pupitre et chantent ensemble le *Venite*. Au 1er, 3e, 5e versets, l'Invitatoire se chante tout entier, et au 2e, 4e, 6e, la moitié. Le *Venite* dit, les chantres entonnent de rechef l'Invitatoire, et le chœur chante le reste.

Pour les Psaumes, les 2 choristes entonnent alternativement.

Deux enfants chantent le verset.

Les leçons sont chantées par les enfants ; lorsqu'il y

a l'Évangile, le lecteur dit : *Jube, Domne, benedicere,* et le Célébrant donne la bénédiction et dit tout de suite : *Lectio sancti Evangelii,* etc... Le lecteur répond : *Homilia sancti...*

On chante les Répons devant le petit pupitre, comme à Vêpres.

Aux leçons et répons, on prendra toujours différents enfants et chantres, si on en a assez, et on observera de prendre toujours les plus jeunes les premiers.

Pour le *Te Deum*, après que le Célébrant l'aura entonné, il sera continué par deux enfants qui le chanteront alternativement avec le chœur.

Le verset sacerdotal se doit dire par le prêtre. Pour les Laudes, on les chante comme les Vêpres.

Remarques.

Les antiennes qui se chantent après les Psaumes ne s'entonnent point, mais tout le chœur les chante, aussitôt que le psaume est fini : il faut prendre garde de les bien commencer par rapport au psaume que l'on vient de chanter ; c'est pour cela qu'au commencement de chaque antienne, l'on a mis comme un O, qui marque la note sur laquelle le psaume finit, afin que l'on puisse aisément passer à l'antienne, comme si le Psaume et l'Antienne n'étaient qu'un même chant continu ; que si la voix se trouvait trop baissée à la fin du psaume, ceux qui auraient la voix plus claire pourraient prendre l'Antienne à l'octave au-dessus ; car en prenant une octave plus haut ou plus bas, on ne trouble point le chant ; il faut observer la même chose à l'Invitatoire, et prendre garde à le bien chanter par rapport au verset du *Venite* qui vient d'être chanté, et on a aussi mis de semblables marques qui montrent la note sur laquelle finissent les versets du *Venite*, afin qu'on puisse bien prendre ; de même pour le bien commencer par rapport à l'Invitatoire qui vient d'être chanté ; et il faut qu'ils gardent le même ton dans tous les versets.

Pour la Messe.

Le Célébrant peut bénir l'eau devant Tierce, s'il en a le temps, ou pendant Tierce même. Tierce étant dite, il va à l'autel entonner *Asperges* ou *Vidi aquam*. Tout le chœur continue. Deux enfants entonnent ensuite le Psaume jusqu'à la médiante, et le chœur achève le reste ; les enfants chantent ensuite *Gloria Patri*, le chœur *Sicut erat*, etc., et les enfants entonnent l'antienne, et le chœur poursuit.

Le Célébrant, après avoir jeté de l'eau bénite à l'autel, va ensuite au crucifix et à la chapelle de la Vierge, retourne au chœur pour en jeter à ceux du chœur, et donne ensuite au peuple des deux côtés, 1° aux hommes, 2° aux femmes, et revient ensuite par la chapelle de la sainte Vierge et rentre ensuite au chœur. L'aspersion de l'eau bénite étant faite, le Maître d'école entonne l'Introit, puis le chœur poursuit ; il entonne le psaume jusqu'à la médiation, et le chœur continue. Il chante le *Gloria Patri*, etc., et le chœur *Sicut erat*, etc. Le choriste entonne le premier mot de l'Introit qui est continué par le chœur. Il faut prendre garde de ne point changer le ton, lorsqu'on répète l'Introit, et pour cela il faut avoir égard à la note par laquelle le *Gloria Patri* est fini. Après l'Introit, le Maître d'école entonne le *Kyrie eleison* jusqu'à la note où il y a une séparation marquée par deux barres. Puis la partie du chœur qui est du même côté, achève le reste ; ensuite l'autre partie du chœur chante l'autre *Kyrie eleison*. Et ainsi alternativement.

Il faut remarquer qu'à toutes les fêtes, excepté au temps pascal, le dernier *Kyrie* est séparé en trois parties par de doubles barres. Un côté du chœur chante la première partie ; l'autre côté du chœur chante la 2e, et toutes les deux ensemble chantent la 3e. Le dernier *Kyrie* du dimanche et du temps pascal est seulement séparé en deux parties, et tous les deux côtés du chœur chantent la dernière partie ensemble.

Après que le Prêtre a entonné le *Gloria in excelsis*, le Maître d'école entonne « *Et in terra pax*, » et ceux de son côté achèvent le reste du verset. Puis on chante tous les autres versets alternativement. Et les deux chœurs chantent ensemble : *Amen !* Après l'Epître, on entonne aussitôt le Graduel que le chœur poursuit jusqu'au verset ; ensuite deux chantres chantent le verset jusqu'à la marque de la séparation qui est à la fin. Puis tout le chœur chante le dernier mot. Deux enfants chantent l'Alleluia jusqu'à la marque de séparation. Tout le chœur recommence ensuite l'Alleluia et le chante avec toutes les notes qui suivent, ce qu'on appelle la neume. Les enfants chantent le verset jusqu'à la marque de séparation, et le chœur chante le dernier mot. Les enfants recommencent Alleluia jusqu'à la séparation, et le chœur continue la neume seulement.

Lorsqu'il y a une prose, on ne chante point cette dernière neume ; mais aussitôt que les enfants ont dit Alleluia, le Maitre d'école entonne la prose jusqu'à la marque de séparation, et le chœur poursuit.

Depuis la Septuagésime jusque Pâques, au lieu de l'Alleluia, 2 chantres ou 4 chantent le trait, et le chœur ne répète rien. Les traits longs se chantent par deux alternativement. Dans le temps pascal, lorsqu'au lieu d'un graduel, on dit un verset avec 2 alleluia, les deux chantres le chantent de la même manière qu'il a été marqué cy-dessus ; et les enfants chantent le dernier verset avec les alleluia comme cy dessus.

Lorsque le prêtre entonne le *Credo*, le Maitre d'école entonne *Patrem* ; et la partie du chœur achève le verset ; puis on chante tout le *Credo* alternativement et les deux chœurs chantent ensemble *Amen*.

Après que le prêtre a dit *Oremus*, le maitre d'école entonne l'offertoire et tout le chœur poursuit.

Lorsque le maitre d'école a entonné le *Sanctus*, tout le chœur ensemble chante le reste jusqu'au *Benedictus*, et après l'élévation du calice, tout le chœur dit *Benedictus*, sans qu'il soit besoin de l'entonner.

Après que le prêtre a dit : *Pax Domini sit semper vobiscum*, le maitre d'école entonne les trois *Agnus Dei*, et tout le chœur poursuit le reste.

Après que le peuple et le prêtre ont communié, le Maitre d'école entonne la Communion et le chœur poursuit le reste.

Ordre de ceux qui servent à la messe.

Lorsque le prêtre vient pour dire la messe, ils marchent devant lui à côté l'un de l'autre, et se vont placer au bas de l'autel, le prêtre au milieu ; ils font la génuflexion avec lui, et se tiennent toujours debout jusqu'au *Sanctus* qu'ils sont à genoux jusqu'après la Communion.

Lorsque le prêtre va bénir le pain au balustre, l'un d'eux lui tient l'oraison de la bénédiction qui est écrite derrière le carton de l'Evangile selon saint Jean, et l'autre lui présente l'aspersion.

Pendant la préface, deux autres enfants, ou s'il n'y en a point d'autres, ceux qui servent la messe vont allumer les flambeaux à la sacristie, et dès qu'on a commencé le *Sanctus*, ils sortent avec leurs flambeaux, et viennent se mettre à genoux aux côtés du marchepied de l'autel, où ils demeurent jusqu'après l'élévation, puis s'en retournent à la sacristie.

Lorsqu'on commence l'*Agnus Dei*, le servant du côté de l'épître monte à l'autel, fait une génuflexion, présente l'instrument de paix au célébrant, qui, après avoir baisé l'autel, baise ledit instrument, en lui disant : *Pax tecum*, auquel le servant répond : *Et cum spiritu tuo*. Il fait ensuite une génuflexion, et porte à baiser la paix à l'autre servant et à tout le chœur, en disant à chacun d'eux : *Pax tecum*, auquel chacun répond : *Et cum spiritu tuo*. Ensuite il le remet sur la crédence.

Lorsqu'il y a Communion du peuple, les deux servants disent le *Confiteor*, étendent la nappe de communion, et se mettent à genoux. Après la communion, l'on remet la nappe sur la crédence, l'autre présente les burettes, change la place du livre ; ensuite ils se tiennent toujours debout jusqu'à la bénédiction du prêtre qu'ils reçoivent à genoux.

A l'égard de ceux qui portent le pain bénit, aussitôt qu'il est bénit, ils vont couper par petits morceaux sans aucune distinction que du chanteau, dans la sacristie, posent les corbeilles sur la crédence, et, après la Communion du peuple, ils le distribuent en laissant sur le bassin trois morceaux de pain pour le Célébrant et les 2 servants ; ensuite ils en portent au chœur et au peuple, en donnant à chacun de leur côté au premier de chaque banc qui en prend pour tous ceux du banc.

Remarques pour les fêtes solennelles.

Après l'eau bénite, s'il y en a, le célébrant retourne à la sacristie quérir la chape pour la procession. On sort ainsi de la sacristie : le thuriféraire marche le premier ; ensuite les deux enfants qui portent les chandeliers, revêtus d'aubes et de tuniques ; puis celui qui porte la croix ; ceux qui doivent servir la messe, revêtus aussi d'aubes et de tuniques et le célébrant. Le thuriféraire, les acolythes et le porte croix demeurent au balustre. Les deux servants et le célébrant vont jusqu'au pied de l'autel qu'ils saluent d'une génuflexion. Aussitôt les deux choristes entonnent le répons pour la procession ; et on marche en cet ordre : une fille de la Congrégation porte la bannière de la Vierge, côtoyant de près la muraille du cimetière, et est suivie de toutes les filles deux à deux. Ensuite le châtelier porte la bannière de saint Elophe, et tous les garçons suivent de même deux à deux, les congréganistes du Saint Nom de Jésus étant les derniers. Puis le thuriféraire, les acolythes, le porte croix, le chœur, les servants et le célébrant. Quand on est au verset du répons, les deux choristes entonnent le premier mot, puis tous les autres poursuivent. On fait de même au *Gloria* ; quand la procession est rentrée dans l'église, on fait la station devant le Crucifix ; et on chante l'Antienne marquée dans le Processionnal. Le célébrant dit le Verset et Oraison, et le célébrant avec ses ministres retourne à la sacristie, et on commence la messe.

Le *Kyrie*, le *Gloria in excelsis*, le *Credo*, le *Sanctus*, *Benedictus* et l'*Agnus Dei* se chantent sur des chants particuliers marqués dans un livre exprès, par des enfants alternativement avec le chœur : la prose aussi se chante de même. L'*Alleluia* et le verset suivant se chantent par deux chantres devant le petit pupitre.

Lorsqu'il y a offrande du peuple, on chante *Laudate* ou *Humani generis*, si c'est le temps de Noël, ou *O Filii* au temps Pascal ; les deux premiers sont dans le Graduel.

Lorsque le prêtre va pour dire la messe, il sort de la sacristie dans le même ordre que pour la procession. Le thuriféraire qui marche le premier, va se mettre debout proche la crédence ; puis les deux enfants de chœur qui portent les chandeliers les vont mettre sur la crédence, aux deux côtés de laquelle ils se tiennent debout ; le célébrant, avec les deux servants, étant parvenu au milieu devant l'autel, font tous ensemble une génuflexion et commencent l'*Introibo*.

Après que le prêtre a entonné le *Gloria in excelsis*, le

thuriféraire donne l'encensoir au célébrant qui encense de trois coups la croix, et de deux coups la relique de saint Élophe, si elle est sur l'autel, encense deux statues de l'autel, et ensuite le rend au thuriféraire pour en être encensé.

Toutes les fois que le prêtre va s'asseoir sur son siège, les deux servants vont s'asseoir sur un petit banc à côté du célébrant, et le prêtre retournant à l'autel, ils marchent devant lui, et font tous ensemble la génuflexion soit en allant, soit en sortant de l'autel.

Lorsque le prêtre va dire l'Évangile, les acolythes avec leurs chandeliers et le thuriféraire avec l'encens vont au coin de l'autel, et le prêtre encense l'Évangile, lequel étant dit, les acolythes et le thuriféraire retournent à la crédence. Après le *Credo*, lorsque le prêtre a dit *Oremus*, le servant qui est du côté de l'épitre va quérir le calice qui est sur la crédence, le prenant avec le voile sans le toucher, et mettant la main gauche dessus, afin que rien ne tombe, et le porte ainsi à l'autel ; ensuite il présente les burettes. Après le lavement des mains, le thuriféraire donne l'encensoir au célébrant, qui encense les *Oblata* et le devant de l'autel ; ensuite il est encensé au milieu de l'autel par le thuriféraire lorsqu'il dit *Orate fratres*.

Ceux qui portent les flambeaux se tiennent à l'autel jusqu'après la communion.

A l'élévation de l'hostie, le thuriféraire se met à genoux au milieu du chœur vis-à-vis de l'autel, et encense trois coups la sainte Hostie, et autant le calice, ensuite il reporte l'encensoir à la sacristie, parce qu'on ne s'en sert plus.

Lorsque le prêtre descend de l'autel pour aller communier le peuple, les porte-flambeaux marchent à ses côtés, et se mettent à genoux vers les 2 pupitres.

Pendant la communion, deux enfants chantent le motet : *O sacrum convivium*.

Après qu'on a chanté l'Antienne de la communion, on chante *Domine salvum fac Regem* en forme de motet, ce qui est permis selon le cérémonial.

Pendant le dernier Evangile, les Acolythes prennent leurs chandeliers, vont devant l'autel, font la génuflexion avec le célébrant lorsqu'il sort de l'autel, et s'en retournent ainsi dans la sacristie.

ARTICLE VI.

DES CÉRÉMONIES QUI S'OBSERVENT A QUELQUES FÊTES EXTRAORDINAIRES.

Pour la semaine Sainte.

Le Dimanche des Rameaux, le prêtre fait la bénédiction de l'eau à l'ordinaire.

Après Tierce, un enfant lit la leçon pour la bénédiction des palmes ; le prêtre bénit les palmes ; celles du chœur sont sur la crédence ; le peuple tient la sienne à la main ; car il y aurait trop de confusion de les mettre toutes sur la crédence. La bénédiction faite, le prêtre fait l'aspersion de l'eau bénite sur le peuple et sur les palmes en même temps ; et on chante cependant les antiennes qui sont marquées pour les palmes ; ensuite on fait la procession. Lorsqu'on approche de la porte de l'église en revenant, deux enfants prennent le devant, entrent dans l'église, la ferment, et aussitôt que la procession y est arrivée, chantent les versets qui sont marqués dans le processionnal, et le clergé et le peuple répondent.

La Passion se chante par le prêtre et deux chantres qui sont, l'un du côté de l'épitre, l'autre du côté de de l'Evangile. Celui qui chante à la lettre C, se tient du côté de l'Evangile, et commence la Passion. Lorsqu'on est venu à ces paroles *Emisit spiritum*, on se met à genoux, et l'on fait une petite pause en s'inclinant profondément.

Les Mercredi, Jeudi et Vendredi saints, on dit les ténèbres sur le soir ; on ne dit que le 1er nocturne avec les Laudes, parce que le peuple ne peut venir que fort tard ; et il vaut mieux les chanter doucement que de dire les trois et aller vite.

Il ne faut point souffrir à la fin le bruit des enfants ; on éteint les cierges et la lampe à la fin de *Benedictus* et deux enfants vont chanter la Litanie ou Kyrie à la chapelle de la Vierge.

Le Jeudi saint, la Messe se dit comme aux fêtes solennelles, et l'autel est paré comme les dimanches.

Après la Communion, le thuriféraire avec les enfants qui portent les flambeaux et ceux qui servent la Messe marchent devant le prêtre qui porte le Saint-Sacrement au sépulcre préparé à la chapelle de la Vierge où l'on doit avoir eu soin d'allumer les cierges un peu auparavant. Le sépulchre qu'on prépare à la chapelle de la Vierge se fait en mettant un devant d'autel sur une petite bière qui est faite exprès et que l'on met sur l'autel avec des cierges autour, et, tant que le Saint Sacrement y est, il doit y avoir des cierges allumés, ou au moins une lampe.

On sonne toutes les cloches pendant les Vêpres qu'on psalmodie. Après quoi on ne sonne plus du tout, pas même pour l'*Angelus* jusqu'au *Gloria in excelsis* de la Messe du samedi saint. Pendant ce temps, on envoie de petits garçons par le village avec des crécelles pour avertir le peuple de venir à l'office.

Aussitôt que la messe est dite, on ôte les nappes, et les parements du grand autel ; et on ne remet les parements que pour la messe du samedi saint. Le soir, on lave le grand autel avec un peu de vin et d'eau ; auparavant que de commencer les ténèbres, on chante l'antienne de saint Élophe.

Le Vendredy saint, pour l'office du matin, on couvre l'autel d'une nappe seule. Deux enfants chantent les deux prophéties. Les traits de la Passion se chantent comme au dimanche des Rameaux. Aux oraisons après la Passion, toutes les fois que le prêtre dit *Flectamus genua*, tout le monde doit se mettre à genoux, et on se relève lorsqu'un servant dit : *Levate*, ce qu'il fait devant ces mots : *Per Dominum nostrum Jesum Christum*... Après que les oraisons sont finies, ceux du chœur vont dans la nef se mettre à genoux. Cependant le célébrant sort de la sacristie, précédé de deux acolythes avec le thuriféraire. Il porte une croix couverte, et étant venu au balustre, il la pose sur un petit banc couvert d'un linge, et se met au milieu de deux chantres qui sont derrière la croix, la face tournée vers le peuple. Ceux-ci chantent à genoux le verset *Populc* ; deux autres dans la nef chantent *Agios* ; puis tout le chœur chante *Sanctus*, et ainsi tous les autres versets. Après, le célébrant découvre la croix et la tient élevée, entonnant : *Ecce lignum crucis*, que les deux chantres continuent ; le prêtre, descendant devant la croix, l'encense ; tout le chœur chante le psaume, et répète *Ecce lignum crucis* ; le prêtre fait trois génuflexions en allant à la croix, et se traîne un peu à la dernière, baise la croix, et s'étant assis sur le petit banc, la donne à baiser à ceux du chœur, et ensuite à tout le peuple. Il est plus dévot que le célébrant la donne à baiser lui même. Cependant, on chante au chœur *Pange lingua* et *Vexilla Regis* qu'on répète jusqu'à la fin de l'adoration. Après que tout le monde a baisé la croix, on allume les cierges de l'autel ; le prêtre, après avoir pris sa chasuble, va quérir le Saint Sacrement, précédé du thuriféraire et des deux flambeaux : il a soin de laisser au dit sépulchre des hosties tant pour les malades que pour servir à l'adoration du peuple le reste du jour, et il ne les renferme au tabernacle que le samedi au matin. Après la communion, on éteint les cierges de l'autel ; on dit Vêpres comme au jour précédent, et tout étant dit, on ôte la nappe de dessus l'autel.

Le Samedi saint, on découvre la croix et les images, et on met les ornements de l'autel comme aux fêtes solennelles avec quatre cierges. Il faut aussi avoir soin de jeter l'eau des fonts et des bénitiers dans le cimetières et les nettoyer.

Il faut aussi avoir une pierre de fusil et des charbons éteints dans un réchaud. Il faut avoir soin que tous les cierges et les lampes de l'église soient éteints afin de les rallumer, du feu nouveau qu'on bénit à la porte de l'église. On allume d'abord les cierges des acolythes, ensuite au pupitre du côté de l'Evangile, où le prêtre, revêtu d'une aube et d'une étole, fait la bénédiction du cierge pascal. On dit ensuite les leçons et les traits, observant toujours autant qu'on peut de ne point faire dire deux leçons en deux traits par les mêmes personnes. Pendant qu'on chante *Sicut servus*, les acolythes vont quérir leurs cierges, et un autre la croix ; et ensuite on va en procession aux fonts, portant le cierge pascal après la croix. Au retour de la procession, on allume les cierges de l'autel ; on commence la messe, on sonne les cloches pendant le *Gloria in excelsis* : Deux enfants chantent le verset *Confitemini* et deux autres le trait.

Pour le jour de Pâques.

A la Messe, pendant l'offrande, deux enfants chantent *O Filii*. Après Vêpres, on va aux fonts en chantant *Laudate* et *In exitu*. Il faut marcher bien doucement. A cette procession, l'on porte l'encens, les chandeliers, la croix et le cierge pascal. A Complies après l'oraison *Visita*, deux enfants chantent encore devant l'autel *O Filii*, et ensuite on chante *Regina cœli*.

Le lundi de Pâques, on fait la procession après Vêpres aux fonts et on dit Complies comme au jour de Pâques.

De l'Invention de la Sainte Croix.

Depuis cette fête jusqu'à l'Exaltation de la Sainte Croix, le sr curé dit devant la messe la Passion tous les vendredis, et le Maitre d'école tinte pendant icelle.

Pour le jour de saint Marc et des Rogations.

On fait la procession dans les champs; on n'y porte point d'encensoir ni de chandeliers, mais seulement la Croix et le bénitier de cuivre. Après l'aspersion d'eau bénite, on chante les sept psaumes sur chaque ton différent, jusqu'à ce qu'on soit parvenu à une croix ou un peu plus loin qu'on veut aller; il faut faire une pause d'environ la moitié d'un Ave Maria à chaque verset d'un psaume, afin de ne pas tant fatiguer la voix, et cela s'observera dans quelque procession que ce soit. Lorsqu'on est parvenu à la croix, on chante l'antienne de la croix, et on y dit le verset et l'Oraison; (si on ne trouve point de croix, on passe l'antienne) et le prêtre fait la bénédiction des champs comme il est marqué dans le Processionnal page LXI, *Adjutorium, Dominus vobiscum, Oremus Largire, Oremus, Oremus,* etc.. Le prêtre fait ensuite l'aspersion sur les champs en forme de croix, disant : *Benedictio...* Deux enfants commencent les Litanies, le chœur répétant. Lorsqu'on a dit *Sancta Maria, intercede pro nobis,* la procession retourne. Lorsqu'on est rentré dans l'Eglise, s'il reste quelque chose des Litanies, on le passe, et on dit : *Omnes sancti et sanctæ Dei, intercedite pro nobis*, puis l'antienne et l'Oraison devant le crucifix, et ensuite la Messe qu'on dit toujours haute.

Le jour de l'Ascension.

Devant la Messe on fait la procession, et l'on va jusqu'au bout du village vers Pagney, et puis on revient par devant la maison du Maître d'école pour rentrer dans l'église. On chante, en sortant de l'église, le verset *Viri Galilæi*, puis l'hymne *Æterne Rex altissime, Jesu nostra Redemptio*. Cette procession représente le voyage que Jésus-Christ fit allant avec ses disciples à la montagne des Oliviers. A midi 1|2 on chante Nones solennellement pour honorer le moment que Jésus-Christ monta au ciel. On allume les cierges. Après les Psaumes, deux enfants chantent fort lentement devant le pupitre l'*Alleluia* et le verset : cependant on encense comme à *Magnificat* et on finit par *Regina*.

Le jour de la Pentecôte.

On commence l'office de la Messe par l'aspersion de l'eau bénite et la procession. On allume les cierges ensuite, et on dit Tierce solennellement pour honorer la descente du Saint-Esprit qui s'est faite à neuf heures.

La fête du Saint-Sacrement.

On expose le Saint-Sacrement dès les premières Vêpres. On l'expose aussi à Matines, et on le laisse exposé jusqu'après Complies. Devant la Messe, on fait la procession par les rues, et l'on marche en cet ordre : 1° une fille de la Congrégation porte la bannière de la Vierge, suivent les petites filles, et, après, les filles de la Congrégation avec leurs cierges allumés : le châtelier porte ensuite la bannière de saint Elophe, suivent les petits garçons et, après, les Congréganistes du Saint-Nom de Jésus avec leurs cierges allumés. Marchent ensuite les deux enfants qui portent les chandeliers, le porte-croix, le chœur, deux porte-flambeaux revêtus d'aubes et de tuniques, le thuriféraire qui doit faire en sorte qu'il y ait toujours de l'encens dans l'encensoir qui fume, les deux servants revêtus aussi d'aubes et de tuniques, dont l'un porte la bourse où est le corporal, et l'autre la navette ; ensuite le dais porté par 4 habitants que l'on prend chacun à leur tour, commençant par les plus anciens ; et ensuite marche tout le peuple deux à deux. Avant que de sortir de l'église, deux enfants commencent les litanies que le chœur répète. Après les litanies, on chante le *R. homo, Pange lingua, Verbum, Jesu nostra redemptio, Te Deum laudamus*. Lorsqu'on rencontre un reposoir, on chante une des antiennes du Saint Sacrement qui sont dans le Processionnal ; puis le Verset et l'Oraison, et on donne la Bénédiction du Saint Sacrement, et l'on reprend le chant où l'on était demeuré. Lorsqu'on est revenu à l'église, on va droit au chœur, on chante une antienne, le Verset et l'Oraison ; et puis, on commence l'Introit. A Complies, pendant le salut, le Célébrant va quérir la chape, et, étant précédé de deux porte-flambeaux, et du thuriféraire, il revient au chœur où on chante une antienne du Saint-Sacrement, *Domine salvum fac Regem*, *Da pacem*, leurs versets et oraisons, et ensuite on donne la Bénédiction. On dit Vêpres pendant l'Octave, et ensuite *Domine salvum fac Regem*, *Da pacem* avec les versets et oraisons et la Bénédiction. Le dimanche, on expose le Saint Sacrement depuis Laudes jusqu'à Complies. Le jour de l'Octave, après les Vêpres, on fait la procession du Saint Sacrement au dehors comme à l'Ascension. On chante le *Te Deum*, le *Domine salvum fac Regem*, *Da pacem*, et on donne la Bénédiction. Pendant l'Octave on expose le Saint Sacrement à la Messe qu'on dit haute, et on donne la Bénédiction du Saint Sacrement. On peut, à ces messes, appliquer les Obits du temps, en y disant les Vigiles et les Obsèques ordinaires. Le jour du Saint Sacrement et le Dimanche, chacun doit être exact à la Station à l'heure qu'il est marqué sur le carton qu'on met à la porte de l'Église.

La fête de saint Jacques-le-Mineur.

Ceux à qui c'est à rendre le pain bénit offrent ce jour-là un panier de fruits qu'on bénit et qu'on distribue ensuite au peuple.

La fête de l'Assomption de la Sainte-Vierge.

Après Vêpres, on fait la procession avec l'encens, les chandeliers et la croix, et le célébrant est en chape. On fait le même tour que le jour de l'Ascension. Et avant que de sortir, deux enfants commencent devant l'autel les litanies de la Vierge que le chœur répète. Au retour, on chante devant la chapelle de la Vierge *Sub tuum præsidium*, le verset et l'oraison.

Le Dimanche d'après la Décollation de saint Jean.

Ce jour, on fait dans cette paroisse l'adoration du Saint Sacrement qui avait été instituée par Mgr du Saussay, évêque de Toul, par tout son diocèse, selon le jour qui avait été marqué à chaque église. On carillonne dès la veille à midi. On expose le Saint Sacrement aux premières Vêpres et tout le jour depuis Laudes jusqu'à Complies. On dit l'office qui arrive ce jour-là. Après Sexte, on fait une espèce de Réparation ou d'Amende honorable au Saint Sacrement, et les Complies se disent comme à la fête du Saint Sacrement. Devant la Messe, on fait la procession du Saint Sacrement autour du cimetière, où assistent les Congrégations avec leurs cierges.

De la Nativité de la Sainte-Vierge.

Ceux à qui c'est à rendre le pain bénit ce jour-là offrent un panier de raisins qu'on bénit et qu'on distribue au peuple comme le pain bénit, à moins que le raisin ne fût pas encore assez mûr, et pour lors on reculerait autant qu'il faudrait cette offrande.

De la fête de la Dédicace.

Ce jour-là on expose le Saint Sacrement ; on met de petits cierges aux piliers du chœur et aux croix des murailles, et on les allume à l'office. Le lendemain, on dit un service pour les bienfaiteurs de l'église. Celui qui est en tour de pain bénit, offre le pain et le vin à l'offrande.

La fête de saint Elophe.

Le célébrant porte à la procession la relique de saint Elophe qu'on expose dès la veille, et il est précédé par deux enfants qui portent des flambeaux. Il la donne aussi à baiser à l'offrande, et elle demeure exposée pendant toute l'octave sur l'autel. Il y a dans l'Antiphonier et le Graduel un office propre de saint Elophe, approuvé par Mgr de Bissy, évêque de Toul.

La fête de Tous les Saints.

Le soir, on ne dit point Complies ; mais on dit les Vigiles des Morts à neuf leçons, et le lendemain on dit Laudes des Morts, ensuite les obsèques ; puis on fait la procession dans le cimetière avec la croix et le bénitier seulement. Le célébrant jette de l'eau bénite pendant la procession qui commence par le côté de la chapelle de la Vierge pour aller dans le cimetière et ensuite revenir par la nef. On psalmodie pendant cette procession fort lentement le *Miserere* et le *De Profundis*, et au retour, on s'arrête devant la représentation, et le prêtre dit le Kyrie, les Versets et l'Oraison. Celui qui est en tour de pain bénit offre le pain et le vin.

La fête de Noël.

On dit les Matines entières la nuit. On dit les Laudes devant la Messe de l'Aurore. 1º C'était l'ancien rite du diocèse. 2º Cela est plus conforme à l'esprit de l'Eglise. 3º On est déjà assez fatigué des Matines et de la Messe ; et on a vu par expérience que le peuple n'attendait pas jusqu'à la fin pour s'en aller, de sorte qu'on était souvent tout seul au chœur. Il est bon que l'église soit le plus éclairée qu'on peut pendant la nuit de Noel ; pour cela, outre les cierges des autels, on allume encore les deux lustres et on met des chandelles aux piliers du chœur et de la nef.

ARTICLE VII

QUAND IL FAUT ÊTRE ASSIS OU DEBOUT, COUVERT OU DÉCOUVERT AU CHŒUR.

A la Messe on est assis et couvert pendant l'épitre, les versets du Graduel, de l'*Alleluia* ou le trait, pendant le *Credo* et depuis qu'on a chanté l'offertoire jusqu'au *Sursum corda*. Et le reste du temps on est debout et découvert, excepté pendant l'élévation et la Communion du peuple qu'on est à genoux.

Les jours de l'Annonciation et de Noël tout le chœur se met à genoux à ces mots du *Credo* : *Et incarnatus est;* et on se découvre, et on se tourne vers l'autel les autres fois ; lorsque le prêtre donne la bénédiction à la fin de la Messe, on se tourne vers lui. Ceux qui ne chantent pas aux pupitres se tiennent à genoux depuis le *Sanctus* jusqu'après la Communion.

On est toujours assis et couvert lorsqu'un lecteur lit des prophéties ou que des enfants chantent des traits. A tous les autres offices, on est assis et couvert pendant les psaumes, les versets des répons et les leçons des Matines. Le reste du temps on est debout et découvert. Lorsqu'on dit l'Evangile à une leçon de Matines, on se tient debout et découvert jusqu'à ces mots : *Et reliqua*; ensuite on se couvre et on s'assied. Lorsqu'on commence *Gloria Patri* à la fin des psaumes, on se découvre, et on se lève, s'il y a une antienne à chanter. Celui qui entonne quelque chose ou chante un verset ou un trait ou lit une leçon, est debout et découvert.

ARTICLE VIII

RÈGLES QU'IL FAUT OBSERVER POUR BIEN CHANTER.

1. Il faut toujours chanter gravement, sans se précipiter. Il faut bien prononcer chaque note sans jamais en mâcher plusieurs ensemble. Il faut poser également sur chaque note, sans aller plus vite sur l'une que sur l'autre, excepté sur les brèves sur lesquelles on

passe vite. Il ne faut point trainer sur les notes qui se rencontrent aux points et aux virgules ; il faut faire les poses les plus petites qu'il se pourra, prenant seulement autant de temps qu'il en faut pour reprendre haleine. Il faut prendre garde, surtout, lorsqu'on chante plusieurs ensemble, de bien s'accorder, c'est-à-dire, qu'on doit tous prononcer les mêmes notes en même temps, comme si ce n'était qu'une seule voix qui chantât.

2. Lorsqu'on finit un chant, il faut toujours prolonger les deux dernières notes ; que si la note qui précède la dernière est brève, on la prononce vite à l'ordinaire, mais on prolonge celle de devant. On observe la même chose lorsqu'on chante à deux chœurs, c'est-à-dire, qu'à chaque verset il faut prolonger les deux dernières notes.

3. Celui qui entonne quelque chose doit aller jusqu'à la marque de séparation et prolonger aussi les deux dernières notes, puis s'arrêter, afin de laisser reprendre le chant aux autres. Ceux qui chantent les versets du Graduel, doivent observer la même chose, lorsqu'ils sont arrivés, à la marque de séparation qui est à la fin ; ils doivent s'arrêter là, en prolongeant les dernières notes pour donner le temps aux autres de reprendre le dernier mot.

4. Lorsqu'on chante les psaumes, il ne faut jamais anticiper les versets ; mais il faut attendre que ceux qui chantent un verset aient fini entièrement avant que d'en recommencer un autre.

5. Lorsque quelqu'un chante quelque verset ou trait, il ne faut jamais l'interrompre, quand il chanterait mal, mais il faut le laisser chanter jusqu'à la fin, et cepen-

dant se tenir assis ; et quand il faut reprendre le dernier mot aux versets du Graduel, alors on se lève tous.

6. S'il arrive que celui qui entonne un psaume, en ait pris un pour autre, ou qu'il n'ait pas pris le ton qu'il faut, il ne faut pas pour cela l'interrompre ; il faut lui laisser chanter le premier verset, et au second verset, on reprendra le psaume et le ton convenable.

7. Ceux qui entonnent un psaume ou quelque chose doivent prendre un ton qui ne soit ni trop haut ni trop bas, en sorte qu'on puisse chanter aisément jusqu'à la fin, sans se forcer la voix, et pour cela, ils doivent prendre garde, si le chant qu'ils entonnent monte bien haut dans la suite, ou s'il descend bas, afin d'y proportionner leur voix ; que s'il arrive que quelqu'un ait entonné trop haut, il faut le laisser entonner ; puis, quand le chœur reprendra le chant, il faut reprendre plus bas.

8. Aux Messes hautes qui se disent les jours ouvriers, comme aussi aux vigiles des morts, on chantera un peu vite, mais toujours sans se précipiter et observant les règles que nous venons de donner. Les dimanches et toutes les fêtes, aux premières Vêpres, Matines, Laudes et Complies, on chantera posément et lentement, et l'on chantera encore plus lentement à la grande Messe et aux secondes Vêpres. On chantera aussi fort lentement aux Complies des fêtes solennelles, parce que le ton dont on se sert demande à être chanté lentement ; à toutes les processions, on chantera encore plus lentement qu'au chœur.

9. Si l'on a deux enfants qui aient une belle voix, on pourra leur faire chanter le *Kyrie*, *Gloria in excelsis*, le

Credo, le *Sanctus*, l'*Agnus Dei* et le *Te Deum* alternativement avec le chœur. Les fêtes solennelles, ils pourront chanter aussi l'Invitatoire, le *Venite*, les proses et les hymnes comme le *Gloria* et le *Kyrie*.

Pour ce qui regarde le Maître d'école, c'est lui qui doit conduire tout le chœur en chantant : c'est pourquoi il doit savoir si bien son chant, et y être si sûr qu'il n'y manque jamais et qu'il puisse redresser les autres ; et pour cela, il faut qu'il s'exerce à chanter tous les jours. Que s'il ne sait pas le chant si parfaitement, il faut qu'il prévoie chaque jour tous les offices qu'on doit chanter, et qu'il les répète auparavant, afin que, lorsqu'on chantera, rien ne l'arrête ; parce qu'il ne faut qu'une note difficile à chanter, ou un saut un peu rude pour démonter tout le chœur, et comme souvent on a bien de la peine à se remettre, on ne fait qu'annonner jusqu'à la fin : ce qui est tout à fait indécent et ridicule, et comme il est encore plus ordinaire de faiblir, lorsqu'on chante seul, parce qu'on n'est pas si hardi, il faut que ceux qui doivent chanter les versets du répons ou du Graduel, ou les Traits, ou le *Venite* à Matines, les répètent toujours auparavant, afin que rien ne les arrête lorsqu'ils chanteront.

Nota. — Existe-t-il quelque part, dans une paroisse rurale, un *Coutumier* aussi complet et aussi intéressant ? Peut-être. En tout cas, on voit dans celui-ci non seulement l'esprit de zèle et d'ordre du curé Gueldé, non seulement l'autorité immense qu'il avait et qui lui permettait de tenir sa paroisse dans sa main comme un supérieur sa communauté, mais aussi les idées, les sentiments de l'époque, et certains usages qui se sont perpétués jusqu'à nos jours. On distingue ce qui est de temps immémorial, ce qui est moins ancien, ce qui est de l'établissement ou de la réforme de M. Gueldé. Car ce *Manuel* ne fait pas qu'énumérer les exercices religieux, il contient le récit parfois des origines, les motifs de ce qui est ordonné ou défendu, des avis et des conseils paternels, des remarques dictées par une sage expérience, et, encore une fois, on suit pas à pas l'action d'un saint et digne prêtre qui ne néglige aucun détail de sa charge pastorale.

Aussi bien quelle obéissance stricte aux règles de la Liturgie et aux Statuts des Évêques ! Quel désir de se sanctifier, quelle ferveur, quelle vie profondément chrétienne ! Involontairement on se reporte ou à l'existence monastique ou aux âges primitifs et héroïques du Christianisme. « Prière à l'église tous les matins et tous les soirs, selon le rituel. — Journée du dimanche : le matin, récitation à l'église du chant de Laudes ; chant de Tierce devant la grande messe ; grande messe ; l'après dîner, nones, catéchisme et vêpres. Complies le soir. Aux fêtes solennelles, on ajoute un nocturne de Matines ; on fait la procession devant la grande messe et on chante Sexte à midi. » Comment une population, faite à de telles pratiques, ne se serait-elle pas maintenue dans le devoir dominical ? A la campagne, il peut y avoir des ouvrages pressants, par exemple, au moment des récoltes. Les exceptions arrivent à point pour mettre à l'aise la conscience de ces bonnes gens. Et quelle vigilance pour que les cérémonies, qui sont comme la parure de la piété, s'exécutent avec grâce et que le chant, expression vivante de la foi, atteigne son but qui est de rendre gloire à Dieu et d'animer les fidèles ! Quelle propreté, quel ordre, quel soin dans le matériel ! Quelle attention à éviter ou à corriger les abus ! Comme tout est prévu, réglé, surveillé ! « *Iota unum aut unus apex non præteribit a lege, donec omnia fiant !* » Enfin il est touchant de voir avec quel discernement, et dans quel esprit de vérité et en même temps de charité le bon curé met en garde ses successeurs contre les oublis, les excès de zèle et les périls de découragement. Çà et là, il émet des réflexions empreintes de tant de bon sens, de tant de douceur et marquées au coin d'une si rare expérience ! Il ne se vante jamais. Il dit les choses telles qu'elles sont. Vraiment son manuel serait encore aujourd'hui à consulter pour la campagne.

PIÈCE G

Piété de M. Gueldé, sa dévotion envers le Très-Saint Sacrement

Nous aurions beaucoup à raconter ; bornons-nous à ceci :

Avant M. Gueldé déjà, presque *chaque semaine*, se chantait à Trondes, une *Messe* fondée en l'honneur du Très-Saint-Sacrement.

Lui, il fonda les *Quarante heures*. (Dimanche de la Quinquagésime, lundi et mardi et suivants). Il établit ou il développa en tout cas la *Confrérie* du Très-Saint-Sacrement.

A voir comme chaque année il solennisait la *Fête-Dieu*, on se croirait, non pas dans une paroisse rurale que les travaux de la saison absorbent ou distraient, mais dans une communauté religieuse, tranquillement et ardemment vouée au culte de la Sainte-Eucharistie. — « Office chanté la veille au soir — offices tout le « jour de la fête — chaque jour de l'octave, messe « haute, vêpres et bénédiction 2 fois, le matin et le « soir ; procession par les rues 2 fois comme partout, « mais chacun doit être exact à la station, à l'heure « qu'il est marquée sur le carton qu'on met à la porte « de l'église. » L'*Adoration perpétuelle* établie dans le diocèse par Mgr du Saussay (1655-1675) était magnifiquement célébrée à Trondes le jour de la Décollation de saint Jean-Baptiste, la *Communion mensuelle* vivement recommandée, et le *saint Viatique* entouré d'honneur.

Au temps de M. Gueldé remonte une coutume aujourd'hui encore pratiquée à Trondes, et si particulière qu'il n'en existe, croyons-nous, nul autre exemple dans le diocèse. C'est un usage de Paris transplanté en Lorraine par M. Gueldé. Le soir de *la fête de l'Immaculée-Conception*, à l'église, lorsque le prêtre passe, portant processionnellement la sainte Hostie, les mères s'approchent, ayant sur les bras leurs petits enfants âgés de deux ans et au-dessous, et, en souvenir sans doute des caresses bénissantes que Jésus prodiguait jadis aux enfants, leur font baiser l'Ostensoir. Cet usage a-t-il été approuvé ou défendu par l'évêque ? Il n'y est fait aucune allusion dans les statuts synodaux du temps, où cependant les abus et les défauts dans le service divin sont signalés en détail, particulièrement par Mgr Thiard de Bissy, 1690, (Statuts synodaux, pages 94, 95, 96, 97)

D'ailleurs la cérémonie se fait avec beaucoup de gravité et de piété. Les filles de la Congrégation, en blanc, un cierge à la main, viennent, chantant les litanies, au-devant du Saint-Sacrement que l'on porte à l'autel de la sainte Vierge, pour y donner la bénédiction. Après le *Laudate*, la procession retourne vers le maître-autel, au chant du *Magnificat*, et c'est pendant ce temps-là, que le prêtre fait baiser l'ostensoir aux enfants sur le passage. Rencontre touchante des cœurs purs, le cœur de l'enfant innocent, le Cœur immaculé de Marie, le Cœur adorable du Dieu de la pureté !

PIÈCE H

L'Église de Trondes

M. Gueldé entretint avec beaucoup de soin et de goût l'église de Trondes.

Sans être un monument bien remarquable, l'église de Trondes a son mérite. La tour, entièrement en pierre, accuse le roman du xiie siècle ; la nef et le chœur pentagonal avec nervures et médaillons appartiennent au xve (ogive de la 3e époque). Les deux collatéraux sont venus plus tard (en 1738) alourdir et assombrir la nef principale déjà un peu écrasée.

Du temps de M. Gueldé, alors que ces collatéraux n'existaient pas, la petite église de Trondes devait offrir à l'œil un aspect assez agréable. Mais combien elle avait souffert des guerres du xvie et du xviie siècles ! En 1656, après visite dûment faite l'année précédente par des experts, en présence du prévôt de Void, des maire, échevins et communauté, le Chapitre ordonne aux habitants de faire réparer « incessamment « les ruines de la nef, Messieurs n'y étant aucunement « tenus. » Grosse affaire pour des gens eux-mêmes aux trois quarts ruinés ! Aussi les années s'écoulent, sans que rien se répare, Chapitre et communauté se renvoyant l'un à l'autre le fardeau des dépenses. Ce n'est pas que « Messieurs » eussent contre les gens de Trondes quelque motif de mécontentement, ou fussent portés à manquer de générosité dans les œuvres pies. Il faudrait plutôt dire que la bienfaisante autorité de tels seigneurs et l'obéissance confiante des sujets rendaient excellents les rapports mutuels. Précisément à cette époque (milieu du xvii⁰ siècle) le chapitre fait remise à plusieurs habitants de Trondes de leurs redevances, et Trondes élit le Chapitre pour son « avocat « et défenseur en toutes causes commencées ou à naî- « tre, par devant n'importe quel tribunal » (Acte de 1651). D'après la loi et l'usage constant, le Chapitre n'était obligé, pour les églises dont il avait la propriété ou la collation, qu'aux réparations du chœur. D'ailleurs son budget était fort grevé et à cause des innombrables requêtes qui lui étaient adressées de toutes parts, il n'avait pour ses dons que l'embarras du choix. En 1668, le Chapitre avertit le prévôt de Void qu'il ne paiera rien des réfections qui sont à faire à l'église de Trondes. En 1671, on met cependant la main à l'œuvre, mais d'une façon insignifiante, et pour retomber dans l'inaction pendant une vingtaine d'années.

Mais à peine M. Gueldé est nommé curé que le zèle de la maison de Dieu le dévore. Il obtient les bonnes grâces du Chapitre. Celui-ci relâche de ses droits, et dès le mois de juillet 1692, recouvre tout à neuf, à ses frais, le toit de la nef et du chœur. D'autres réparations suivent. En 1695, M. Gueldé prie encore le Chapitre de lui faire une gratification pour la construction d'une sacristie, « les revenus de la fabrique étant très mo- « diques. »

Sans doute, plus d'une fois, M. Gueldé avait gémi du peu d'espace que l'édifice offrait pour le déploiement des cérémonies ou simplement pour l'assistance commode aux offices. Peut-être sur la fin de sa vie, avait-il préparé un agrandissement de l'église. Toujours est-il que la population pressait la réalisation de ce projet. On fit des démarches auprès de M. l'Intendant, de M. le lieutenant général du Baillage et du Chapitre. Les négociations ne semblent pas avoir eu cette marche rapide et heureuse que savait imprimer M. Gueldé. Cependant, en 1738, les collatéraux de l'église étaient entièrement faits. Le Chapitre en paya les frais et accepta les travaux en septembre 1738. *(Archives départementales.* Inventaire des titres de la prévôté de Void, tome II. Trondes. Liasse XVIII. Pièces 1, 2, 3, 4, 5. — Recueil des délibérations capitulaires, série G. Passim. — Série G., 12. Parlement de Metz. Liasse 2. Année 1738).

PIÈCE I

Relique de saint Elophe

Soixante-ans après la réception et l'inauguration de la relique de saint Elophe à Trondes, Mgr Claude Drouas, le 25 juin 1764, permit au curé Conrad d'en faire, devant témoins dignes de foi, la reconnaissance et la translation.

En conséquence, le 9 août 1764, devant M. Bogard, prêtre, curé de Laye et de Saint-Vaast, et Jean Poirson, recteur d'école, les reliques furent transférées « en un reliquaire d'argent, en statue, et mises au « piédestal, au milieu, fermé de deux aiguilles rivées au « même instant. » — « Procès-verbal de la cérémonie « fut dressé, signé et avec les autres pièces qui attes- « taient l'authenticité, renfermé dans le corps dudit re- « liquaire qui fut scellé du sceau de l'église, et une co- « pie gardée dans les papiers de l'église. »

Lorsqu'on vendit le mobilier de l'église, à la grande révolution, la statue fut mise de côté et religieusement conservée.

Actuellement (1891) la précieuse relique est encore exposée à la vénération des fidèles, le jour de la fête, (16 octobre).

On peut voir aux archives l'original de l'authentique, le certificat de M. Gueldé, la copie de la permission de Mr Drouas, et le procès-verbal de M. Conrad. Ces divers papiers, pour un temps, avaient été séparés de la relique. Mais en 1821, le 3 juin, ils furent remis à

M. Picard, curé de Trondes, lequel certifie « n'avoir
« pu les mettre dans le reliquaire qui est sur le maitre-
« autel, et les avoir enfermés dans le présent billet et
« déposés dans le *tabernacle de l'église.* » Ce lieu de dépôt n'étant pas autorisé par la liturgie, on les en a retirés pour les mettre au presbytère.

PIÈCE J

La Confrérie de la Charité à Trondes.

Le 22 octobre 1704, Nicole Niquet, veuve d'Etienne Chénot, ancien maire, avait donné par testament, pour être distribué aux pauvres du lieu « un bichet de blé, « mesure de Toul, item 5 sols à la fabrique, 5 sols pour « *la Charité*, et 5 sols pour les défunts trépassés, entre « les mains de ceux qui font les dites quêtes. »

Ces « 5 sols pour la charité » véritable obole de la veuve, prouvent cependant l'existence de la Confrérie à cette époque, du moins à l'état de projet.

Vers la fin de *1707*, M. Gueldé établit le fonds de la charité. On lit dans le testament d'Elisabeth de Boucq, du 3 juillet 1707. « Le sr curé ayant marqué à ladite « testatrice qu'il désirait faire un fond pour l'établisse-« ment d'une Charité pour les pauvres malades de « Trondes, la dite testatrice voulant bien entrer dans « un si pieux dessein, a donné cinquante francs barrois « valant vingt et une livres huit sols et demi à la dite cha-« rité, lesquels cinquante francs seront mis en rente, « laquelle rente sera distribuée pour le soulagement des « malades, selon la disposition du sr curé de Trondes et « des autres personnes qui auront soin de la dite cha-« rité. » La même Elisabeth de Boucq donne, en plus, pour être distribué incontinent après son décès, deux écus, l'un pour les pauvres de Boucq, l'autre pour ceux de Trondes. Elle mourut le 5 juillet 1707.

M. Gueldé, dans son propre testament, donne un

peu de linge, le fonds de 5 livres 6 sols de rente, et quelques ustensiles pouvant servir à des infirmes.

D'autres personnes donnèrent ensuite : Magdeleine Bernardin, par testament, donne trois livres et deux chemises à son usage, 1727. Item, Jean Geoffroy, 10 sols, 1776. — Le 10 novembre 1792, l'an I de la République, Jean-François Munier, « menuisier et citoyen, » s'engageait encore à payer 15 sols de rente chaque année à la charité de Trondes.

On peut avoir une description plus complète du petit avoir de la Charité sous ce titre : « Dons qui ont « été faits à la Confrérie de la charité pour les pauvres « malades de la paroisse de Trondes. » Cette note est de la main de M. Conrad, curé de Trondes, et datée du 14 février 1710. Il existe une reddition de comptes de la Confrérie, faite le 30 avril 1752. La Confrérie, cette année-là, disposait d'une somme de 146 livres ; elle en avait dépensé 119 (*Archives paroissiales de Trondes*).

Comme il est dit ci-dessus, la Confrérie de la charité avait en vue surtout les pauvres malades : elle distribuait du linge, de la viande, des légumes, des remèdes, puis de la petite monnaie en diverses occasions. Il y avait, sous l'autorité du curé directeur, une supérieure.

C'est qu'il y eut parfois de terribles années à passer. Citons du temps de M. Gueldé, les années 1710 et 1729.

« En 1709, l'hiver a été si rude et froid que la veille
« des rois (janvier 1709) il plut, et le lendemain l'on
« entendait les chênes des bois se fendre de la gelée
« depuis le bois jusqu'au village jusqu'à trouver les

« pigeons tenus par les pattes dans la glace. Et le
« plus gros malheur, c'est qu'il n'y avait point de neige
« pour la conservation du bled : ce qui a fait la ruine
« totale des bleds qui ont été engelés. Il a donc fallu
« ensemencer la saison des bleds qui avaient été ense-
« mencés en automne ; il a fallu mettre l'orge que l'on
« avait pour manger en place du bled. Ce qui a causé
« une famine totale dans le pays depuis le mois de
« mars jusqu'à la moisson qui n'a pas été bien abon-
« dante, parce que l'on n'a pas récolté de bled que très
« peu, et qu'il s'est vendu en automne par petite me-
« sure comme la semence de jardin ; ce qui a causé
« une grande disette pendant deux ans, *car la plus
« grande partie des pauvres gens n'ont mangé que des
« herbes.* Mais le plus grand bonheur, c'est que le bois
« de Hinot était en taillis ; il y a eu si grande abon-
« dance de fraises que l'on aurait jugé que c'était la
« manne du ciel comme Dieu l'avait envoyée au peuple
« d'Israel, dans le désert, puisque plus l'on en cueillait,
« plus il y en avait, et cette cueillette a duré plus de
« six semaines, et tous les enfants étaient toute la journée
« au bois à manger des fraises, et à porter encore plein
« leurs paniers. Et l'année a permis pour le pâturage
« que les vaches avaient abondance de lait, et les lé-
« gumes ont venu en abondance, et ont été avancés, ce
« qui était d'un grand soutien au pauvre peuple. Car,
« en ce temps là, il n'y avait point de pommes de
« terre, comme nous en avons maintenant. » (1)

(1) Extrait d'un manuscrit entièrement inédit, appartenant à un habitant de Jouy sous les Côtes, village voisin de Troudes,

« Ce présent livre, est il dit en tête, a été fait par moi François

L'année 1714 fut bien mauvaise aussi à cause de la mortalité des bestiaux et des insectes qui rongèrent les raisins en juin et en septembre. A deux reprises, pendant trois jours, des prières furent ordonnées à la cathédrale de Toul pour la cessation du fléau.

L'année 1725 ayant été très pluvieuse, « tous les « bleds furent gâtés, germés ou pourris. Il pensa y « avoir une sédition dans la ville de Toul, n'y ayant « plus de blé que pour trois jours pour nourrir le « peuple et les troupes. (*Registres capitulaires*, n° 89, folio 42 et n° 91, folio 25)

Que devait-ce être dans les campagnes environnantes ?

« En l'an 1729, ditte la fraiche année, les mois de « juin et juillet, août et septembre, toujours de la pluie,

---

« Parisot, vigneron, demeurant à Jouy-sous-les-Cotes, étant né au-
« dit Jouy, le huit octobre 1752 Etant parvenu dans ma 72° an-
« née, depuis le 8 octobre, dont je me propose aujourd'hui 2° jan-
« vier 1824, de donner un petit détaillé sur quelques années avant
« ma connaissance, que j'ai reconnu dans les annales et archives de
« France ensuite un détail des années depuis 1770 jusqu'à 1823,
« qui fait en tout 53 ans »

Le manuscrit est divisé en deux parties, l'une historique, où sont consignés les accidents de saison, et les événements généraux du pays, « et en outre les énigmes propres à instruire les enfants sur « des divinations qui leur sont très instructives Dans la seconde « partie qui commence par une oraison très devote à la sainte Vierge, « ensuite un abrégé de l'arithmétique tant du nouveau calcul que « de l'ancien... et quelques autres enseignements qui feront plai-
« sir à tous les jeunes gens, et tous ceux qui prendront connais-
« sance du livre »

Il serait à souhaiter que la première partie du manuscrit fût publiée, tant à cause des remarques qu'à cause du style naïf, où les incorrections abondent sans doute, mais où l'on respire les vrais parfums de la campagne Lorraine.

« que les foins ont resté en partie dans les champs, ou
« si on a pu remettre les bleds qui étaient la saison de
« chauffour, l'on n'a moissonné que par la pluie, et l'on
« ne pouvait lier une gerbe qu'elle ne soit germée et
« collée sur la terre. Et ne pouvait-on faire le charroi
« qu'avec grande peine, et on ne pouvait mettre que
« trente à quarante gerbes sur une voiture. Encore
« avait-on bien de la peine parce que le chemin était si
« rempli de boue que les essieux étaient traînés dans la
« boue, et qu'on a été contraint d'aller passer par des-
« sous. Le pain de cette année a été si mauvais que l'on
« n'en pouvait manger et collait comme de la poix, et
« le grand malheur dans ce temps là, l'on n'avait pas
« usage de planter des pommes de terre comme à pré-
« sent : on ne semait que des févottes. (1) »

Ces quelques citations suffisent pour faire comprendre que du temps de M. Gueldé, la paroisse de
Trondes eut à traverser de mauvais jours ; la confrérie
de la Charité, si modiques que fussent ses ressources,
aida plus d'un pauvre et plus d'un malade, et le bon
pasteur se dévoua au soulagement de ses ouailles.

Etat de la fortune de M. Guelde.

On pourrait se demander, afin de se rendre compte
des générosités de M. Gueldé, quel était son état de
fortune.

(1) Manuscrit de Jouy-sous-les-Côtes.

Nous n'avons pu trouver trace dans ses papiers ni nulle part de sa situation de famille, de son patrimoine, non plus des dons, plus ou moins considérables, qui l'auraient aidé dans ses œuvres.

Le brave curé a bien l'air d'avoir tout payé « de sa « poche. » Quelque part, il lui échappe de dire « qu'il « a fait de si gros sacrifices pour aboutir, qu'il s'est « épuisé. » M. Gueldé était à la portion congrue (1), d'abord 300 livres, ensuite 700 francs, argent de Lorraine (2). En réunissant ce que nous appelons aujourd'hui le traitement et le casuel il pouvait arriver parfois à 1000 francs, mais ne les dépassant point. En 1780, sur les 24 paroisses du doyenné de Commercy, Tronde ne vient guère que la 15ᵉ pour les revenus, et sur les 95 de l'archidiaconé de Ligny, la 90ᵉ (Voir les *Pouillés* du P. Benoît Picart et de M. Chatrian).

D'où il faut conclure que le généreux curé devait

(1) Il était loisible aux curés de Trondes d'opter la portion con-
« grue ou le tiers de toutes les dîmes avec tout le bouveros. Le
« Pouillé le certifie. Tous les anciens du lieu le certifieront de
« même. Et je déclare qu'en l'année 1693 ou 1694, je pris mon
« tiers (*Note de M. Gueldé*)

(2) Le chiffre de la portion congrue a varié. Des arrêts particuliers l'avaient fixé en 1625 à 200 livres, en 1662 à 300. C'est ce chiffre de 300 qui vaut pour la période de temps où commence M. Gueldé. Une déclaration royale du 29 janvier 1686 la fixe en effet à 300 livres pour toute l'étendue du royaume, et ce « outre les « offrandes, honoraires et droits casuels que l'on paie tant pour les « fondations que pour d'autres causes. » En Lorraine, en était-il de même partout. En 1698, une déclaration de son Altesse Royale le duc Léopold fixait la portion congrue à 700 fr. argent de Lorraine. En 1720 le chiffre de 700 est maintenu, mais de nouveau la permission est donnée d'opter entre la fixe de la cure et la portion congrue. Le duc Léopold expose ainsi les motifs de cette seconde déclaration. « Dans l'intervalle de vingt-deux ans (de 1698 à

nécessairement se restreindre, se priver même pour
secourir les autres.

Un détail de la succession de M. Gueldé soulève le
voile de ses vertus. En pays vignoble, alors qu'il avait
à son usage la vigne de la cure, et qu'il pouvait lever
tous les ans la dîme du vin, et par conséquent, si on
nous permet cette réflexion, avait toute facilité de
tenir sa cave suffisamment garnie, M. Gueldé n'avait
même pas toujours le vin de table ordinaire. L'exécuteur testamentaire fut obligé de payer à M. Chénot,
marchand de Trondes, « la somme de treize livres six
« sols pour prix du vin qu'il a fourni tant du temps de
« la maladie du dit sieur curé que pour son enterre-
« ment et les services et pour le jour de l'encan. »

Un autre détail, à nos yeux, lui fut encore honneur.
C'est qu'il préfère la portion congrue aux dîmes. Il y
avait certainement dans le système choisi par M. Gueldé
des désavantages matériels. Car, soit ses prédécesseurs,
M. Mercier et M. Gaillard, soit ses successeurs, M. Dor

« 1720) plusieurs fonds dotaux des dits cures peuvent avoir été
« négligés ou confondus avec les biens des particuliers. D'ailleurs
« les changements survenus dans le prix des espèces d'or et d'ar-
« gent ont tellement fait hausser celui des denrées et des choses
« nécessaires à la vie qu'il est très difficile aux ministres des autels
« de vivre décemment avec la portion congrue et conséquemment
« impossible de soulager par leurs aumônes les pauvres de leurs
« paroisses, comme ils sont obligés par les lois de l'Eglise, et qu'il est
« juste enfin qu'ils ressentent des deux fruits de la paix qu'il a
« plû à Dieu de conserver à nos sujets depuis notre avènement à la
« couronne, et de les remettre en état de jouir de leurs bénéfices
« que plusieurs d'entre eux n'auraient pas abandonnés s'il avait été
« tel qu'il est présentement. (Indic. de Mouilly et Mville G.
12, liasse 2)

delu et M. Conrad, optent généralement pour la dîme. Ils étaient parfaitement dans leur droit : ils ont fait ce qui était dans la législation et dans l'usage. Aucun reproche ne peut leur être adressé : mais l'intelligent, pratique et saint M. Gueldé paraît avoir, dans cette question qui tendait de jour en jour à devenir si pénible et si irritante, consulté beaucoup plus le sentiment de la dignité et la bonté que ses propres intérêts. A sa mort, il en était comme toujours à la portion congrue (1). On ne trouva, lors de l'inventaire, qu'une somme de 114 livres. Ajoutons cinq louis qu'il avait sans doute prêtés, dont on n'avait ni titre ni connaissance, mais qu'une personne qui jouissait de sa confiance rapporta immédiatement à la succession. Total 234 livres.

Ses meubles et effets, vendus à l'encan, après que la vente avait été annoncée à Toul et dans les environs, produisirent neuf cent huit livres dix-huit sols, six deniers, argent au cours de France. On fit rentrer quelques petites dettes encore, et la fortune mobilière de M. Gueldé monta à quatorze cent vingt cinq livres, deux sols, quatre deniers. Les frais d'enterrement et de succession payés, le reste fut tout entier dépensé, selon le désir formel du bon curé, « pour la réparation et « l'amélioration de la maison d'école des filles et l'ac-

---

(1) « Le 29 avril 1731, reçu de Mr Bonnet, chanoine boursier « de messieurs du Chapitre, la somme de cent trente cinq livres, « seize sols huit deniers dus au dit sr Gueldé, décédé le 13 mars « 1731, pour le dernier quartier de sa portion congrue de l'année « 1730 et pour deux mois et treize jours du premier quartier de « l'année 1731. » (Comptes de la succession par M. Patelet, Archives de Irondes.)

« quisition d'un petit gagnage pour la dite École des
« Filles de Trondes » (1).

(1) M. Guéldé institua pour sa légataire et héritière universelle
l'École de charité des Filles, établie à Trondes. « Il y eut
« d'abord la moitié d'un gagnage acheté par M. Pelletier, curé de
« Pigney, de Mlle de Châteaufort, et vendu pour cette moi-
« tié par ledit s^r Pelletier, à M. Guéldé, curé de Trondes, le 20 oc-
« tobre 1716, devant Thiéry Chenot, notaire à Trondes, pour le
« prix de 335 livres 13 sols, 3 deniers, de sort principal, et 2 livres
« 10 sols pour vins, plus six hommées de pré au ban de Jongor,
« dix huit hommées de pré en deux pièces au ban de Pigney,
« trois hommées de chenevières au ban de Trondes avec quelques
« appendices d'arbres, quatre hommées et demie de terre au ban
« de Pigney, six hommées de pré en la prairie de Gomard, dix
« hommées seize verges de pré en deux pièces au ban de Pigney
« avec un rayon de terre contenant sept hommées onze verges au
« ban de Troussey. »

« Outre ce, MM. les exécuteurs testamentaires achetèrent selon
« l'intention dudit feu M. Guéldé, du profit de la vente des
« meubles, de Vincent Richard et Anne Georgin, sa femme, de
« Lagney, pour six cent cinquante livres tournois de principal, un
« petit gagnage situé au ban de Trondes et bans circonvoisins, qui
« contient environ sept jours de terres labourables renfermant les
« terres des trois saisons... » (Comptes de la succession par M. l'a-
bbé, Archives de Trondes).

PIÈCE K

Archives de Trondes.

M. Gueldé prit la peine de rédiger, dans les dernières années de sa vie, à partir de 1723 : (1).

1. Un *Mémoire servant d'instruction pour tout ce qui regarde les biens de l'église de Trondes* et qui doit être laissé aux curés du lieu.

2. Un *Cahier des fondations faites à l'église de Trondes.*

A dater de 1729, se voit une autre main que celle de M. Gueldé.

Il existe aux archives un autre cahier de fondations plus complet, très précis, datant d'au delà de 1776 et de la main de M. le curé Conrad. Ce cahier n'a pas d'autre titre que l'entête *In nomine Domini*. Il marque à chaque fondation si le testament ou l'acte est dans les papiers de l'église, ou s'il y a seulement un extrait. A défaut

---

(1) Mgr de Camilly, dans l'Ordonnance synodale du 10 avril 1720, statue « que tous les curés, les vicaires et les chapelains « dresseront incessamment un État ou Inventaire exact des « Biens, Droits, Rentes et Revenus de leurs bénéfices, comme aussi « des Titres qui les concernent, et des charges et obligations qui y « sont annexées, lequel ils signeront en toutes les pages qu'ils « joindront à cet inventaire des copies fidèles bien écrites des titres « qu'ils ont concernant leurs bénéfices et qui seront par eux attes-« tées et signées, que ces inventaires et ces copies seront par eux « remis aux doyens ruraux de chaque doyenné, pour être par eux « mis et conservés dans un coffre où il n'y aura aucun autre pa-« pier, afin qu'à chaque mutation de bénéficier, les doyens puissent « savoir si on n'aura point détourné de papiers et de titres, et les « successeurs être instruits de ce qui devra leur être mis en mains. » (art. XIV)

de titre, il indique une circonstance qui puisse servir de preuve. Il nomme les personnes obligées d'acquitter successivement, de sorte qu'il y a souvent plusieurs pièces pour une même fondation. Il observe ce qui a été fait dans le passé, ce qui existe actuellement, ce qui serait à faire pour l'avenir, de manière à bien tenir les curés au courant de leur temporel. Ce serait chose aisée, d'après ce cahier, de dresser la liste des curés de Trondes, des tabellions, et d'un certain nombre de familles, pendant le XVII° et le XVIII° siècles. Beaucoup de noms anciens de lieux, prés, champs et vignes, beaucoup de mots usités dans le pays toulois s'y trouvent, ainsi que quelques détails curieux.

Il y eut une réduction des fondations de l'église de Trondes, faite par M. Brouilly, archidiacre de Toul, lors de sa visite canonique le 14 juin 1738, et cette réduction fut définitivement réglée par acte épiscopal du 22 septembre 1744.

3. Un *Inventaire des meubles et ornements qui appartiennent à l'église de Trondes, comme ils se trouvent en 1723*. Sont mentionnés les vases sacrés, la relique et la statue de saint Elophe, deux autres statues en bois doré, etc., etc., une armoire où étaient enfermés les papiers de l'église, les titres de l'école, plusieurs testaments et tous les écrits importants.

4. *Observation pour les obits et saluts fondés en l'église de Trondes*. Il s'agit du mode de paiement des fondations ; les unes sont « levées par les châteliers, et payées « par eux au sieur curé et au maître d'école, les autres « payées par les héritiers. »

5. *Devoir des châteliers* (actuellement les trésoriers de

fabrique) et ce que le châtelier doit apporter en recepte dans la reddition de ses comptes.

6. *Biens appartenant aux maîtres d'école de Trondes.*

7. *Biens appartenant aux maîtresses d'école de Trondes.*

Ici se trouvent plusieurs copies importantes, toutes de la main de M. Gueldé :

Copie de la donation de la maison d'école des filles et des fonds, acte de 1715.

Copie de la requête présentée à Messieurs du Chapitre pour la confirmation de la dite école.

Copie de la première donation de la maison, acte de 1704.

Copies de contrats d'acquisition. Tous n'y sont pas ; la copie même du dernier reste inachevée.

Copie d'un arrest du conseil d'Etat du Roy du 25 février 1710, par lequel il est ordonné que les fondations ou legs qui ont été ou pourront être faits tant pour fournir le bouillon et autres nécessités des pauvres malades des paroisses que pour les écoles de charité, seront exempts des droits d'amortissement. (A la fin, la copie mentionne que M. le contrôleur général a fait écrire à Mgr l'évêque en 1727 que cet arrêt était pour le royaume. La copie de la lettre est dans les titres de la fondation. L'imprimé est dans les grosses de la fondation, etc...).

Copie des défenses que peut produire une maîtresse d'école, si elle était attaquée pour les tailles.

8. *Mémoire des linges de l'église;* commencé seulement : il n'y a que trois lignes.

9. *Ordre des offices, cérémonies et pratiques qui s'observent dans l'église paroissiale de Trondes dediée et consacrée*

à Dieu sous le nom et l'invocation de saint Elophe. Sorte de Cérémonial ou de Manuel, approprié à la paroisse et qui contient, pour tous les officiants et employés de l'église depuis le prêtre jusqu'au dernier des enfants du chœur, le détail des fonctions. Nous l'avons reproduit plus haut en entier.

10. *Règlement pour les maîtres d'école*, divisé en deux articles : Devoirs généraux du maître. Devoirs envers les écoliers.

Évidemment, la plupart des prescriptions et des conseils qu'il renferme se trouvent dans les statuts diocésains, les ordonnances épiscopales, les traités d'études, de pédagogie ou de morale. Mais M. Gueldé n'est pas un copiste ou un plagiaire. Il a fondu et adapté tous ces préceptes aux besoins des écoles de sa paroisse, et l'on ne saurait assez admirer son esprit élevé, son cœur excellent, sa simplicité, sa précision et sa grande expérience.

11. *Manuel des Congrégations établies dans la paroisse de Trondes.*

Nous avons reproduit aussi plus haut, en entier, ces deux derniers documents.

PIÈCE L

Les Dimes

La question des dîmes, portée à la fin du siècle dernier devant la nation entière, fut plaidée bien moins par l'équité que par la violence, et par toutes les passions réunies. Alors les événements encore plus que les hommes, prononcèrent un arrêt solennel et qui semble irrévocable.

Cette institution, assurément légitime en elle-même, capable de justifier son origine, son but, mais non toujours ses moyens, ni surtout ses excès, a perdu pour toujours sa cause. Ce n'est plus maintenant qu'un problème historique, assez complexe, un champ d'études rétrospectives devenant parfois, grâce à la méchanceté des uns et à l'incroyable sottise des autres, un champ de bataille politique ou religieux.

Les dîmes grosses ou menues, les accroissements, les droits d'usage mal délimités et mal observés, soit pour les bois, soit pour la vaine pâture, et quantité d'autres points faisaient pulluler les procès, lesquels souvent traînaient en longueur. Le procès de la commune de Trondes est l'un des innombrables débats qui avaient lieu sans cesse et partout et dont plus d'un ferait aujourd'hui sourire.

Nous ne résistons pas au plaisir de nous laisser entraîner en quelque sorte hors de notre sujet par le détail suivant.

Nous avons relevé, dans les archives de Trondes,

les infortunes d'un boucher de Toul, qui, le 14 mars 1667, fit avec le Chapitre un bail de vaine pâture à Trondes. Il louait pour trois ans, moyennant 95 fr. barrois, et il ne devait pas mettre plus de 200 brebis.

La première fois que son troupeau paraît à Trondes, on l'accueille très mal. Le 15 avril, le Chapitre mande au prévôt de Void de se transporter à Trondes pour informer de la violence faite au fermier de la vaine pâture, et « étant sur les lieux rétablira le dit fermier. » Sentence est rendue le 18 avril. La communauté interjette appel. Le bailliage de Toul, le 27 avril, se montre favorable aux habitants. Le Chapitre, lésé, en réfère au Parlement de Metz qui, le 26 juillet, confirme les droits du Chapitre et nomme des experts pour régler la question. Les gens s'obstinent et portent la cause à M. l'Intendant. Celui-ci prononce en leur faveur, de sorte que, quand le malheureux troupeau, l'année suivante, ose revenir dans les pâturages de Trondes, il n'est guère épargné. Par une procédure d'une légalité douteuse, en effet, le maire se fait adresser une requête par son échevin, et saisit les pauvres bêtes, pour sûreté du paiement de la somme de 196 livres 2 blancs, à laquelle le fermier a été imposé en exécution des ordres de M. l'Intendant. Le boucher, naturellement, revendique ses moutons. Le 22 mai 1670, il requiert le Chapitre de le défendre contre les saisies faites sur lui par la commune ou de diminuer le prix de sa ferme. Le Chapitre réduit à 50 livres le chiffre de 95, mais il poursuit la communauté.

Ainsi ce piteux bail de trois ans s'acheva sans que le procès fût terminé. Loin de là, en 1700, du temps

de M. Gueldé, revient une requête des habitants de Trondes, par laquelle ils supplient le Chapitre : « 1.
« De ne plus permettre aux bouchers de Toul
« d'amener vain-pâturer leurs troupeaux dans le ban de
« Trondes, qui n'est pas assez étendu pour fournir de
« vains pâturages. 2. De ne point continuer à les pour-
« suivre criminellement au bailliage de Toul, pour
« raison du refus qu'ils avaient fait de recevoir les dits
« troupeaux et de les avoir chassés de leur ban.... » La
requête, hélas ! ne fut point agréée, et le litige pouvait durer un siècle.

Les prés et bans voisins n'étaient guère plus propices. Le 9 mars 1659, le Chapitre assemblé capitulairement demande main-forte à M. du Barail, lieutenant du Roi, contre la *Rebellion des habitants de Lagney*, en faveur du marchand boucher Champoulot, bourgeois de Toul, pour une question exactement du même genre.

(Voir *Archives Départementales de Meurthe-et-Moselle*. Inventaire des Titres de la Prévôté de Void. Tome II. Trondes. Liasse XXIII. Pièces 11, 12, 13, 14, 15 — et aussi Registres Capitulaires, série G. 82, 84.

Voir aussi, ibid., Liasse XXIV. Le procès non moins curieux entre Pagny et Trondes pour le pâquis de la Bruyère, années 1605-1609. Il y a pour cela onze pièces.)

PIÈCE M

Testament et codicille de défunt M⁹ Dominique Gueldé, prestre, Curé de Trondes, décédé le 13 mars 1731. (Copie pour les exécuteurs).

Je soussigné, prêtre, curé de Trondes, reconnaissant qu'il n'y a rien de si incertain que l'heure de la mort, et cependant souhaitant n'en être pas prévenu sans avoir auparavant déclaré mes dernières volontés, je fais mon présent testament holographe, ainsi qu'il s'ensuit. 1º Je recommande mon âme lorsqu'elle se séparera de son corps à Dieu le Père Tout-Puissant, à Jésus-Christ notre Sauveur, et au Saint-Esprit, un seul Dieu en trois personnes, afin qu'il lui plaise me faire miséricorde. Je la recommande aussi à la Très Sainte Vierge Marie, à Saint Elophe, patron de cette paroisse, à Saint Dominique, mon patron, et à tous les Saints, les priant qu'ils soient mes intercesseurs envers Dieu pour la rémission de mes péchés.

Pour ce qui est de mon corps, je souhaite qu'il soit enterré dans le cimetière de Trondes vis à vis le grand Crucifix qui est derrière le grand autel. Si les deux Congrégations établies dans la paroisse de garçons et de filles veulent bien m'honorer de leur présence et de leurs prières en corps aux funérailles, il sera donné à chacune des dites Congrégations un écu de trois livres pour être employé à ce qui conviendra le plus à la gloire de Dieu et au maintien de leur congrégation, comme dans la première avoir quelques livres de piété que les garçons puissent lire dans leurs assemblées.

Je supplie mes successeurs de maintenir dans l'école des filles sœur Marie Callot pour maitresse, quelque infirmité il lui puisse arriver par rapport aux services de plusieurs années qu'elle y a rendus, aux conditions d'y faire suppléer par quelques autres filles, comme il est porté dans ma première donation s'il est nécessaire.

Je souhaite aussi que Jeanne Copinot, nièce de Magdeleine Bernardy, lui succède au cas qu'elle demeure fille.

Je veux et entends que tout ce que je pourrai devoir soit exactement payé, et aussi qu'on rende à Magdeleine Bernardy tout ce qu'elle dira lui appartenir parmi mes meubles.

Je donne à la d{lle} Magdeleine Bernardy pour les bons services qu'elle m'a rendus un long espace de temps, deux vaches, trois bichets de blé et une charrette de foin, s'il se trouve encore dans la maison, avec ses gages de l'année courante, de la somme de trente livres qui lui seront payés en entier avec une bassinoire et ma seringue. Ensemble l'usufruit de tous les prés, terres et chenevières que j'ay acceptés depuis ma donation faite à l'École des filles suivant les contrats passés par devant Etienne Chénot, tabellion à Trondes, le 7 mai 1718, Jean Jacob, tabellion à Trondes, le 3 juillet 1726, Jean Jacob, tabellion à Trondes, le 16 mars 1726, Etienne Chénot, 20 octobre 1716, Etienne Chénot, 8 novembre 1719, Jean Nicolas, tabellion à Trousssey le 5 février 1720, Etienne Chénot, 15 janvier 1716, Etienne Chénot le 9 mai 1716, et aussi les bleds et orges que j'aurai ensemencés dans l'année pour les obiit que j'aurai acquittés pour Magdeleine Pierrot, comme aussi la levée de mes chenevières ensemencées. En outre l'usufruit de cinq livres six sols de rentes qui me sont dues, savoir, par les héritiers de défunt Nicolas Martin, deux livres deux sols six deniers, passé par devant Etienne Chénot, tabellion à Trondes le 23 décembre 1704, les héritiers de défunts Jean Jacob, une livre un sol, par transaction de Magdeleine Contaut, le 23 février 1707 et les héritiers de défunt Jacques Renaud par contrat passé par devant Gerardeaux, notaire à Foug, le 13 décembre 1723.

Je donne et lègue à la Charité des pauvres malades établie à Trondes six draps et six chemises.

Je donne à la même Charité le fond de cinq livres six sols cy dessus marqué après la mort de la d⁰ Magdeleine Bernardy.

Je donne à Jeanne Copinot, nièce de la dte Magdeleine Bernardy la somme de cent livres, une fois payée pour les bons services qu'elle m'a rendus.

Je donne à sœur Marie Callot, maitresse d'école, un bichet de bled, et trois sacs de froment pour sa commodité, et le bien donné à l'École dont j'ai touché les revenus en lui payant annuellement la somme de soixante livres, savoir moitié au 18 mars, et l'autre moitié au 18 septembre de chaque année. Je veux qu'elle touche la dite somme de soixante livres lors de mon décès, selon les termes marqués ci-dessus, et qu'elle puisse en outre toucher les canons des baux passés lors de l'année courante de mon décès que je n'aurais pas touchés.

Je laisse à Claude Morizot, maitre d'école de Trondes, pour une petite reconnaissance des services qu'il m'a rendu, les livres du *Voyage de la Terre-Sainte*, fait par Monsr. (?)

Je laisse à mes successeurs messieurs les Curés de Trondes trente-deux verges de prey en la prairie dessous Bagofontaine, le sieur curé de Trondes d'une part, à cause de la fondation de Magdeleine Pierrot, et les héritiers de Pierre Jandin, d'autre, aboutissant sur le ruisseau, pour dire une messe basse tous les ans au jour de mon décès pour le repos de mon âme et de mes très honorés père et mère, et lesdits sieurs curés auront la bonté de l'annoncer le dimanche précédent au prône.

A l'égard de mes manuscrits qui pourraient rester après ma mort, je prie mes successeurs dans la cure de vouloir bien les recevoir parce qu'ils pourront servir pour connaitre quels ont été et quels peuvent être les désordres de la paroisse et les moyens d'y remédier, et je les prie d'excuser les fautes qui peuvent y être.

Pour faciliter aux maitresses d'école les Instructions qu'elles doivent faire aux femmes et aux filles tant aux Ouvroirs qu'aux Assemblées des fêtes et dimanches dans l'école, je donne à l'école des filles les livres suivants :

Tout ce que j'ai de l'Ancien Testament de M. de Sacy.

L'histoire de l'Ancien et Nouveau Testament faite par M. Varnerot, curé de Lucey.

Le Nouveau Testament de M. Huré.

Les Mœurs des chrétiens de Mons. Fleury.

Le Catéchisme de Montpellier.

Le gros catéchisme de Toul.
Celui de Meaux.
Le petit catéchisme de Mons. Fleury.
Celui d'Agen.
Trois tomes des Essais de Morale.
Deux tomes de Grenade.
La Famille Sainte.
L'Education des Filles.
Les Psaumes avec des notes tirées de saint Augustin.
La Vie dévote de saint François de Sales.
Les Sages Entretiens.
Réflexions chrétiennes sur les plus importantes vérités du salut en forme de Méditation.
Règles chrétiennes pour faire saintement toutes ses actions, dressées en faveur des enfants.
Entretiens sur la Sanctification des fêtes et Dimanches, relié en veau.
Avis salutaires aux pères et aux mères.
Le Petit pédagogue chrétien, où sont contenus les avis importants aux hommes et aux femmes, aux garçons et aux filles.
Tous les cantiques.
Le Combat spirituel.
L'Imitation de Jésus-Christ.
Les figures de la Bible.
Le Bouquet sacré.
Les Tableaux de la Pénitence par M. Godeau.
La Vie du père Joyeuse.
Les Vies des Pères des déserts en trois tomes.
Le Martyrologe.
Tous les livres seront marqués à la première feuille

comme appartenant à l'École et seront enfermés dans l'armoire qui appartient à l'école, que sœur Claudine Clément, première maîtresse, a donnée. Les dits livres ne seront point prêtés à qui que ce soit : de quoi je charge la conscience des maîtresses. On pourra seulement permettre aux filles de les venir lire à l'école, les fêtes et dimanches, et si la maîtresse d'école juge à propos d'en distribuer aux ouvroirs, elle aura soin de les retirer, sitôt que les ouvroirs seront finis. Elle aura une liste desdits livres qui sera signée des exécuteurs de mon Testament, et du sieur curé de Trondes, qu'elle pourra représenter tous les ans avec lesdits livres au sieur curé de Trondes, pour voir s'ils ne se perdent point.

Pour la maison curiale, je ne crois pas qu'il y ait des réfections à y faire. Bien loin de la laisser dépérir, j'y ai fait des augmentations considérables à mes dépens ; elle n'a jamais été crépie, et je ne suis pas obligé aux réfections que comme un simple locataire.

Après les legs et charges de mon présent Testament accomplis, et l'usufruit des prés, terres et chenevières légué à Magdeleine Bernardy éteint, j'institue pour mon héritière l'École de charité des filles établie à Trondes ; et afin que les maîtresses ne laissent pas dépérir la maison d'école, faute d'y faire exactement les réparations qui seraient à faire dans lade maison, je prie messieurs les curés mes successeurs d'y faire annuellement la visite deux fois l'année, savoir, dans la quinzaine après Quasimodo et vers le commencement de septembre de chacune année, conjointement avec les christeliers, le maire et syndic du lieu, lesquels obligeront par les voies de droit les dites maitresses d'école de faire toutes les réparations qu'il conviendra faire dans la dite maison d'école. Je consens cependant que messieurs les exécuteurs de mon présent testament fassent faire sur mes effets incontinent après ma mort toutes les réparations qu'ils jugeront alors nécessaires.

Je prie monsieur Varnerot, curé de Luccy et monsieur Pelletier, curé de Pagny-sur-Meuse, et au défaut d'un des deux mons.^r Régnier, curé de Bruley et mons.^r Vatelot, sacristain de la cathédrale de Toul de vouloir me faire la charité d'être exécuteurs de ce présent Testament, de mettre en rente ou en fond, mon présent Testament exécuté, le prix de la vente de mes effets et d'en passer le contrat le plus sûrement qu'il sera possible au nom de l'école, voulant et entendant qu'au cas de remboursement des capitaux, le remplacement en soit fait au nom de la dite école par messieurs mes successeurs et le maire de Trondes, lesquels je prie de vouloir faire avec la maitresse d'école. Je prie aussi messieurs lesdits exécuteurs de donner une copie de tout au sieur curé, mon successeur, une à la maitresse d'école, et d'en faire mettre encore une autre parmi les titres de l'école qui sont dans l'armoire de la sacristie au rang des papiers de l'église. Je souhaiterais pouvoir reconnaître dans le ciel par mes prières tant de bonté que messieurs les exécuteurs auront pour moi. Je les prie aussi de vouloir bien par un petit témoignage de ma reconnaissance accepter chacun un de mes livres qu'ils choisiront dans ma Bibliothèque, afin qu'ils se souviennent de moi dans leurs prières. Fait le 15 décembre 1727 dans la maison curiale et j'ai signé de ma propre main. D. Gueldé, curé de Trondes.

Et plus bas est écrit : Je prie de remarquer que le pré de six hommées à la fosse à Leuzeral que Marc Viard lève appartient à Magdeleine Bernardy, et qu'il est à la place d'un autre que je n'ay pas encore donné à l'école.

Je donne à Marie Copinot après ma mort mon lit vert tout entier qui est dans mon poule, une partie appartenant déjà à sa tante pour le lit que je devais lui fournir. Signé D. Gueldé, curé de Trondes.

Contrôlé à Toul le treizième avril 1731. Insinué le dit jour. Reçu pour les deux droits soixante et treize livres quatre sols, Signé Poincellot. Pour controle 36 livres, pour insinuation 37 livres 4 sols.

Codicille.

Ce jourd'huy vingt-unième mai mil sept cent trente, je tabellion résidant à Troussey soussigné, ayant été mandé, prié et requis de la part de maitre Dominique Gueldé, prêtre, curé de Trondes, de se transporter au dit Trondes, où étant parvenu en la maison curiale du dit lieu, ayant trouvé le dit M⁰ Dominique Gueldé, gisant dans son lit, malade de la paralysie qui lui est survenue depuis environ un mois, sain toutefois d'esprit, mémoire et entendement, ainsi qu'il est apparu au tabellion et en présence des témoins cy après nommés, par l'inspection de sa personne, paroles, gestes et bons entretiens accompagnés de raison et bon jugement, lequel a dit et déclaré avoir fait son testament holographe, signé de sa propre main, en date du dix-neuf décembre mil sept cent vingt-sept, et l'ayant mis en la main dudit tabellion, le priant lui en faire lecture, et après que lecture lui a été faite mot à mot et l un après l'autre qu'il a dit avoir bien et au long entendu, a fait, dicté et nommé mot après autres au dit Tabellion, en présence des dits témoins son présent codicille en la forme et manière qui suit.

Veut et entend le dit sieur testateur que le legs par lui fait de la somme de cent livres au profit de Jeanne Copinot, nièce de Magdeleine Bernardy, soit cassé et annulé.

Comme aussi l'article que ledit testateur lègue à ladite Jeanne Copinot un lit vert en entier qui est dans le poele de la maison curiale où il fait sa résidence soit pareillement cassé et annulé comme celle cy dessus.

A l'égard de la seringue et de la bassinoire qu'il a léguées à Magdeleine Bernardy, il veut et entend qu'après la mort de la dite Magdeleine, elles soient et demeurent à la Confrérie de la Charité pour servir aux malades de la paroisse dont il est le pasteur et que la dite Confrérie en usera comme de choses à elle appartenant.

Il veut et entend qu'après son décès et incontinent, si faire se peut, des services seront faits pour le repos de son âme selon la coutume du diocèse, savoir, la messe d'enterrement, un service de trois messes hautes, vigiles et obsèques ;

Qu'il sera fait au quarantail d'une messe haute, vigile et obsèques ;

Que son anniversaire se célébrera au bout de l'année avec les offrandes accoutumées.

Veut et entend ledit sieur testateur qu'il soit délivré par messieurs les exécuteurs de son testament à l'église de Trondes une somme de neuf livres pour les ornements qui lui serviront pour sa sépulture.

Veut pareillement qu'il soit délivré dix livres pour des messes basses tant pour le repos de son âme que pour satisfaire à ce qu'il peut être redevable

Et quant à l'article de son dit testament portant donation de soixante livres léguées à sœur Marie Callot avec les rentes des prés qui font le fond de l'école des filles, veut et entend qu'il sorte son plein et entier effet et sans préjudice à ce qu'elle pourrait avoir reçu lors de son décès.

Et quant au surplus de son dit testament holographe, il veut et entend qu'il soit exécuté selon sa forme et teneur, priant messieurs les exécuteurs d'iceluy augmenter plutôt que diminuer.

Ce qui a été ainsi fait, dicté et nommé mot à mot et l'un après l'autre par le dit sieur testateur au dit tabellion en présence des dits témoins qu'il a dit être ses dernières volontés, et que le tout tant de son testament que du présent codicille soit exécuté de point en point.

Fait et passé au dit Trondes en la maison curiale après midi, en présence d'Étienne Bernard et Jean Demange, laboureurs demeurant au dit lieu, témoins à ce appelés et requis qui ont signé, après que le dit s' testateur a déclaré ne pouvoir écrire, signer ni marquer à cause de son incommodité ; après lecture lui a été faite mot à mot, qu'il a dit être son intention d'ainsi faire et non autrement, le tout à lui lu et relu. Signé E. BERNARD, Jean DEMANGE et J. NICOLAS tabellion, avec paraffe. Contrôlé sur la minute à Toul, le 13 avril 1731. Reçu douze sols. Signé POINCEITOT.

Pour copie sans préjudice. J. NICOLAS, tabellion.

Acte de despost.

Ce jourd'huy dix-septième avril mil sept cent trente et un M⁰ Jean Pelletier, prêtre, curé de Pagny sur-Meuse, M⁰ Jean Vatelot, prêtre, sacristain de l'église cathédrale de Toul, exécuteurs testamentaires de défunt M⁰ Dominique Gueldé vivant prêtre curé de Trondes, ont mis et déposé entre les mains du tabellion soussigné, résidant à Troussey, le testament holographe fait par ledit défunt M⁰ Gueldé en date du dix-neuf décembre mil sept cent vingt-sept, contrôlé et insinué au bureau de Toul le treize du dit mois, signé Poincellot, pour être le dit testament mis et gardé dans l'étude dudit tabellion et y être conservé, pour y avoir recours au cas de besoin. Fait à Trondes, avant midi, en présence de Nicolas Viris, charron, et Jean Laurent, vigneron, demeurant au dit lieu, témoins qui ont signé avec les dits sieurs exécuteurs. Signé à la minute, Pelletier, prêtre, curé de Pagney, Vatelot, prêtre, sacristain, N. Viris, Jean Laurent et J. Nicolas, tabellion, avec paraffe. Contrôlé à Void, le 21 avril 1731. Reçu douze sols signé Rinaud.

J. NICOLAS

PIÈCE N

Plaids Annaux de Trondes.

La tenue des Plaids Annaux était régulière à Trondes.

L'archiviste Le Moine, en 1761, a eu sous les yeux la plupart des procés-verbaux. Il est bien regrettable que ces pièces intéressantes ne nous soient pas parvenues.

Elles contenaient les « Rolles des Habitants, les Ordonnances de police pour le maintien de la paix et du bon ordre, et les Jugements des amendes. (Liasse XXV de 1674 à 1761. » — « Tout de suite avec bien des lacunes », ajoute Le Moine). — Liasse XXVII. 1615-1672, jusque 1761.)

À l'année 1498, on peut voir comment fut puni un délit commis par les habitants de Trondes.

Ils étaient treize qui avaient fraudé les assises, c'est-à-dire retenu le droit seigneurial, en ne se présentant pas pour l'inscription de leurs bêtes grosses et menues. Le procureur fiscal de la Prévôté de Void, au nom du Chapitre, les assigne, et voulant probablement faire un exemple, conclut net à la saisie de tous les biens des délinquants.

Les dits treize habitants avaient un délai de 15 jours pour répondre. Le délai expiré, ils viennent à Void, quelques-uns du moins, car la peste sévissait, et plusieurs, à cause des dangers de la contagion, n'étaient point venus. En présence du curé de Trondes et du maire de Void, et de plusieurs autres témoins, « ils

« confessent avoir commis le cas proposé par ledit Pro-
« cureur, et pour ce avoir grandement offensé les dits
« messieurs. Après quoi, ils se sont tous mis à genoul,
« criant mercy, et demandant pardon à mes dits sieurs
« en la personne du dit s^r Prévôt, lequel, après leur
« confession, déclara tous leurs biens confisqués à mes
« dits sieurs. Toutefois ledit Prévôt, par la puissance à
« lui donnée par mes dits sieurs, les a tous remis en
« leurs biens, en promettant de payer l'amende de
« soixante livres, aux bures, l'an prochain. »

(*Archives de Meurthe-et-Moselle*. Inventaire des Titres de la Prévôté de Void, tome II. Trondes. Liasse II.)

PIÈCE O

Règlement et Distribution des Exercices de l'École (1).

Le Matin.

1. Depuis la Toussaint jusqu'à Pâques, on sonnera l'école à sept ou huit heures, et depuis Pâques jusqu'à la Toussaint à six ou sept, selon qu'il sera jugé plus convenable. *Méth. page 117.*

En toute saison elle durera trois heures, à moins qu'un trop grand nombre d'écoliers n'exige plus de temps. *Page 118.*

2. Le Maître exigera de ses Écoliers qu'ils se rendent exactement à l'École à l'heure marquée. Si quelqu'un vient tard sans raison légitime, il l'avertira d'être plus exact, et le punira s'il ne se corrige pas. *Page 117.* Il remarquera aussi tous les jours soir et matin les absents, et avertira leurs parents, pour savoir s'ils ne se sont point absentés sans raison.

3. Les Écoliers seront distingués par classes. Les plus petits qui apprennent à connaitre les lettres formeront la première classe. Ceux qui syllabent formeront la seconde. Ceux qui commencent à lire la troisième. Ceux enfin qui savent le mieux lire, la quatrième. Chaque classe aura ses bancs distingués. *Pages 121-122.*

4. En entrant, ils prendront tous de l'eau bénite, et

---

(1) *Méthode familière pour les Petites Écoles*, par ordre de Mgr l'Évêque comte de Toul, à l'usage de son diocèse. Nouvelle édition. A Toul 1749. (j-xiij)

feront le signe de la croix ; ils se mettront ensuite à genoux au milieu de l'Ecole, où, étant tournés vers le Crucifix, ils feront la prière au S*t* Esprit. Page 119.

5. S'ÉTANT relevés, ils feront la révérence au Maitre: ensuite les petits qui ne savent pas les premières prières, s'approcheront de lui pour les apprendre par la méthode la plus courte et la plus profitable, et les grands iront à leurs places pour étudier leurs leçons.

6. QUAND la Prière des petits sera finie, et que tous les Ecoliers à peu près seront assemblés, le Maitre fera faire en commun la prière du diocèse. *Pages 120 et 126*. On déjeûnera ensuite en silence ; *page 122*. Ce qui n'empêchera pas, au moins les grands, d'étudier.

7. APRÈS le déjeûner, le Maitre enseignera la quatrième classe qui aura les mêmes livres et la même leçon. *Page 123*. Sans sortir de sa place, un écolier, tantôt le premier, le dernier, ou un autre au choix du maitre, dira cinq ou six lignes. Un second en dira autant, un troisième de même, ainsi de tous les autres. Le Maitre aura soin que toute la bande soit attentive, que chaque Ecolier ait les yeux fixés sur son livre, et soit prêt à continuer la leçon au moindre signal qu'il lui en donnera. Cette première leçon pourra se dire dans le Psautier.

8. CETTE leçon étant dite, chacun en particulier la répétera en silence pour remarquer les fautes que le Maitre aura reprises, et s'en corriger. Ensuite on préparera la seconde leçon que les Ecoliers pourront étudier deux à deux dans le même manuscrit.

9. TANDIS que cette seconde bande étudiera sa seconde leçon, le Maitre reprendra la troisième qui ayant entre

elle les mêmes livres et la même leçon, pourra réciter alternativement cinq ou six lignes, comme il est dit ci-devant *Article VII*. Elle répétera ensuite tout bas sa leçon, comme il est dit *Article VIII*, et elle étudiera la seconde qui sera pour tous la même dans la *Civilité*.

10. QUAND ces deux bandes auront été enseignées, le Maître enseignera la suivante composée des Ecoliers qui syllabent. Tous auront également le même livre et la même leçon. Le premier Ecolier dira une syllabe, par exemple *Do*. Le second dira la suivante, par exemple *mi*. *Domi*. Le troisième achèvera le mot, en disant *ne*, *Domine*. Les Ecoliers suivants continueront de la sorte ; et lorsque le dernier de la bande aura dit sa syllabe, le premier reprendra ; cette leçon sera ensuite répétée en particulier ; après quoi, on étudiera la seconde.

11. LE Maître, pour ménager son temps, fera enseigner les petits de la première Classe par un grand Ecolier, qui, les ayant assemblés autour de lui, leur montrera avec une baguette les lettres de l'Alphabet écrites ou imprimées, *pag. 157*. Si quelqu'un a la vue basse, il sera enseigné séparément. Pendant ce temps-là le Maître fera dire la leçon à la quatrième Classe dont, deux Ecoliers iront auprès de lui, et liront dans le même manuscrit. On n'en prendra pas plus de deux à la fois, à moins qu'il ne s'en trouve un plus grand nombre qui ait des mêmes écrits, dans lequel cas ils pourront la dire comme la première. *Article VII*.

12. LORSQUE cette classe aura dit sa seconde leçon dans les manuscrits, elle écrira et fera les règles d'arithmétique qui lui auront été données, le Maître enseignera ensuite la troisième Classe, qui, sans sortir de sa

place, dira sa seconde leçon dans la *Civilité*, après quoi elle écrira, etc.

13. TANDIS que ces deux Classes écriront, le Maître enseignera les deux autres qui restent, de la même manière qu'il est dit *Articles X et XI*. Ensuite il corrigera l'Ecriture et les règles, *page 123*. Les Ecoliers à qui il les aura corrigées, étudieront les deux ou trois demandes et réponses du catéchisme qu'ils auront à apprendre par cœur. Les petits pendant ce temps-là seront occupés par un grand qui leur apprendra le catéchisme, leurs Prières ou les Réponses de la messe. *Pag. 122.*

14. L'ECRITURE et les règles corrigées, le maître dira lentement et distinctement la première demande et la première réponse du catéchisme. Le premier Ecolier de la bande répétera ce qui viendra d'être dit, le second le répétera aussi, après lui le troisième, et ainsi des autres. *Pag. 147 jusqu'à 157.* Le maître aura soin que tous soient attentifs, et les reprendra lorsqu'ils diront ou prononceront mal.

15. APRÈS la répétition du catéchisme, s'il reste du temps, le Maître l'emploiera à apprendre l'orthographe, ou à dicter quelques baux, marchés, promesses ou quittances. Pendant ce temps-là, un grand Ecolier occupera les petits, comme il est dit ci-devant *art. XIII*.

16. L'ECOLE finie, les enfants sortiront deux à deux, en silence, pour aller à la messe ; à moins qu'ils ne l'aient entendue avant l'Ecole.

17. Si, pendant le temps de l'Ecole, le Maître est obligé de se trouver à l'Eglise pour quelques services ou quelqu'autre nécessité, et qu'il ne puisse se faire suppléer par un Adjoint ou par des Ecoliers, *pag. 51*, les

Enfants resteront à l'École sous la conduite de l'Écolier le plus raisonnable et le plus capable, qui continuera l'École en ce qu'il pourra, et ne conduira les Enfants qu'à la dernière messe, à laquelle ils assisteront de la manière prescrite. *pag. 129 jusqu'à 133.*

Après midi.

1. L'École commencera à une heure et finira ordinairement à quatre ; à moins que le grand nombre d'Écoliers n'oblige de rester davantage. *Pag. 118.*

2. Tous les exercices se feront dans le même ordre et de la même manière qu'ils se seront faits le matin : exceptez : 1. La première leçon qui se dira dans un livre français, par ex. dans l'*Instruction de la Jeunesse* ou l'*Histoire de la Bible* pour les plus forts, et le grand *Catéchisme* pour les médiocres. Exceptez : 2. La Prière qui ne se fera qu'à la fin de tous les exercices dans l'École même, et à l'Église pour les lieux où il est de coutume de l'y faire.

3. Dans tous les endroits où on donne un jour la semaine congé le soir, l'École du matin sera employée à faire faire la répétition du catéchisme que les Écoliers auront appris durant la semaine. On fera de même le samedi soir ; et s'il reste du temps, il sera employé à faire chanter les grands et à apprendre aux petits à servir la messe.

Avis.

Les Enfants sont avertis d'être dociles, obéissants et respectueux envers les Maîtres d'École, aussi bien qu'envers leurs Pères et Mères : s'ils y manquent avec récidive, les Maîtres en avertiront Monsieur le Curé qui y mettra ordre. *Page 70-71*.

Ils ne se jetteront point non plus dans une trop grande dissipation hors le temps de l'École ; mais après quelque récréation courte et honnête ils seront occupés par leurs parents à la Campagne ou dans la Maison à quelque ouvrage dont ils seront capables. Les Maîtres châtieront sévèrement ceux qui feront habitude de courir et de jouer dans les rues la plus grande partie de la journée. *Pag. 68, 69, 70*.

Les Enfants se donneront aussi bien de garde de jamais se battre ensemble, d'insulter ensemble des pauvres ou des vieillards, de proférer des jurements, des paroles déshonnêtes ou des chansons licencieuses, de rien faire d'indécent avec d'autres, même de leur sexe, de manquer de respect à l'Église ou à des choses saintes, de jouer ou de s'amuser avec des enfants d'un autre sexe, de rien prendre à leurs camarades ou de voler chez eux ou ailleurs, de dire des mensonges pour faire de la peine à quelqu'un, d'en dire même pour pour s'excuser et de les soutenir. Les Maîtres puniront toujours ces fautes à proportion de leur énormité. *Pag. 101*.

Le présent Règlement sera affiché dans toutes les Écoles des Garçons et des Filles et lu de temps en temps en leur présence, pour y être exactement observé.

PIÈCE P

Règles des Congréganistes du Saint Nom de Jésus.

La fin principale de cette Congrégation est d'adorer et d'imiter Jésus-Christ, sous la qualité d'Enfant qu'il a bien voulu prendre pour l'amour de nous, afin de pouvoir, à la vue d'un si beau modèle, se préserver de la corruption du siècle, s'animer les uns et les autres à la vertu, et croître, comme Jésus-Christ, en sagesse et en grâce devant Dieu et devant les hommes. Pour rendre cette Congrégation plus stable, les Congréganistes ont arrêté entre eux les règles qui suivent et qu'ils ont promis d'observer.

1. Pour plaire à l'Enfant Jésus, ils régleront leur jeunesse sur celle de ce divin Enfant ; et comme ce divin Enfant aimait Dieu sur toutes choses, haïssait le péché et était soumis à sa sainte Mère et à saint Joseph, ils aimeront ainsi Dieu de tout leur cœur, ils haïront le péché, ils seront soumis à leurs pères et mères, et leur obéiront en tout ce qui ne sera pas contraire à la loi de Dieu.

2. Ils ne donneront point à leurs parents aucun sujet de s'affliger ou de se mettre en colère ; ils ne contesteront point contre eux, ni ne leur répondront point avec aigreur, quand même leurs parents auraient tort, mais leur céderont entièrement, comme la loi de Dieu le demande.

3. Ils ne déroberont rien à leurs pères et mères sous quelque prétexte que ce puisse être et ne souffriront les

larcins, si petits qu'ils soient, ni en leurs frères et sœurs, ni en leurs domestiques.

4. Ils vivront en paix avec leurs frères et sœurs, leur céderont et leur déféreront entièrement, si leurs frères et sœurs sont plus âgés qu'eux. S'ils ont eux-mêmes cet avantage, ils les excuseront et tâcheront de les instruire plus par leurs exemples que par leurs paroles.

5. Ils ne manqueront point à prier Dieu à genoux, le matin et le soir, d'assister à la messe paroissiale, quand même ils iraient garder le bétail, et de se trouver aux instructions.

6. S'ils ne sont pas encore parfaitement instruits dans la lecture et l'écriture, ils tâcheront de s'y perfectionner, allant pour cela à l'école tout le temps qui sera nécessaire.

7. Ils s'adonneront volontiers au travail, et ne demeureront jamais oisifs, non seulement pour contribuer au bien de la famille, mais aussi pour éviter beaucoup de péchés auxquels la paresse et l'oisiveté exposent.

8. Ils auront une grande horreur de l'impureté, et en fuiront toutes les occasions, et s'abstiendront de toutes les folâtreries ordinaires aux jeunes gens.

9. Ils ne se trouveront jamais aux danses publiques ni particulières, parce qu'elles sont, surtout aux jeunes gens, une occasion de péché ; ils fuiront l'intempérance et l'ivrognerie ; et pour cela, ils ne fréquenteront point les cabarets, ou les lieux de débauche, où la jeunesse se corrompt aisément.

10. Ils ne diront aucune chanson ni parole déshonnête ou à double entente, et s'abstiendront entière-

ment des mensonges, des malédictions, des injures, des jugements et autres paroles mauvaises.

11. Ils seront fort modestes dans l'église ; ils n'y causeront point, ils n'y prendront point de tabac ; ils ne jetteront point la vue sur les filles, et se garderont bien de leur faire quelque signe.

12. Ils s'abstiendront des jeux défendus comme des cartes et autres jeux de hazard ; et, s'ils veulent se divertir à quelque jeu honnête et d'adresse, comme celui des quilles ou du palet, ce ne sera jamais pour du vin et qu'après vêpres.

13. Ils n'exigeront jamais rien de ceux qui viendront à se marier dans la paroisse sous prétexte de bienvenue, ce procédé étant un véritable larcin et une occasion de débauche.

14. Ils ne feront jamais tort à personne ; ils ne déroberont point les fruits dans les jardins ni les raisins dans les vignes, ni le bois dans les passous, et ils ne mèneront point leurs bêtes en pâture dans les prés ou les terres qui ne leur appartiennent point.

15. Tous les dimanches et fêtes, ils s'assembleront à midi dans l'école des garçons. M. le Curé, s'il a la charité d'assister à leur assemblée, ou le préfet à son défaut, dira le *Veni Sancte* et le *V. Emitte* et l'oraison *Deus, qui corda*, etc. ; après quoi, un des lecteurs fera la lecture d'un bon quart d'heure ou d'une petite demi-heure. Ce qui étant fait, ils iront à l'église chanter, devant le grand autel, les litanies du Saint Nom de Jésus.

16. Pour les fêtes solennelles, ils ne s'assembleront point à l'école à midi ; mais ils iront chanter Sexte à l'église, alternativement avec les filles.

17. Aux fêtes de Notre Seigneur qui sont Noël, la Circoncision, l'Épiphanie, Pâques, l'Ascension, la fête du Saint Sacrement, ils chanteront, après Sexte, les litanies du saint Nom de Jésus ; ce qu'ils feront aussi toutes et quantes fois que le Saint Sacrement sera exposé dans le soleil.

18. Ils tâcheront de s'approcher du Saint Sacrement aux fêtes sollennelles.

19. Ils regarderont la fête de la Circoncision et du Saint Nom de Jésus comme la principale fête de la Congrégation : pour cela, ils se prépareront à communier ce jour-là, et ils iront à l'offrande de la Messe de paroisse avec leurs cierges allumés qu'ils auront aussi à la procession.

20. A midi, après avoir chanté Sexte, le préfet lira tout haut au balustre les noms des Congréganistes ; les sacristains auront distribué les cierges allumés ; et tous étant à genoux, le Préfet lira tout haut la *Protestation* cy-après marquée que les Congréganistes répéteront tout bas ; ensuite les chantres entonneront les Litanies à la fin desquelles M. le Curé ou à son défaut le Préfet dira l'Oraison.

21. Quand on portera le Saint Sacrement en procession, ils iront deux à deux immédiatement devant le Saint Sacrement, portant leurs cierges allumés.

22. Ils en feront de même quand on portera le Saint Viatique aux malades, et, étant au logis, ils se mettront autour de la table où posera le Saint Sacrement.

23. Les Congréganistes auront soin de prier les uns pour les autres.

24. Ils auront soin de se reprendre l'un l'autre charitablement ; si quelqu'un fait une faute scandaleuse, le Préfet ou quelque autre le reprendra seul à seul selon les règles de l'Évangile ; s'il ne se corrige, on le reprendra devant deux ou trois autres ; et s'il demeure incorrigible, on le dénoncera à M. le Curé comme représentant l'Église. Si cependant la faute est exorbitante et honteuse, comme un vol considérable, ou une impudicité publique, on ne fera point les monitions précédentes, mais on le chassera de la compagnie, on rayera son nom du catalogue, et il ne portera plus de cierge aux processions, ni quand on portera le saint Viatique.

25. Quand quelqu'un d'eux viendra à se marier ou être absent de la paroisse ou à mourir, on n'effacera pas son nom, mais on mettra une croix à la marge pour le passer.

26. Si quelqu'un d'eux vient à mourir étant garçon, les autres congréganistes lui feront dire un service, où ils offriront pain et vin, et iront à l'offrande.

27. On n'admettra à cette Congrégation que les garçons qui auront fait leur 1re communion, et on n'y sera admis qu'à quelque fête solennelle, après avoir été reçu par M. le Curé.

28. Celui qu'on doit recevoir viendra après Sexte au balustre, et après le *Veni Creator* chanté, M. le Curé bénira le cierge, et après lui avoir donné à baiser, il lui mettra allumé dans la main ; ensuite le nouveau Congréganiste lira la *Protestation*, et on chantera les Litanies.

29. La Congrégation sera composée d'un préfet qui sera toujours le maitre d'école, de deux assistants, de deux sacristains, de deux chantres, et de deux lecteurs.

30. On pourra changer ces officiers tous les ans.

31. Durant l'octave du Saint Nom de Jésus, les chantres chanteront les litanies du Saint Nom de Jésus alternativement avec les autres congréganistes à la prière du soir ou à midi les fêtes et dimanches.

32. Il y aura deux cierges allumés de la Congrégation sur le grand autel, pendant qu'on la chantera.

Protestation qui doit être faite par celui qui entre dans la Congrégation.

O Jésus, mon Sauveur et divin Maître, qui avez bien daigné vous faire enfant, et passer par l'âge de la jeunesse pour nous apprendre par votre exemple comment nous devons nous y comporter, dans un désir sincère de vous adorer et servir mieux que je n'ai jamais fait, je m'engage en votre sainte présence d'entrer aujourd'hui dans cette congrégation qui porte votre Saint Nom, afin de vous avoir toujours pour modèle dans toutes mes actions, et de croitre comme vous en sagesse et en grâce devant Dieu et devant les hommes. Faites, ô Jésus, par votre grâce, que ma vie soit conforme à la vôtre, que mon cœur vous aime uniquement, que mon esprit, mes sentiments et mes forces se réunissent pour vous adorer dans le Très Saint Sacrement de l'autel où vous avez voulu vous cacher pour l'amour de nous, et que je mérite par là de jouir de votre sainte vue dans le ciel et de vous louer avec tous les saints pendant toute l'éternité ! Ainsi soit-il.

Protestation qui doit être faite le jour de la Circoncision.

O Jésus, notre Sauveur et divin maître, etc. (comme cy-dessus) et servir mieux que nous n'avons jamais fait. Nous nous engageons tous de nouveau en votre sainte présence, etc. etc., dans toutes *nos* actions, etc. etc. que *notre* vie, etc., que *notre* cœur, etc, que *notre* esprit, *nos* sentiments, et *nos* forces etc.... et que nous méritions par là, etc...

TABLE DES MATIÈRES

Avant-Propos	1
Chapitre Ier. Première Ecole de Trondes, avant 1700.	1
Chapitre II. Fondation d'une Ecole de Filles, à Trondes, 1704-1715	25
Chapitre III. Fonctionnement des anciennes Ecoles de Trondes	65
Chapitre IV. Conditions des Anciens Maîtres et Maîtresses d'École de Trondes	101
Chapitre V. Mouvement dans le Toulois, en faveur des Écoles de Filles entre 1700 et 1750	154
Conclusion	203
Pièces et Notes justificatives	205

Nancy, imp cath de R. VAGNER.

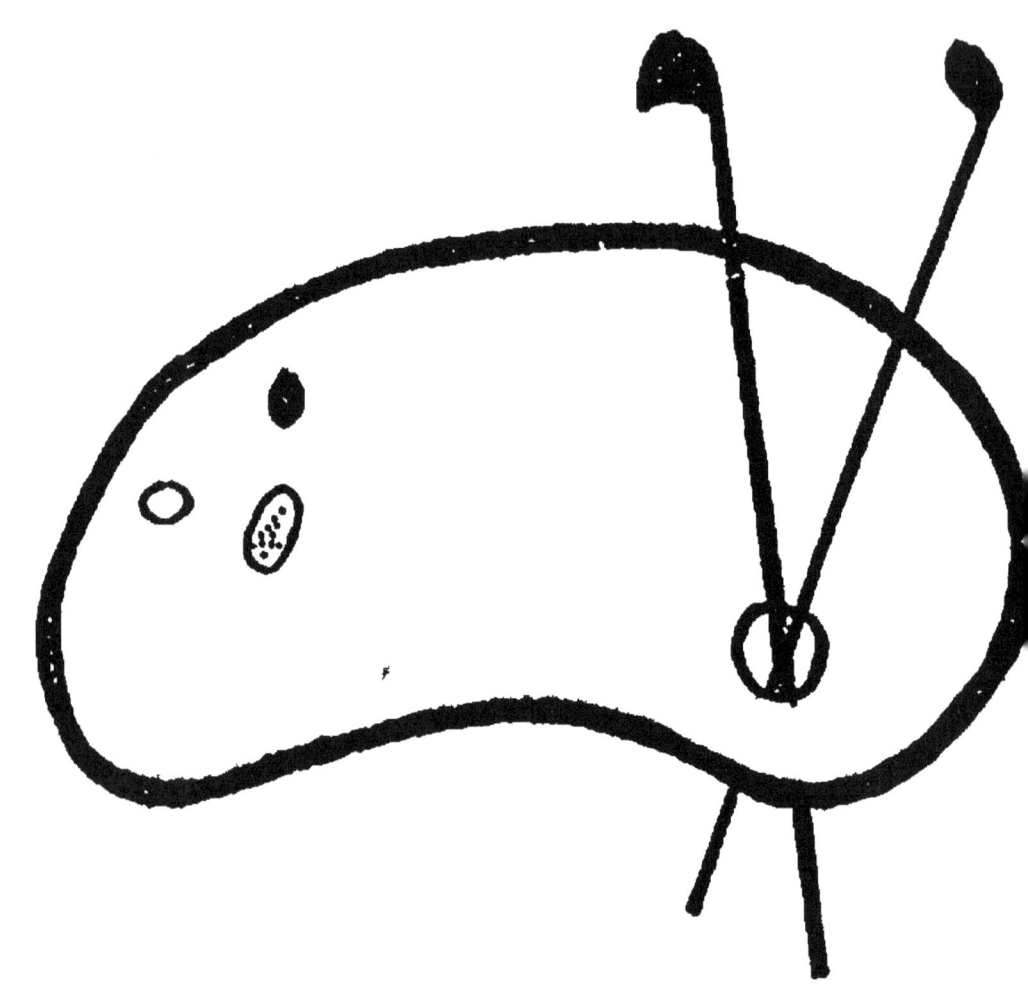

ORIGINAL EN COULEUR
NF Z 43-120-8

www.ingramcontent.com/pod-product-compliance
Lightning Source LLC
Chambersburg PA
CBHW060655170426
43199CB00012B/1801